Basiswissen Soziale Arbeit

Band 7

Die richtigen Grundlagen sind essentiell für ein erfolgreiches Studium und einen guten Einstieg in die Berufspraxis. Orientiert an den Modulen der Studiengänge im Feld ‚Soziale Arbeit' bietet die Reihe in sich abgeschlossene Themenlehrbücher, die jeweils relevantes Wissen aufbereiten. In komprimierten Einführungen, die wesentliche Grundlagen in verständlichen Erläuterungen und klaren Definitionen enthalten, vermitteln kompetente Autorinnen und Autoren gesicherte Informationen, die im Kontext von Vorlesungen oder in Seminaren herangezogen werden können. Alle Bände ‚Basiswissen Soziale Arbeit' eignen sich hervorragend zur selbsttätigen Erarbeitung von Themen und zur Vorbereitung von Prüfungen: kompakt und kompetent.

Stefanie Schmidt · Silvia Sibyll Hawliczek

Diagnostik im Strafvollzug

Eine praxisorientierte Einführung

Stefanie Schmidt Dr.
Akademie für interkulturelle Kompetenz
Immenstadt, Deutschland

Silvia Sibyll Hawliczek
Sozialdirektorin a. D.
Berlin, Deutschland

ISSN 2512-0603   ISSN 2512-0611 (electronic)
Basiswissen Soziale Arbeit
ISBN 978-3-658-27424-5   ISBN 978-3-658-27425-2 (eBook)
https://doi.org/10.1007/978-3-658-27425-2

Die Deutsche Nationalbibliothek verzeichnet diese Publikation in der Deutschen Nationalbibliografie; detaillierte bibliografische Daten sind im Internet über http://dnb.d-nb.de abrufbar.

© Springer Fachmedien Wiesbaden GmbH, ein Teil von Springer Nature 2023
Das Werk einschließlich aller seiner Teile ist urheberrechtlich geschützt. Jede Verwertung, die nicht ausdrücklich vom Urheberrechtsgesetz zugelassen ist, bedarf der vorherigen Zustimmung des Verlags. Das gilt insbesondere für Vervielfältigungen, Bearbeitungen, Übersetzungen, Mikroverfilmungen und die Einspeicherung und Verarbeitung in elektronischen Systemen.
Die Wiedergabe von allgemein beschreibenden Bezeichnungen, Marken, Unternehmensnamen etc. in diesem Werk bedeutet nicht, dass diese frei durch jedermann benutzt werden dürfen. Die Berechtigung zur Benutzung unterliegt, auch ohne gesonderten Hinweis hierzu, den Regeln des Markenrechts. Die Rechte des jeweiligen Zeicheninhabers sind zu beachten.
Der Verlag, die Autoren und die Herausgeber gehen davon aus, dass die Angaben und Informationen in diesem Werk zum Zeitpunkt der Veröffentlichung vollständig und korrekt sind. Weder der Verlag, noch die Autoren oder die Herausgeber übernehmen, ausdrücklich oder implizit, Gewähr für den Inhalt des Werkes, etwaige Fehler oder Äußerungen. Der Verlag bleibt im Hinblick auf geografische Zuordnungen und Gebietsbezeichnungen in veröffentlichten Karten und Institutionsadressen neutral.

Planung/Lektorat: Stefanie Laux
Springer VS ist ein Imprint der eingetragenen Gesellschaft Springer Fachmedien Wiesbaden GmbH und ist ein Teil von Springer Nature.
Die Anschrift der Gesellschaft ist: Abraham-Lincoln-Str. 46, 65189 Wiesbaden, Germany

Vorwort

Die Idee zu diesem Buch entstand im Rahmen unserer intensiven Zusammenarbeit im Kontext der Beurteilung straffällig gewordener Menschen. Dabei profitierten wir beide stets von einem regen fachlichen Austausch, der zwei Pole miteinander verbindet. Auf der einen Seite stehen die aktuellen, wissenschaftlichen Erkenntnisse zu Theorien und empirischen Befunden über Methoden und Beurteilungskriterien straffällig gewordener Personen. Auf der anderen Seite steht ein langjähriges und mannigfaltiges Erfahrungswissen aus der Tätigkeit im Justizvollzug und der Begutachtungspraxis. Wir nahmen diesen Austausch auch deswegen als so bereichernd und sinnstiftend wahr, weil wir die Verbindung beider Arten fachlichen Wissens in bisherigen Lehr- und Fachbüchern vermissten. Mit dem vorliegenden Buch wollen wir diese Lücke zumindest ansatzweise schließen und eine mögliche Verzahnung von Wissenschaft und Praxis für den Bereich der Diagnostik im Strafvollzug aufzeigen.

Das Buch entstand in einem fortwährenden Dialog, bei dem wir vor allem versuchten, zwei Kernfragen zu beantworten:

- Welche Bedeutsamkeit haben Theorien und aktuelle empirische Befunde in der Praxis?
- Welche in der Praxis etablierten Vorgehensweisen können als wissenschaftlich fundiert gelten?

Dieser Dialog hat bei uns viel Reflexion angeregt, welche wir als eine zentrale Fähigkeit der fachlichen Profession und als Handwerkszeug in der Diagnostik verstehen. Deshalb haben wir für die Leserinnen und Leser dieses Buches am Ende jeden Kapitels Fragen zusammengestellt, die dazu einladen, das eigene

Denken und Handeln im Kontext der Beurteilung straffällig gewordener Personen zu hinterfragen.

Das Buch richtet sich zuvorderst an Psychologinnen und Psychologen sowie Sozialarbeiterinnen und Sozialarbeiter bzw. Studierende dieser Fächer, die im Rahmen ihrer Tätigkeit im Justizvollzug diagnostische Einschätzungen machen oder machen wollen. Nach einer Einführung in die Aufgaben und Rahmenbedingungen, die Diagnostik im Strafvollzug berühren (Kap. 1), stellen wir zwei verschiedene Modelle zur Rehabilitation straffälliger Personen vor, die der Diagnostik im Strafvollzug einen theoretischen Rahmen geben (Kap. 2). Daran anknüpfend führen wir in unterschiedliche Methoden und Herangehensweisen ein, welche den diagnostischen Urteilsprozess strukturieren (Kap. 3). Diese Grundlagen münden schließlich in ein stärker praxisorientiertes Kapitel, in dem wir den Prozess der Urteilsbildung anhand zahlreicher Beispiele schrittweise vorstellen (Kap. 4).

Die vorgeschlagene Vorgehensweise für die Beantwortung diagnostischer Fragestellungen im Strafvollzug basiert auf der Praxis der Einweisungsabteilung in Berlin, die über Jahre hinweg entwickelt, schrittweise verbessert und empirisch validiert wurde. Das heißt auch, dass die jeweiligen Begriffsbestimmungen und Auslegungen der relevanten Kriterien vornehmlich aus diesem Blickwinkel formuliert sind. Eingangsdiagnostik bildet nicht nur den formalen Beginn des Strafvollzugs und ist damit essentiell für Verlauf und Erfolg der Behandlung, hier werden auch viele Methoden angewendet, die in allen folgenden Prozessen der Verlaufsbeurteilung mehr oder weniger stark aufgegriffen werden.

Es handelt sich bei dem vorliegenden Buch nicht um ein Lehrbuch, welches die aktuelle Literatur umfangreich zusammenfasst. Diese Inhalte wurden in zahlreichen Werken renommierter Autorinnen und Autoren vertiefend dargestellt. Wir geben diese Inhalte nur insoweit wieder, als dies für das Grundverständnis von Diagnostik im Strafvollzug aus unserer Sicht relevant erscheint. Weiterführende Literaturempfehlungen verweisen am Ende eines jeden Kapitels auf Möglichkeiten, sich das benötigte Wissen anzueignen bzw. dieses zu vertiefen.

Damit das Lehrbuch eine praxisorientierte Einführung in die Thematik bietet, verwenden wir zahlreiche Beispiele. Dabei fokussieren wir auf prototypische Konstellationen, um einen ersten Organisationsrahmen anzubieten. Dieser soll den Leserinnen und Lesern ermöglichen, in ihrer eigenen Fallarbeit wesentliche Informationen herauszuarbeiten. Der Nachteil dieser Strategie ist die unvermeidbare Subjektivität, welche durch die Erfahrungen und Vorlieben der Autorinnen entsteht. Die Leserinnen und Leser sollten also nicht aus den Augen verlieren, dass es sich bei diesem Buch um ein Angebot handelt, das in der täglichen Arbeit ergänzt, zunehmend kritisch hinterfragt bzw. mit Vorschlägen anderer Autorinnen und Autoren verglichen werden sollte. Es ist nicht möglich, Grundlagen der Diagnostik im Strafvollzug zu vermitteln, ohne dabei umfänglich auf die eigenen Ausbildungsinhalte zurückzugreifen. Fast alle Lehrinhalte und deren Struktur in diesem Buch basieren auf gehörten Vorlesungen, Vorträgen, besuchten Seminaren und dem Austausch mit den Lehrenden. In diesem Sinne bedanken wir uns vor allem bei Prof. Dr. Klaus-Peter Dahle, Prof. Dr. Hans-Ludwig Kröber, Prof. Dr. Andreas Mokros und Prof. Dr. Tony Ward. Für einen intensiven fachlichen Austausch und die äußerst konstruktiven und kritischen Hinweise zu unserem Manuskript danken wir Marita Derbach-Jüpner, Dr. Lena Grieger, Manuela Schätz und Stefan Tydecks. Nicht zuletzt bedanken wir uns bei der Senatsverwaltung für Justiz, Verbraucherschutz und Antidiskriminierung in Berlin, die 1990 beschlossen hatte, für den Qualitätsaufbau und deren Sicherung eine zentrale Einweisungsabteilung einzurichten, und in den folgenden Jahren die fachliche Entwicklung der diagnostischen und prognostischen Arbeit beständig unterstützt hat.

Wir wünschen unseren Leserinnen und Lesern, dass sie von dieser praxisorientierten Einführung profitieren und die Inhalte zum Weiterlesen, Vertiefen und Hinterfragen anregen.

Berlin	Dr. Stefanie Schmidt
im April 2022	Silvia S. Hawliczek

Inhaltsverzeichnis

1 Rahmenbedingungen psychologischer und sozialer Arbeit im Strafvollzug 1
   1.1 Rechtliche und institutionelle Rahmenbedingungen 1
       1.1.1 Historischer Abriss 1
       1.1.2 Grundsätze der Gestaltung des Strafvollzugs 4
       1.1.3 Ziele und Aufgaben des Strafvollzugs 5
       1.1.4 Abteilungen und Arbeitsbereiche im Strafvollzug 8
       1.1.5 Akteure im Rahmen diagnostischer Einschätzungen im Strafvollzug 12
   1.2 Aufträge und Handlungsanforderungen im Bereich Diagnostik und Prognose. 16
       1.2.1 Diagnostikverfahren – Vollzugs- und Eingliederungsplanung 18
       1.2.2 Verlauf 20
       1.2.3 Vollzugslockerung 20
       1.2.4 Entlassung 21
   1.3 Professionalität sozialer und psychologischer Arbeit im Strafvollzug. 22
   1.4 Reflexionsfragen 25
   1.5 Lernfragen 26
   Literatur 26

2 Theoretische Rahmenkonzepte von Rehabilitation 29
   2.1 Das Risk-Need-Responsivity Model (RNR) 30
       2.1.1 Ziele und Werte 32
       2.1.2 Erklärung von Kriminalität – Central Eight Risikofaktoren 32
       2.1.3 Handlungsempfehlungen für die Praxis 39

	2.2	Das Good Lives Model (GLM)	43
		2.2.1 Ziele und Werte	43
		2.2.2 Erklärung von Kriminalität – Primary und Secondary Goods	44
		2.2.3 Handlungsempfehlungen für die Praxis	48
	2.3	Zusammenfassung	52
		2.3.1 Empirische Bewährung beider Ansätze	52
		2.3.2 Integration von RNR und GLM	53
	2.4	Reflexionsfragen	55
	2.5	Lernfragen	55
	Literatur		56
3	**Methodische Grundlagen der Diagnostik**		**59**
	3.1	Urteilsprozesse und Heuristiken	60
	3.2	Grundbegriffe und Fachtermini	63
	3.3	Methodische Herangehensweisen bei der Kriminalprognose	68
		3.3.1 Statistisch-nomothetische Methode	69
		3.3.2 Klinisch-idiografische Methode	79
		3.3.3 Zusammenfassender Vergleich verschiedener Herangehensweisen	81
		3.3.4 Structured Professional Judgement (SPJ)	83
	3.4	Reflexionsfragen	86
	3.5	Lernfragen	86
	Literatur		87
4	**Bausteine einer multimethodischen Diagnostik in der Praxis**		**93**
	4.1	Prozessmodell diagnostischer Urteilsbildung im Strafvollzug	94
	4.2	Aktenanalyse	103
		4.2.1 Bedeutung der Aktenanalyse für die Diagnostik	104
		4.2.2 Grundlegender Aufbau der Gefangenenpersonalakte	105
	4.3	Tatanalyse	106
	4.4	Exploration	116
		4.4.1 Haltung	117
		4.4.2 Gesprächsvorbereitung	118
		4.4.3 Aufbau des Gesprächs	121
	4.5	Stellungnahme	129
		4.5.1 Funktion und Adressaten	129
		4.5.2 Struktur und Aufbau	131
		4.5.3 Erklärung der Straffälligkeit – Delinquenzhypothese	133

	4.5.4	Kriminalprognostische Einschätzungen allgemein.......	135
	4.5.5	Einschätzung im Hinblick auf Behandlungsmaßnahmen im Vollzug......................................	137
	4.5.6	Aussagen zur Vollzugsform.......................	140
	4.5.7	Entlassungsvorbereitung..........................	141
4.6	Kommunikation der Einschätzung........................		154
4.7	Reflexionsfragen......................................		156
4.8	Lernfragen...		156
Literatur..			157

Abbildungsverzeichnis

Abb. 1.1	Übersicht über Strafzwecke nach Drenkhahn (2011)	3
Abb. 1.2	Ziel und Aufgabe des Strafvollzugs	6
Abb. 1.3	Akteure im Rahmen diagnostischer Einschätzungen	13
Abb. 1.4	Anteil inhaftierter Personen ohne deutsche Staatsbürgerschaft	15
Abb. 1.5	Spannungsfeld sozialarbeiterischer und psychologischer Tätigkeit im Strafvollzug	24
Abb. 2.1	Struktur von Rehabilitationsansätzen nach Ward und Gannon (2006).	30
Abb. 2.2	General Personality and Cognitive Social Learning Perspective (Bonta und Andrews 2017)	33
Abb. 3.1	Vier-Felder-Tafel nach Fawcett (2006)	66
Abb. 3.2	Prozess der Urteilsbildung nach SPJ-Methode in Anlehnung an Franqué (2013)	84
Abb. 4.1	Urteilsprozessmodell für Behandlungsuntersuchung im Strafvollzug.	97
Abb. 4.2	Schrittweises Vorgehen bei der kultursensiblen Erklärung delinquenten Verhaltens nach Schmidt und Ward (2020)	100
Abb. 4.3	Aufbau einer Gefangenenpersonalakte unterteilt in drei sogenannte Heftnadeln.	107

Tabellenverzeichnis

Tab. 1.1	Struktur und Aufgaben des Berliner Strafvollzugs	8
Tab. 2.1	Klassifikation der Verfahren zur Erfassung von Risikofaktoren	41
Tab. 2.2	Grundlegende Bedürfnisse/Primary Goods und Möglichkeiten zu deren Erfüllung nach Purvis et al. (2011)	45
Tab. 2.3	Mögliche Fragen in unterschiedlichen Phasen der Begutachtung nach dem GLM (Barnao 2013)	49
Tab. 2.4	Gegenüberstellung theoretischer Rahmenkonzeptionen für Rehabilitation	54
Tab. 3.1	Beispiele für Basisraten für Rückfälle innerhalb von drei Jahren nach Jehle et al. (2020)	65
Tab. 3.2	Ausgewählte standardisierte Verfahren zur Kriminalprognose nach Rettenberger und Franqué (2013)	72
Tab. 3.3	Gegenüberstellung der Vor- und Nachteile verschiedener Prognosemethoden	82
Tab. 4.1	Beispiele für günstige und ungünstige Fragen im Explorationsgespräch	121
Tab. 4.2	Übersicht zum Ablauf eines Explorationsgesprächs	122

Rahmenbedingungen psychologischer und sozialer Arbeit im Strafvollzug

Zusammenfassung

Dieses Kapitel führt in die Diagnostik und Prognostik im Strafvollzug ein. Es informiert über die Zielstellung, die Struktur und die relevanten Akteure der Institution Strafvollzug. Damit wird zunächst das Arbeitsumfeld beschrieben. Daran anknüpfend werden die spezifischen Arbeitsaufträge, die Diagnostik und Prognostik berühren (z. B. Vollzugsplanung), vorgestellt und in den Gesamtablauf des Strafvollzugs eingeordnet. Die Anforderungen an die diagnostische Arbeit werden schließlich im Lichte der professionellen Haltung und Handlungskompetenz der Fachkräfte diskutiert. Diese Reflexion formuliert Leitlinien, wie die Anforderungen an das nötige Fachwissen und über die diagnostischen Fertigkeiten hinaus von Psychologinnen und Psychologen sowie Sozialarbeiterinnen und Sozialarbeitern bewältigt werden können.

1.1 Rechtliche und institutionelle Rahmenbedingungen

1.1.1 Historischer Abriss

Die Institution Strafvollzug hat eine lange Geschichte. Der hier vorgestellte Abriss lehnt sich an Schwind und Blau (1988) sowie Laubenthal (2019) an, den interessierte Leserinnen und Leser dort weiter vertiefen können. Welche Konzepte für den Strafvollzug vorherrschten, hing stets von der Definition und Zielstellung strafrechtlicher Sanktionen und damit verbundener Freiheitsentziehungen ab. Historisch vollzieht sich die Entwicklung dabei von Vergeltung hin zu Resozialisierung. Das frühe germanisch-fränkische Strafrecht fokussierte allein auf die Vergeltung und die Unschädlichmachung, was vor allem mit Körper- und Lebensstrafen erreicht werden sollte. Demnach war der Strafvollzug eher eine Verwahrung bis zur Aburteilung oder Exekution oder galt dem Erzwingen von (Geld-)Schuldbegleichung. Seit dem 16. Jahrhundert gewannen die Zwecke Abschreckung und später zunehmend Resozialisierung an Bedeutung. Lebensstrafen wurden vermehrt in Zuchthäusern mit Arbeitsbeschaffungsmaßnahmen vollstreckt mit dem Ziel, gesellschaftlich desintegrierte oder sozial entwurzelte Menschen an die Konventionen der Gesellschaft zu gewöhnen. Nachdem diese ersten Zuchthäuser durch zahlreiche Missstände zu menschenunwürdigen Verwahranstalten verkommen waren, legten darauffolgende Reformbemühungen im 18. Jahrhundert den Grundstein für den modernen Vollzug von Freiheitsstrafe. Nach diesen Vorstellungen zeichnet sich Strafvollzug durch entlohnte Beschäftigung, gesundes Essen, Hygiene und die Möglichkeit von Vollzugslockerungen, aber auch die Option von sozialer Isolation bei hoher krimineller Energie aus. Amerikanische Einflüsse, nach denen Strafvollzug eine Form der Buße vor Gott ist, dessen Ziel die innere Einkehr und die Versöhnung mit Gott war, fanden zumindest teilweise ebenfalls Einzug in die europäische Vollzugsgestaltung. Die vollständige Isolation wurde jedoch als gesundheitsschädlich und gerade im Übergang zur Entlassung als gefährlich gewertet, weshalb sich ein Progressivsystem durchsetzte: An dessen Anfang stand die Einzelhaft, in der Mitte die Gemeinschaftshaft mit Arbeit und am Ende die Möglichkeit der vorzeitigen Entlassung. In Irland lag zwischen der Gemeinschaftshaft und der vorzeitigen Entlassung auch die Abteilung der Übergangshäuser – eine Vorform des heutigen offenen Vollzugs.

> **Exkurs: Strafzwecke**
> Das Strafrecht verfolgt das Ziel, Menschen, die in einer Gemeinschaft zusammenleben, zu schützen. Dabei ist Strafe als Reaktion auf einen Normverstoß zu verstehen, wobei diese Reaktion einen bestimmten Zweck verfolgt (Drenkhahn 2011). Während die absoluten Straftheorien auf den Ausgleich des Übels der Vergangenheit, die Vergeltung und die Täterin oder den Täter fokussieren, nehmen relative Theorien auch die Prävention und zudem die Allgemeinheit in den Blick (siehe Abb. 1.1). Nach heutiger Auffassung dominiert eine Vereinigungstheorie der Strafzwecke, bei der sowohl absolute als auch relative Straftheorien Strafe begründen.

1.1 Rechtliche und institutionelle Rahmenbedingungen

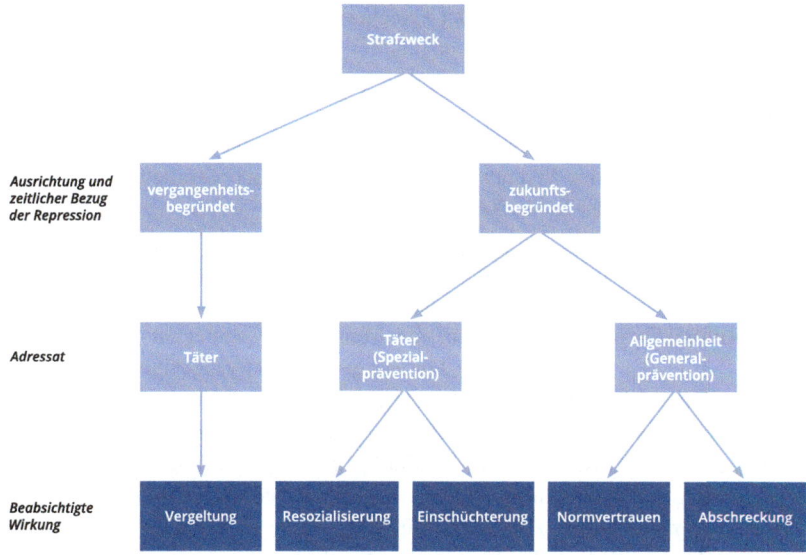

Abb. 1.1 Übersicht über Strafzwecke nach Drenkhahn (2011)

> Wie genau diese fünf (sich mitunter widersprechenden) Strafzwecke aber in den komplexen Prozess von Strafe (von der Strafandrohung bis hin zur Vollstreckung) integriert werden, ist weder theoretisch-philosophisch noch juristisch spezifiziert (ebd.).

In Deutschland orientieren sich die Konzeptionen des Strafvollzugs an dem englisch-irischen Vorbild und waren zu Beginn des 19. Jahrhunderts vor allem durch die Philosophien von Kant und Hegel geprägt. Demnach käme das Bestreben des Staates, die Besserung der straffälligen Person zu erreichen, einem Eingriff in die autonome Entfaltung des Menschen gleich. Deshalb beschränkten sich die Aufgaben der Haftanstalten zunächst auf die äußere Ordnung und dienten dem Zweck der Schuldvergeltung und Generalprävention (z. B. Abschreckung). Mit zunehmendem demokratischen Staatsverständnis ging auch eine Reform der gesetzlich formulierten Ausgestaltung des Strafvollzugs einher. In den zwischen den deutschen Ländern vereinbarten „Reichsratsgrundsätzen für den Vollzug von Freiheitsstrafen" von 1923 war neben dem progressiven Stufenvollzug nach englisch-irischem Vorbild explizit der Erziehungs- und Besserungsgedanke, d. h. die Resozialisierung, festgehalten.

▶ **Definition: Resozialisierung** Resozialisierung ist die Hilfe zur Wiedereingliederung einer straffällig gewordenen Person in die Gesellschaft durch Befähigung, in sozialer Verantwortung ein Leben ohne Straftaten zu führen (Bundesministerium der Justiz 2007).

Demnach wird die inhaftierte Person nicht mehr nur als Individuum, das eine Straftat begangen hat, wahrgenommen. Nunmehr sollen auch die Ursachen für die Straffälligkeit ergründet werden, um Veränderungsstrategien erarbeiten zu können (Brill 2008). Der deutsche Vordenker dieser Herangehensweise, Franz von Liszt, hatte dabei unterschieden nach „besserungsfähigen" und „besserungsbedürftigen" Personen. Mittels kriminologischer Diagnostik sollte festgestellt werden, zu welcher Kategorie die straffällig gewordene Person gehört. Liszts Idee war, dass aufbauend auf eine Prognose entschieden werden sollte, wie der Vollzug der Freiheitsstrafe zu gestalten sei bzw. welchen Zweck diese zu erfüllen habe (Drenkhahn 2011). Seine Ideen waren bis dato rein theoretisch und wurden erst viele Jahre später umgesetzt, denn die allmähliche Entwicklung zu einem humaneren Strafvollzug wurde in der NS-Zeit weitgehend unterbrochen. Hier wurden allein die Generalprävention und Vergeltung als legitime Strafzwecke angesehen. Nach 1945 begann die Entwicklung des Strafvollzugs in Deutschland schließlich von Neuem, und zwar gemäß der jeweiligen politischen Orientierung in Ost und West. In dem 1977 in Kraft getretenen Strafvollzugsgesetz der BRD stand schließlich die Wiedereingliederung der straffällig gewordenen Person in die Gesellschaft im Vordergrund (Laubenthal 2019). Mit dem Fokus auf die Wiedereingliederung und Resozialisierung kamen zunehmend Fachdienste in den Strafvollzug, deren Aufgabe die Umsetzung dieses Vollzugsziels ist. Die Zielsetzungen von Psychologinnen und Psychologen sowie Sozialarbeiterinnen und Sozialarbeitern sind demnach im Bereich der Prävention und Behandlung angesiedelt (Brill 2008).

1.1.2 Grundsätze der Gestaltung des Strafvollzugs

Die heutige Form des Strafvollzugs ist vor allem durch den Resozialisierungsgedanken und den Auftrag der Wiedereingliederung geprägt. Demnach hat sich die Gestaltung des Strafvollzugs stets an den folgenden drei Grundsätzen auszurichten:

1. dem Angleichungsgrundsatz,
2. dem Gegensteuerungsgrundsatz,
3. dem Wiedereingliederungsgrundsatz.

Der *Angleichungsgrundsatz* besagt, dass die verurteilte Person im Strafvollzug nur so weit zu sichern ist, wie es für den Einzelfall notwendig ist, und der- bzw. diejenige möglichst ähnliche Bedingungen vorfindet wie im Leben außerhalb des Vollzugs. Diese Bedingungen beziehen sich auf die Möglichkeit zu arbeiten, eine Ausbildung oder einen Schulabschluss zu absolvieren sowie die Freizeit zu gestalten.

Die Pflege und Erhaltung der sozialen Beziehungen durch Besuche, aber auch durch vollzugslockernde Maßnahmen sind im *Gegensteuerungsgrundsatz* bestimmt und dienen der Abwehr schädlicher Folgen durch die Inhaftierung.

Der *Wiedereingliederungsgrundsatz* zielt auf die Bemühungen des Vollzugs, die Entlassung bzw. den Übergang von der Haft in die Freiheit frühzeitig vorzubereiten und zu begleiten. Bereits beim Eintritt in den Strafvollzug ist die inhaftierte Person auf das Leben in Freiheit vorzubereiten und das Übergangsmanagement mitzuplanen (Laubenthal 2019).

Mit der Föderalismusreform 2006 wurde die Aufgabe der gesetzlichen Ausgestaltung des Strafvollzugs in die Hände der Länder gelegt. Somit hat jedes Bundesland ein eigenes Strafvollzugsgesetz (StVollzG), was auch zu einer jeweils etwas anderen Schwerpunktsetzung und Struktur bzw. Bezeichnung vorhandener Abteilungen führte (Brill 2008). Allerdings bauen die länderspezifischen Regelungen noch maßgeblich auf dem alten bundesdeutschen StVollzG auf. Als letztes Bundesland hat Berlin (2016) ein Landesstrafvollzugsgesetz verabschiedet, welches für dieses Buch die exemplarische Grundlage darstellt.

1.1.3 Ziele und Aufgaben des Strafvollzugs

In Anlehnung an das bundesdeutsche Strafvollzugsgesetz (StVollzG) von 1977 ist auch im StVollzG des Landes Berlin (2016) das Ziel des Vollzugs wie folgt definiert:

„Der Vollzug dient dem Ziel, die Gefangenen zu befähigen, künftig in sozialer Verantwortung ein Leben ohne Straftaten zu führen. Er hat die Aufgabe, die Allgemeinheit vor weiteren Straftaten zu schützen" (§ 2 StVollzG Bln).

Das bedeutet, dass der Vollzug eine duale Aufgabenstellung hat: 1) Resozialisierung durch Rehabilitation bzw. Wiedereingliederung und 2) Sicherung. *Rehabilitation* bedeutet, auf die straffällig gewordenen Personen ein-

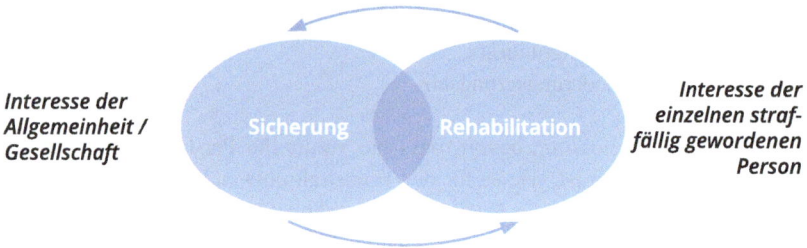

Abb. 1.2 Ziel und Aufgabe des Strafvollzugs

zuwirken, Veränderungen anzustoßen und letztlich zu einem straffreien Leben in Freiheit zu befähigen (siehe Abb. 1.2). Dazu wird eine Umgebung benötigt, die dazu geeignet erscheint, eine Wiedereingliederung zu ermöglichen. Im § 3 des StVollzG Bln ist geregelt, dass die Ausgestaltung des Vollzugs auf die Auseinandersetzung mit der Straftat auszurichten und den allgemeinen Lebensverhältnissen anzugleichen ist sowie auf die Eingliederung der inhaftierten Person in das Leben in Freiheit hinzuwirken hat.

▶ **Wissensbaustein: Rehabilitation**
Rehabilitation ist ein Begriff, der der medizinischen Domäne entspringt, aber in der englischsprachigen kriminologischen Literatur häufig analog zu „Resozialisierung" verwendet wird. In der Medizin geht es dabei um die Heilung oder Verbesserung eines krankhaften bzw. abnormalen Zustands. Die Kernaspekte von dem, was Rehabilitation ist und welche Ziele im Allgemeinen verfolgt werden, lassen sich jedoch auch auf die Resozialisierung im strafrechtlichen Kontext anwenden. Nach Wade und Jong (2000) ist Rehabilitation ein aktiver und problemlösender Prozess, der im Kontext des Strafvollzugs auf das straffällige Verhalten der Person ausgerichtet ist. Dieser Prozess umfasst, den Autoren gemäß, folgende *Komponenten*:

1. Einschätzung: Identifikation der Ursachen von Straffälligkeit und der Bedingungsfaktoren, die für die Veränderung des Verhaltens relevant sein könnten.
2. Zielsetzung und Planung: Festlegung der anzustrebenden Veränderungsprozesse und möglicher Unterstützungen

3. Intervention: Behandlung zur Anregung von Veränderungsprozessen sowie Maßnahmen zur Erhaltung der Lebensqualität (z. B. durch die Generierung von sozialer Unterstützung).
4. Evaluation: Überprüfen der Effekte der Interventionen.

Ziel von Rehabilitation im Strafvollzug ist demnach: a) die Anteilnahme und Eingebundenheit der betreffenden Person in sein bzw. ihr (pro-)soziales Gefüge zu maximieren, b) den Stress oder die Einschränkungen, die diese Person erlebt, zu minimieren, sowie c) den Stress oder bzw. den Schaden, der durch Dritte erlebt wird, zu minimieren. Für den Kontext der Straffälligkeit bedeutet es, dass Rehabilitation eine legale Teilhabe am sozialen Leben ermöglichen bzw. diese verbessern und dabei auch den negativen Konsequenzen von Straffälligkeit für die Person und die Gemeinschaft bzw. Gesellschaft entgegenwirken soll.

Die Aufgabenstellung der *Sicherung* bedeutet, Schäden für die Gesellschaft bzw. Allgemeinheit bestmöglich zu reduzieren. Dazu dient eine sichernde Unterbringungsgestaltung in der Weise, dass erneute Straftaten der verurteilten Person verhindert werden. Um auch Straftaten innerhalb der Anstalt vorzubeugen (z. B. Gewalt gegen andere inhaftierte Personen), werden Maßnahmen der sozialen Sicherung, wie Betreuung, Einzelunterbringung und Förderung der sozialen Bezüge, priorisiert. Es stehen aber auch die Bewegungsfreiheit und Kontakte zu anderen Inhaftierten einschränkende oder ausschließende Maßnahmen (z. B. besonders gesicherter Haftraum) zur Verfügung (Laubenthal 2019).

Das StVollzG Bln stellt die Sicherungsaufgabe dem Resozialisierungsziel gegenüber. Dies beinhaltet die Verpflichtung, die straffällig gewordene Person in ihrem Resozialisierungsbemühen stetig einzuschätzen und eine von ihr unter freien Bedingungen ggf. weiter ausgehende Gefährlichkeit zu ermitteln. Hier muss stetig zwischen dem Interesse der straffällig gewordenen Person und dem Interesse der Allgemeinheit abgewogen werden (siehe Abb. 1.2).

Ziel und Aufgabenerfüllung erfolgen von den Umsetzenden (z. B. Mitarbeiterinnen und Mitarbeiter des allgemeinen Vollzugsdienstes sowie der sozialen Dienste) mit unterschiedlichen inhaltlichen Schwerpunkten, verschiedenen Methoden und unterschiedlichen Haltungen. Während für alle Mitarbeitenden das Ziel und die Aufgabe korrespondierende und in einer Wechselwirkung stehende Anforderungen sind, zwischen denen im Arbeitsalltag stets eine Balance gefunden werden muss, sind bestimmte Tätigkeitsbereiche

Tab. 1.1 Struktur und Aufgaben des Berliner Strafvollzugs

Differenzierungskriterium	Unterteilung	Gesetzliche Verankerung
Vollzugsart	Untersuchungshaft	Berliner Untersuchungshaftvollzugsgesetz (UVollzG Bln)
	Strafhaft	Berliner Strafvollzugsgesetz (StVollzG Bln)
	Ersatzfreiheitsstrafe und Zivilhaft	§ 43 Strafgesetzbuch (StGB) und Berliner Strafvollzugsgesetz (StVollzG Bln)
	Jugenduntersuchungshaft	Berliner Untersuchungshaftvollzugsgesetz (UVollzG Bln)
	Jugendstrafhaft	Berliner Jugendstrafvollzugsgesetz (JStVollzG Bln)
	Jugendarrest	Berliner Jugendarrestvollzugsgesetz (JAVollzG Bln)
	Maßregel der Sicherungsverwahrung	Gesetz über den Vollzug der Sicherungsverwahrung in Berlin (SVVollzG Bln)
Vollzugsform	Offener Vollzug	Berliner Strafvollzugsgesetz (StVollzG Bln)
	Geschlossener Vollzug	Berliner Strafvollzugsgesetz (StVollzG Bln)

vorrangig in einem der beiden Felder verortet. Der Vollzug insgesamt muss aber so gestaltet sein, dass beide Aspekte zu einem Ganzen verbunden werden.

1.1.4 Abteilungen und Arbeitsbereiche im Strafvollzug

Wie der Strafvollzug im Einzelnen organisiert ist, ist von Bundesland zu Bundesland verschieden. Im Folgenden wird beispielhaft die Struktur in Berlin skizziert. Hier gibt es sechs Justizvollzugsanstalten, eine Jugendstrafanstalt und eine Jugendarrestanstalt, die verschiedene Schwerpunkte haben (siehe Tab. 1.1) und unterschiedlich strukturiert sind.

1.1.4.1 Struktur des Strafvollzugs insgesamt

Die Unterscheidung der *Vollzugsformen* – *offener vs. geschlossener Vollzug* – trägt den unterschiedlichen Sicherungsbedarfen bezogen auf Flucht- und/oder Missbrauchsgefahr Rechnung. Offener vs. geschlossener Vollzug unterscheiden sich bereits äußerlich durch die baulichen Gegebenheiten und die Sicherheitsvorkehrungen der Anstalten. So ist der offene Vollzug für die Außensicherung in der Regel lediglich mit einem hohen Zaun umgrenzt. Inhaftierte Personen können sich – unter bestimmten zeitlichen Vorgaben – innerhalb des Hauses und des Geländes frei bewegen. Hafträume werden nicht zu bestimmten Zeiten verschlossen, die inhaftierte Person verfügt über einen eigenen Schlüssel zu ihrem Haftraum. Die Beobachtungsfrequenz ist dem geschlossenen Vollzug gegenüber herabgesenkt, wenngleich Haftraum- und Personenkontrollen durchgeführt werden. Der offene Vollzug bedeutet aber nicht automatisch, dass inhaftierte Personen das Gelände verlassen dürfen und sich auch außerhalb der Justizvollzugsanstalt bewegen können. Dazu bedarf es einer weiteren Prüfung, die im Ergebnis die Eignung für Vollzugslockerungen bescheinigen muss.

Der Vollzug einer *Jugendstrafe* ist getrennt vom Vollzug einer Freiheitsstrafe durchzuführen. Dies ist begründet in den anderen Bedürfnissen der Jugendlichen und Heranwachsenden gegenüber denen der Erwachsenen. Jugendliche und Heranwachsende[1] sind z. B. körperlich aktiver, noch an ihre Eltern gebunden und befinden sich in dynamischeren Entwicklungsphasen, wie der Pubertät oder Adoleszenz, die nicht nur körperliche, sondern auch mentale Veränderungen mit sich bringen. Diesen Umständen trägt das Jugendgerichtsgesetz (JGG) Rechnung, wonach Erziehung vor Strafe steht. Wenngleich viele Maßnahmen nach dem Gesetz Sanktionen sind, sind die verfügbaren Interventionen und der Entscheidungsrahmen deutlich breiter als im Strafgesetzbuch, um möglichst flexibel auf die besonderen Entwicklungsbedingungen von jungen Menschen reagieren zu können. Berlin hat sich dafür entschieden, die Gestaltung des Jugendstrafvollzugs in einem eigenen Gesetz, dem Berliner Jugendstrafvollzugsgesetz (JStVollzG Bln), zu regeln. Im Unterschied zu Justizvollzugsanstalten für Erwachsene wird in Einrichtungen des Jugendstrafvollzugs der Fokus auf die schulische und beruf-

---

[1] Jugendliche sind Personen zwischen 14 und 18 Jahren. Heranwachsende sind Personen ab 18 Jahre bis zur Vollendung des 21. Lebensjahres (§ 1 JGG). Auch zu Jugendstrafen verurteilte Personen, die das 24. Lebensjahr noch nicht vollendet haben, werden grundsätzlich getrennt von erwachsenen Straftätern in Jugendstrafanstalten untergebracht (§ 89 b JGG).

liche Ausbildung sowie die Förderung der straffälligen Personen gelegt (gem. §§ 3 und 6 JStVollzG Bln).

Innerhalb der Haftarten erfolgt eine *geschlechtsgetrennte Unterbringung* (§ 11 StVollzG Berlin). Rund 5–6 % der inhaftierten Personen sind Frauen, weshalb es in der Berliner Justizvollzugsanstalt für Frauen vier kleinere Bereiche mit unterschiedlichen Schwerpunkten (Sozialtherapie, offener Vollzug usw.) gibt (Berliner Justizvollzug 2021). Frauen haben zudem andere Bedürfnisse als Männer, was vor allem mit der Fürsorge für leibliche Kinder zusammenhängt. Deshalb verfügen diese Anstalten über Mutter-Kind-Bereiche sowie Ausbildungs- und Arbeitsangebote, die besondere Beschäftigungschancen für Frauen bieten.

Daneben bestehen Justizvollzugsanstalten, die auch anderen Zwecken als dem Vollzug von Freiheitsstrafe dienen. In der *Untersuchungshaftanstalt* (U-Haft) sind Personen inhaftiert, die einer Straftat beschuldigt werden, aber bis zu einer rechtskräftigen Verurteilung als unschuldig gelten. Deshalb unterscheidet sich das Untersuchungshaftvollzugsgesetz (UVollzG Bln) maßgeblich vom Strafvollzugsgesetz (z. B. keine Arbeitspflicht in der U-Haft, aber mitunter schärfere Haftbedingungen durch Einschränkung von sozialen Kontakten, um einer Verdunkelungsgefahr zu begegnen). Beide Vollzugsarten sind streng voneinander zu trennen.

1.1.1.4.2 Struktur einzelner Justizvollzugsanstalten

Innerhalb der einzelnen Anstalten lassen sich wiederum folgende Bereiche unterscheiden:

- Leitung und Verwaltung
- Allgemeiner Vollzugsdienst (AVD)
- Werkdienst (handwerkliche Angestellte)
- Sozialdienst (Sozialarbeiterinnen und Sozialarbeiter)
- Fachdienste (pädagogische, psychologische, medizinische Mitarbeitende)
- Sozialtherapie

Der *Verwaltungsebene* kommt die Aufgabe zu, das gesamte vollzugsrelevante und personelle Regelwerk zu erstellen und den Mitarbeitenden zugänglich zu machen. Dazu gehören in einer Justizvollzugsanstalt die Festlegung der Tagesstruktur und ihrer Abläufe sowie im personellen Bereich z. B. die festgelegten Anwesenheitszeiten, das Verwalten von Krankheits- und oder Urlaubszeiten usw. Die Verwaltung besteht in der Regel aus unterschiedlichen Abteilungen, wie der Personalabteilung, der Sicherheitsabteilung, der Anstaltsleitung, sowie den Serviceeinrichtungen, wie Gesundheitsmanagement oder Haushaltsressort. Hier arbeiten vornehmlich Verwaltungsfachangestellte, Juristen oder Menschen aus anderen Berufsgruppen (z. B. Psychologinnen und Psychologen), die sich für die spezifischen Aufgaben der Administration spezialisiert haben.

Der *allgemeine Vollzugsdienst (AVD)* ist dafür verantwortlich, einen sicheren Justizvollzug zu gewährleisten und gleichzeitig die inhaftierten Personen dabei zu unterstützen, zukünftig ein straffreies Leben zu führen. Diese beaufsichtigende und betreuende Funktion legt den Fokus auf die Aufgabe der Sicherung. Beamtinnen und Beamte in diesen Positionen werden in einem eigenen dreijährigen Ausbildungsweg auf diesen Dienst vorbereitet.

Der *Werkdienst* wird gleichfalls von Beamtinnen und Beamten des Allgemeinen Vollzugsdienstes mit spezieller beruflicher Ausrichtung geleistet. Inhaftierten Personen soll es ermöglicht werden, einer bezahlten Tätigkeit nachzugehen und sich auf das berufliche Leben in Freiheit vorzubereiten. Das bedeutet, dass der Werkdienst der Resozialisierung dient, indem zu unterschiedlichen Berufen ausgebildet wird und fachliche Qualifikationen ermöglicht werden.

Im Bereich des *Sozialdienstes* sind vor allem Sozialarbeiterinnen und Sozialarbeiter sowie Sozialpädagoginnen und Sozialpädagogen beschäftigt. Ihre Aufgabe ist es, an der Planung, Organisation und Durchführung des Vollzugs mitzuwirken und insbesondere das Vollzugsziel der Resozialisierung umzusetzen. Zu den Aufgaben des Sozialdienstes gehören das Führen von Zugangsgesprächen, anamnestische Explorationen, sozialpädagogische Hilfen und Beratungen sowie die Leitung von Behandlungs- und Betreuungsgruppen. Neben allgemeinen sozialarbeiterischen Themen sind dabei die Themen Sucht, soziales Training, Schulden, Übergangsmanagement und die Förderung von sozialen Beziehungen relevant. Der Sozialdienst ist auch zuständig für die Einschätzung weiterer zu erwartender Straftaten, primär bei Delikten, die keine gravierende Gewalt beinhalten.

Zu dem Bereich der *Fachdienste* gehören: der ärztliche Dienst (z. B. zahnmedizinische Behandlungen), die Seelsorge (z. B. christlich), der Pädagogische Dienst (z. B. Lehrkräfte) und der Psychologische Dienst. Der *Psychologische Dienst* ist eine Abteilung, die ausschließlich mit psychologischen Fachkräften besetzt ist, deren Hauptaufgabe die psychologische Begleitung der inhaftierten Personen ist. Dies betrifft die Intervention bei Krisen (z. B. Abklärung von Suizidalität) sowie psychotherapeutische Beratung und Behandlung. Hinzu kommt die Aufgabe der Begutachtung von inhaftierten Personen, die zu gravierenden Gewalttätigkeiten neigen, der Eignungsfeststellung für Vollzugslockerungen bzw. eine beratende Funktion bei der Frage der vorzeitigen Entlassung. Diese Aufgaben sind explizit auch diagnostischer bzw. prognostischer

Natur, weshalb der psychologische Dienst nicht allein das Vollzugsziel der Resozialisierung verfolgt, sondern über die Einschätzung der Gefährlichkeit auch die Sicherheit der Allgemeinheit im Blick haben muss.

Sozialtherapeutische Anstalten (SothA) sind gesonderte Behandlungsabteilungen, welche in einem alle Lebensbereiche umfassenden Setting durch länger angelegte psycho- und sozialtherapeutische Behandlungsmaßnahmen dem Resozialisierungsziel des Vollzugs dienen (§ 19 StVollzG Bln). Sie entstanden zu Beginn der 70er Jahre mit dem Ziel, besonders rückfallgefährdete Personen bei ihrem Weg aus der Straffälligkeit mit spezifischen Maßnahmen zu unterstützen. Seit 1998 gibt es für verurteilte Personen mit schweren Sexual- oder Gewalttaten eine Prüfung, ob mit einer Behandlung in einer Sozialtherapeutischen Abteilung die Gefährlichkeit gemildert werden kann. Dazu müssen Behandlungsbedarf, Behandlungsmotivation und Behandlungsfähigkeit vorliegen. Durch den entstandenen Rechtsanspruch auf die Behandlung in einer SothA wurden in allen Bundesländern Sozialtherapeutische Abteilungen eingerichtet und deren Behandlungsangebote an diese Klientel angepasst (Etzler et al. 2020).

Mitunter finden sich im Justizvollzug auch *gesonderte Abteilungen zur Einweisung* von inhaftierten Personen. Diese Abteilungen übernehmen das Diagnostikverfahren und erstellen ggf. den Vollzugs- und Eingliederungsplan. Inhaftierte Personen werden nach Maßgabe vorhandener institutioneller Ausstattungen und Ressourcen ihrem Risiko und ihren individuellen Bedürfnissen gemäß den möglichst passenden Abteilungen (hinsichtlich Sicherheitsvorkehrungen und spezifischem Behandlungsangebot) zugewiesen.

Es sei noch einmal darauf hingewiesen, dass diese Struktur der spezifischen Abteilungen und die Zuweisung von Handlungsaufträgen zwischen den Bundesländern variiert. So gibt es nicht in allen Bundesländern eine zentral organisierte Einweisungsabteilung.

1.1.5 Akteure im Rahmen diagnostischer Einschätzungen im Strafvollzug

Diagnostische und prognostische Einschätzungen berühren sehr viele Interessen und Akteure, die in wechselseitigen Abhängigkeiten miteinander verbunden sind (Hart et al. 2017). Diese komplexen Wirkbeziehungen haben daher immer auch einen Einfluss auf die diagnostische Arbeit. Es geht nicht nur um den Beurteilenden und die Person, die straffällig wurde. Mehr oder weniger direkt haben wenigstens sieben weitere Parteien mit Diagnostik im Strafvollzug zu tun (siehe Abb. 1.3).

1.1 Rechtliche und institutionelle Rahmenbedingungen

Abb. 1.3 Akteure im Rahmen diagnostischer Einschätzungen

Neben den Sozialarbeiterinnen und Sozialarbeitern sowie Psychologinnen und Psychologen, zu deren Kernaufgaben die diagnostische und prognostische Einschätzung gehört (z. B. als Mitarbeitende in einer Einweisungsabteilung), gibt es auch Akteure, deren Kernaufgabe in der Motivation und Begleitung von Veränderungsprozessen liegt. *Behandlung und Therapie* bauen direkt auf den diagnostischen und prognostischen Einschätzungen auf. Dabei werden diagnostische Einschätzungen zu verschiedenen Zeitpunkten im Behandlungsprozess vorgenommen (am Anfang, im Verlauf, zum Ende). Behandelnde sind demnach zu mehreren Zeitpunkten im Behandlungsprozess von prognostischen Einschätzungen abhängig.

Auch *externe Gutachterinnen und Gutachter* nehmen Einfluss auf die prognostische Einschätzung im Vollzug, weil Gutachten, z. B. zur Frage der Schuldfähigkeit, auch Teil der Gefangenenpersonalakten sind (siehe Abschn. 4.2), welche den gesamten Behandlungs-, Betreuungs- und Vollzugsverlauf einer inhaftierten Person abbilden. Gleichzeitig sind externe Begutachtende von den prognostischen Entscheidungen abhängig, wenn sie diese Gefangenenpersonalakten selbst analysieren. In der gesamten Dokumentation erhalten die prognostischen Stellungnahmen des Vollzugs eine besondere Bedeutung, weil sie den extern Begutachtenden zur Orientierung für den Veränderungsprozess der inhaftierten Person dienen.

Richterinnen und Richter, die in der Vollstreckungskammer tätig sind, entscheiden über die Aussetzung des Strafrestes der Freiheitsstrafe zur Bewährung. Bei dieser Entscheidung ziehen sie prognostische Einschätzungen zurate, die innerhalb und außerhalb des Vollzugs erstellt wurden. Eine inhaftierte Person kann zudem die Entscheidungen des Vollzugspersonals hinsichtlich der Gestaltung des Vollzugs von diesem unabhängigen Gericht überprüfen lassen. Jede Beschwerde wird aufgegriffen und die angefochtene Entscheidung auf Ermessensfehler hin überprüft. Diese Prüfung muss dem Gericht durch eine sachgerechte Stellungnahme vom Vollzugspersonal zu dem angefochtenen Sachverhalt ermöglicht werden. Das heißt, dass diagnostisch tätige Sozialarbeiterinnen und Sozialarbeiter sowie Psychologinnen und Psychologen in ihrer Arbeit prinzipiell anfechtbar sind.

Die Vorgaben, auf die sich ein Diagnostikverfahren zu beziehen hat, und welche Kriterien eine Stellungnahme erfüllen sollte, werden vom *Gesetzgeber* formuliert. Diese sind in den Strafvollzugsgesetzen der einzelnen Länder verankert und geben die Inhalte und Methoden der Diagnostik vor (siehe Abschn. 1.2).

Akteure der *(Kriminal-)Politik*, welche in den Bereichen der Justizministerien bzw. Senatsverwaltungen der Länder zu verorten sind, erweitern diese Vorgaben um zusätzliche Handlungsanweisungen bzw. gewichten einzelne Aspekte der gesetzlichen Vorgaben. So kann es das Ziel einer Landesregierung sein, besonders viele inhaftierte Personen im offenen Vollzug unterzubringen. Diese Handlungsanweisungen werden wiederum durch *administrative Kräfte* umgesetzt und führen mitunter auch dazu, dass sie z. B. Vorgaben im Sinne von Verwaltungsvorschriften lenken und die Ermessensausübung vereinheitlichen. Gleichzeitig stellen diese Ministerien und Senatsverwaltungen die Ressourcen (z. B. Mittel für Personalkosten) gemäß dem parlamentarisch beschlossenen Haushalt zur Verfügung. Das bedeutet auch, dass der zeitliche Umfang, der für ein Diagnostikverfahren bzw. eine prognostische Stellungnahme aufgewendet werden kann, mit diesen Entscheidungen verknüpft ist.

Schließlich geht es um die *Person*, die eingeschätzt wird und die wegen einer Straftat im Strafvollzug ist. Inhaftierung geht mit vielen Einschränkungen des selbstbestimmten Lebens einher, was zum Verlust sozialer Beziehungen, des Arbeitsplatzes oder der Wohnung führen kann. Wie die Zeit des Freiheitsentzugs gestaltet werden kann, um negative Konsequenzen der Freiheitsentziehung so gering wie möglich zu halten, zugleich aber maximale Behandlungseffekte zu erzielen, hängt maßgeblich von den diagnostischen und prognostischen

1.1 Rechtliche und institutionelle Rahmenbedingungen

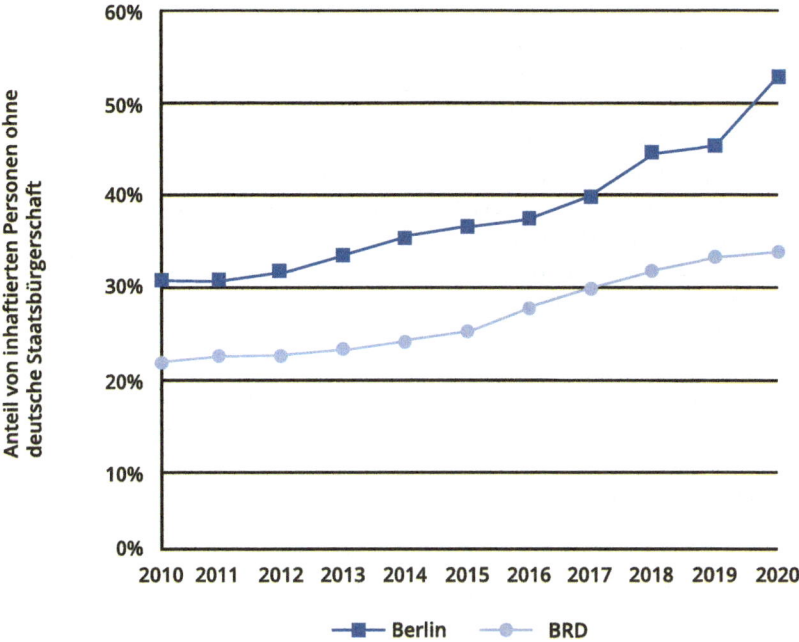

Abb. 1.4 Anteil inhaftierter Personen ohne deutsche Staatsbürgerschaft

Einschätzungen ab. Dabei stellt die Einschätzung von nicht in Deutschland sozialisierten Personen eine besondere Herausforderung dar. Kulturell bedingte Unterschiede (z. B. Herkunft, soziale Schicht, Geschlecht etc.) hinsichtlich der Sozialisationserfahrungen, Normen und Erwartungen erfordern ein breites Wissen, eine stetige Flexibilität und die Fähigkeit zur Perspektivübernahme. Interkulturelle Kompetenz ist entscheidend, um auch bei diesen Personen zu einer validen Diagnostik und Prognose zu gelangen (Schmidt und Ward 2020).

> **Exkurs: Kulturelle Diversität im Strafvollzug**
> Die Diversität der europäischen und deutschen Bevölkerung nimmt stetig zu (Eurostat 2021), was sich auch bei inhaftierten Personen deutlich zeigt. Wie Abb. 1.4 zeigt, stieg zwischen 2010 und 2020 der Anteil von Personen

> ohne deutsche Staatsbürgerschaft in Strafvollzugsanstalten um 12 % (gesamte BRD; Statistisches Bundesamt 2021b), in Berlin sogar um 22 % (Berliner Justizvollzug 2021). Das bedeutet, dass wenigstens ein Drittel (in Berlin sogar mehr als die Hälfte) einen anderen kulturellen Hintergrund hat. Hinzu kommen Personen mit Migrationshintergrund[2], die zwar eine deutsche Staatsbürgerschaft haben, aber dennoch in kulturell diversen Settings aufgewachsen sein mögen. Diese Gruppe kulturell diverser inhaftierter Personen ist jedoch keinesfalls homogen. 2020 waren im Berliner Strafvollzug 86 unterschiedliche Nationalitäten vertreten (Berliner Justizvollzug 2021).
>
> Diese hohe kulturelle Diversität geht nicht selten mit *Sprachbarrieren* einher, welche die Arbeit im Vollzug erheblich beeinflussen, weil sie zu Missverständnissen und eingeschränkten Kontaktmöglichkeiten führen. Zudem kann es wegen *divergierender Wertevorstellungen* zu Missdeutungen und Konflikten kommen.

Dieses komplexe Wirkgefüge und die Abhängigkeiten der unterschiedlichen Akteure erfordern Offenheit und die Fähigkeit, sich auf die Zusammenarbeit der multiplen Disziplinen einzulassen. Diagnostisch tätige Sozialarbeiterinnen und Sozialarbeiter bzw. Psychologinnen und Psychologen sind mit einer ganzen Reihe unterschiedlichster Erwartungshaltungen an ihre Arbeit konfrontiert, mit denen sie umgehen können müssen (Brill 2008).

1.2 Aufträge und Handlungsanforderungen im Bereich Diagnostik und Prognose

Folgend werden die wesentlichen Fragestellungen und damit verbundenen Anforderungen an Diagnostik im Strafvollzug umrissen. An dieser Stelle möchten wir deutlich darauf hinweisen, dass Sozialarbeiterinnen und Sozialarbeiter bzw. Psychologinnen und Psychologen als Fachkräfte im Justizvollzug eingesetzt werden, deren Arbeitsaufträge aber auf Formulierungen und Perspektiven einer

---

[2] Ein Migrationshintergrund liegt vor, wenn die Person selbst oder mindestens ein Elternteil nicht mit deutscher Staatsangehörigkeit geboren wurde (Statistisches Bundesamt 2021a).

anderen Profession beruhen. Nicht nur die Wortwahl gesetzgeberischer Vorschriften ist juristisch, sondern auch die Denkweise. Aus juristischer Sicht ist die Frage nach Recht und Unrecht entscheidend. Eine Straftat ist ein Verstoß gegen eine Norm, die gesetzlich verankert ist. Kriminalität als das Begehen von Straftaten ist aber kein in sich geschlossenes Phänomen des Erlebens und Verhaltens von Menschen oder gar ein klinisch psychopathologisches Symptom, das man per se behandeln könnte. Das heißt, dass in diesen beruflichen Handlungsanforderungen Rechtsbegriffe enthalten sind, die weder für die Psychologie noch für die Soziale Arbeit eindeutig ausgelegt worden sind oder zu deren originären Inhalten gehören. Die „Übersetzung" elementarer rechtlicher Begrifflichkeiten (z. B. Gefährlichkeit) in fachspezifisches Wissen und Verständnis gehört damit zu einer bedeutenden zusätzlichen Arbeitsanforderung.

▶ **Definition: Diagnostik** Nach Petermann und Eid (2006) ist psychologische Diagnostik das systematische und regelgeleitete Sammeln und Aufbereiten von Informationen. Diagnostik verfolgt das Ziel, Entscheidungen und daraus resultierende Handlungen zu begründen, zu kontrollieren und zu optimieren. Diese Entscheidungen können dabei als komplexe Informationsverarbeitungsprozesse aufgefasst werden.

Der Begriff der psychologischen Diagnostik ist zudem nahe mit dem medizinischen Begriff Diagnose verbunden. In der Medizin geht es aber um das Erkennen körperlicher oder geistiger Zustände, die außerhalb der Norm liegen und das Leben des Einzelnen erheblich beeinträchtigen. Eine Diagnose ist in diesem Sinne die Feststellung einer Krankheit. Gerade wegen dieser Nähe der beiden Begriffe aus den zwei unterschiedlichen Disziplinen ist es entscheidend, den medizinischen Krankheitsbegriff deutlich von der Diagnostik im Strafvollzug abzugrenzen. Andernfalls würde Straffälligkeit als klinisches Symptom, ggf. sogar als Krankheit aufgefasst werden, was fatale Konsequenzen für die Vollzugspraxis und in der Folge auch die Rechtsprechung hätte (Habermeyer et al. 2020), da eine medizinische Indikation notwendig wäre. Daraus folgt auch, dass Psychotherapie im Vollzug keine Psychotherapie im eigentlichen Sinne ist, weil sie eben nicht primär darauf abzielt, diagnostizierbare Krankheiten zu lindern, sondern eher einer Kriminaltherapie entspricht, mit der die Rückfallgefahr mittels psychologischer Interventionen verringert werden soll.

Die Abgrenzung zur pathologisierenden Funktion von Diagnosen gelingt, wenn der Begriff Diagnostik strikt auf seine Kernaspekte (siehe Definition) reduziert wird. Was Diagnostik dann ganz genau ist, hängt vor allem von der jeweiligen Fragestellung ab – im Vollzug zumeist die Frage nach den Ursachen der Straffälligkeit. Die Beantwortung dieser Fragestellung ist also das Ziel der spezifischen Diagnostik und strukturiert diese. Oftmals gilt es einzuschätzen, welche Vollzugsform geeignet ist, welche Behandlungen angezeigt sind und inwieweit welche Art von Vollzugslockerungen gewährt werden kann. Charakteristisch für den Vollzug ist dabei die kontinuierliche und wiederholte Einschätzung der gleichen Fragestellungen (Guéridon und Suhling 2020).

1.2.1 Diagnostikverfahren – Vollzugs- und Eingliederungsplanung

Gesetzgeberisch ist vorgesehen, dass nach einem allgemeinen Aufnahmeverfahren eine inhaftierte Person ein umfangreiches Diagnostikverfahren durchläuft (§ 8 StVollzG Bln). Dafür werden einerseits inhaltliche und andererseits methodische Vorgaben gemacht. *Inhaltlich* wird gefordert, dass die Ursachen und Umstände der Tat, die Persönlichkeit und die Lebensverhältnisse Gegenstand der Untersuchung sein sollen, um eine zielgerichtete und wirkungsorientierte Vollzugsgestaltung zu gewährleisten. Aber auch sonstige Aspekte, die für die Wiedereingliederung relevant sein können, sind zu untersuchen (§ 8 (3) StVollzG Bln). Diagnostisches Ziel ist es, die Faktoren herauszuarbeiten, die die Straffälligkeit begünstigt haben mögen (Risikofaktoren). Gleichfalls sollen aber auch Faktoren eruiert werden, die der Straffälligkeit entgegenwirken (Schutzfaktoren; siehe § 8 (4) StVollzG Bln).
Methodisch gesehen muss das Verfahren:

1. wissenschaftlichen Erkenntnissen genügen (§ 8 (2) StVollzG Bln); dabei sollten nicht nur Kriterien herangezogen werden, die als empirisch validiert gelten, sondern auch Methoden (z. B. standardisierte Instrumente) Anwendung finden, die dem aktuellen wissenschaftlichen Stand entsprechen;
2. in Fällen mit besonderer Tragweite (z. B. vornotierte Sicherungsverwahrung) nur besonders qualifiziertes Personal einsetzen (§ 8 (2) StVollzG Bln);
3. Unterlagen und Quellen auswerten, die neben der aktuellen Aktenlage und der Exploration auch die Vollstreckung und den Vollzug vorangegangener Freiheitsentziehungen dokumentieren (z. B. Erkenntnisse der Gerichts- und Bewährungshilfe sowie der Führungsaufsichtsstellen; siehe § 3 (2) StVollzG Bln).

Das Ergebnis dieses Verfahrens ist der *Vollzugs- und Eingliederungsplan*. Dieser umfasst laut StVollzG Bln neben der Zusammenfassung der für die Vollzugs- und

1.2 Aufträge und Handlungsanforderungen im Bereich Diagnostik ...

Eingliederungsplanung maßgeblichen Ergebnisse des Diagnostikverfahrens die Beantwortung einer großen Anzahl diverser Fragestellungen (§ 10 (1)):

- voraussichtlicher Entlassungszeitpunkt,
- Unterbringung im geschlossenen oder offenen Vollzug,
- Maßnahmen zur Förderung der Mitwirkungsbereitschaft,
- Unterbringung in einer sozialtherapeutischen Einrichtung und Teilnahme an deren Behandlungsprogrammen,
- Teilnahme an einzel- oder gruppentherapeutischen Maßnahmen,
- Berücksichtigung indizierter medizinischer Maßnahmen, sofern diese zur Erreichung des Vollzugsziels erforderlich sind,
- Teilnahme an Maßnahmen zur Behandlung von Suchtmittelabhängigkeit und Suchtmittelmissbrauch,
- Teilnahme an strukturierten sozialpädagogischen Maßnahmen,
- Teilnahme an schulischen und beruflichen Qualifizierungsmaßnahmen einschließlich Alphabetisierungs- und Deutschkursen,
- Teilnahme an arbeitstherapeutischen Maßnahmen oder am Arbeitstraining,
- Arbeit,
- freies Beschäftigungsverhältnis, Selbstbeschäftigung,
- Teilnahme an Sportangeboten und Maßnahmen zur strukturierten Gestaltung der Freizeit,
- Ausführungen zur Erreichung des Vollzugsziels, Außenbeschäftigung,
- Lockerungen zur Erreichung des Vollzugsziels,
- Aufrechterhaltung, Förderung und Gestaltung von Außenkontakten,
- Schuldnerberatung, Schuldenregulierung und Erfüllung von Unterhaltspflichten,
- Ausgleich von Tatfolgen,
- Maßnahmen zur Vorbereitung von Entlassung, Eingliederung, Nachsorge und zur Bildung eines Eingliederungsgeldes und
- Frist zur Fortschreibung des Vollzugs- und Eingliederungsplans.

Das bedeutet, dass dieses Diagnostikverfahren zu Beginn der Inhaftierung einerseits ein breites Spektrum an sehr unterschiedlichen Fragestellungen adressiert und damit eine detaillierte Untersuchung der Person und ihrer (Lebens-) Umstände erfordert. Andererseits ist das Ergebnis dieser Eingangsdiagnostik maßgeblich für die Gestaltung des Vollzugs und damit handlungsleitend für die Initiierung unterschiedlicher Behandlungsangebote. Die Erstdiagnostik bildet also die Basis für den Resozialisierungsprozess.

1.2.2 Verlauf

Aufbauend auf den Ergebnissen der Eingangsdiagnostik und dem dort formulierten Vollzugs- und Eingliederungsplan sind die notwendigen Interventionen durchzuführen. Dabei handelt es sich um die Art der Unterbringung, um die Teilnahme an schulischen Maßnahmen, Arbeit, Freizeitangeboten sowie therapeutischen bzw. deliktorientierten Interventionen. Hier ist vor allem auf die Aspekte zu fokussieren, die planmäßig für die Erreichung des Vollzugsziels als zwingend notwendig erachtet wurden (§ 10 (2) StVollzG Bln). Die im Vollzugs- und Eingliederungsplan bestimmten Interventionen zur Absenkung der Gefahr weiterer strafbarer Handlungen sind rechtsverbindlich. Das heißt zum einen, die inhaftierte Person soll die geplanten Maßnahmen wahrnehmen, um am Vollzugsziel zu arbeiten. Zum anderen ist die Institution verpflichtet, die Maßnahmen zeitnah zur Verfügung zu stellen. Schließlich hängt von der Durchführung und den positiven Behandlungseffekten ein als günstig zu wertender Vollzugsverlauf ab, der die weiteren prognostischen Einschätzungen erheblich (mit-)bestimmt. Die Erkenntnisse aus den Behandlungsmaßnahmen stellen neben dem Vollzugsverhalten die einzigen relevanten Faktoren dar, die den Verlauf der Vollstreckung bestimmen. Um diesem Prozess schnelle Beachtung zu schenken, ist es gesetzlich vorgeschrieben, den Vollzugs- und Eingliederungsplan regelmäßig alle sechs Monate, spätestens aber nach zwölf Monaten (§ 9 (3) StVollzG), bei Jugendstrafe bis zu drei Jahren alle vier Monate, zu überprüfen und fortzuschreiben (§ 11 JStVollzG Bln).

1.2.3 Vollzugslockerung

Als Vollzugslockerung bezeichnet man Aufenthalte außerhalb der Anstalt (z. B. das Verlassen der Anstalt für bis zu 24 h) zu Resozialisierungszwecken (§ 42 StVollzG Bln). Die Vorbereitung der Gewährung dieser vollzugslockernden Maßnahmen obliegt in der Regel den im Vollzug tätigen Sozialarbeiterinnen und Sozialarbeitern bzw. Psychologinnen und Psychologen. Diese befinden sich dabei in einem ambivalenten Spannungsfeld. Einerseits sind Vollzugslockerungen das Mittel der Wahl, um eine Entlassung fallgerecht vorbereiten zu können. Andererseits bergen die Lockerungen die Gefahr der Flucht oder des Missbrauchs hinsichtlich der Begehung weiterer Straftaten. Es besteht also ein hohes gesellschaftliches Interesse, dass die Entscheidungsträger in diesem Prozess gut ausgebildet sind, ihre Entscheidungen auf Basis wissenschaftlich fundierter

Erkenntnisse treffen und dies nachvollziehbar begründen. Natürlich wäre es einfach, diesen herausfordernden Entscheidungen zu begegnen, indem keine inhaftierte Person die Pforten einer Anstalt verlässt, doch hat der Gesetzgeber diese Möglichkeit explizit gewollt. Die Entscheidung dafür hat er einzig und allein in die Hände des Strafvollzugs gelegt. Für die straffällig gewordene Person ist es eine Chance, die positiven Behandlungseffekte in kurzen Zeitabschnitten in einer freien Umgebung neu zu erproben und Erfahrungen zu machen. Somit ist ein Lernfeld gegeben, um die potentiellen Hindernisse für ein straffreies Leben früh zu erkennen und sich rechtzeitig an ein Hilfesystem zu wenden.

1.2.4 Entlassung

Laut Gesetzgebung muss spätestens ein Jahr vor dem voraussichtlichen Entlassungszeitpunkt die Planung zur Vorbereitung der Eingliederung beginnen (§ 9 (4) StVollzG Bln). Dabei sollen nach Maßgabe der Veränderungen im Haftverlauf oder bei sehr kurzen Haftzeiten die zur Vorbereitung der Entlassung, Eingliederung, Nachsorge und zur Bildung eines Eingliederungsgeldes notwendigen Maßnahmen detailliert ausgearbeitet werden. Gemäß § 10 (3) StVollzG Bln muss Stellung genommen werden zur:

- Unterbringung im offenen Vollzug oder zum Aufenthalt in einer Übergangseinrichtung,
- Unterkunft sowie Arbeit oder Ausbildung nach der Entlassung,
- Unterstützung bei notwendigen Behördengängen und der Beschaffung notwendiger persönlicher Dokumente,
- Beteiligung der Bewährungshilfe und der Forensischen Ambulanzen,
- Kontaktaufnahme zu Einrichtungen der Entlassenen-Hilfe,
- Fortsetzung von im Vollzug noch nicht abgeschlossenen Maßnahmen,
- Anregung von Auflagen und Weisungen für die Bewährungs- oder Führungsaufsicht,
- Vermittlung in nachsorgende Maßnahmen und
- nachgehenden Betreuung durch Vollzugsbedienstete.

Die Vorgaben machen deutlich, dass die Perspektive auf die anstehende Entlassung gelenkt wird und das einzugehende Risiko für etwaige Vollzugslockerungen vertretbar erhöht werden kann. Der Schwerpunkt liegt im Übergangsmanagement, welches durch frühzeitige Herstellung von Kontakten und

Anbindungen an sozial stützende Netzwerke die Entlassung als einen Übergang und nicht als ein abruptes Ende einer Freiheitsentziehung erleben lassen soll (§ 46 StVollzG Bln).

1.3 Professionalität sozialer und psychologischer Arbeit im Strafvollzug

Während es Aufgabe von Polizei, Staatsanwaltschaft und Gerichten ist, eine Straftat und deren Motivationsgefüge bei Täterin oder Täter zu ergründen, ist es Aufgabe der Sozialarbeiterinnen und Sozialarbeiter bzw. Psychologinnen und Psychologen im Strafvollzug, die Person und deren Verhaltensweisen in den Fokus zu nehmen (Kawamura-Reindl und Schneider 2015). Sie sollen den Sachverhalt beurteilen, nicht jemanden verurteilen, denn dies ist bereits geschehen und Grundlage für diesen Prozess. Auch wenn die Auseinandersetzung mit einer Tat, die selbst als abstoßend oder grausam empfunden wird, zu dem Bedürfnis nach Strafe führen mag, so ist dies explizit nicht Aufgabe von Psychologie und sozialer Arbeit. In der täglichen Arbeit geht es deshalb immer wieder darum, sich der eigenen menschlichen Bedürfnisse (z. B. nach Strafe) und der eigenen Emotionen (z. B. Ekel) bewusst zu sein. Durch diese Reflexion kann die Professionalität für die Erfüllung der diagnostischen Arbeitsaufträge, die eine erhebliche Tragweite sowohl für die Freiheit des Einzelnen als auch die Sicherheit der Allgemeinheit haben, gestärkt werden. Dazu gehört auch die Möglichkeit, einen Fall an eine Kollegin bzw. einen Kollegen abzugeben, wenn eine professionelle Haltung nicht sichergestellt werden kann. Ergänzend zu den Vorschlägen von Kawamura-Reindl und Schneider (2015) sowie den Ausführungen von Brill (2008) ist diese Professionalität nach unserem Erachten durch folgende Aspekte gekennzeichnet:

- differenziertes psychologisches bzw. sozialpädagogisches Fallverständnis,
- konkrete Unterstützung der inhaftierten Personen,
- transparente, klare und angemessene Kommunikation,
- hohe Frustrationstoleranz,
- Reflexion der mitunter ambivalenten Anforderungen,
- Kenntnisse über Basisrückfallraten.

Es gibt nicht den Straffälligen oder die eine Ursache für straffälliges Verhalten. Sich der Komplexität des Phänomens und der vielseitigen Wechselwirkungen bewusst zu sein, ist wichtig, um Stigmatisierungen zu vermeiden. Ein *differenziertes psychologisches bzw. sozialpädagogisches Fallverständnis*

1.3 Professionalität sozialer und psychologischer ...

bedeutet deshalb, neben dem Delikt auch die biografischen, biologischen, sozialen und lebensweltlichen Bedingungsfaktoren und Kontexte genau zu betrachten und deren Wechselspiel im Einzelfall zu ergründen. Um das zu erreichen, sollten:

1. vielseitige theoretische Ansätze und Untersuchungsmethoden passend zum Einzelfall angewendet,
2. unterschiedliche Quellen für die Informationssammlung herangezogen, integriert bzw. gegeneinander abgewogen,
3. Möglichkeiten für die Selbstdarstellung der betroffenen Person und eine offene Dialogform geschaffen,
4. bisherige Einschätzungen zur Kenntnis genommen und reflektiert sowie
5. eigene fachliche Einschätzungen fundiert begründet und transparent kommuniziert werden.

Inhaftiert zu sein bedeutet in der Regel den (zumindest zeitweiligen) Verzicht oder Verlust von Möglichkeiten zur Befriedigung grundlegender Bedürfnisse, wie Zuneigung (durch Trennungen) oder etwa Anerkennung (durch Verlust von Arbeit). Diese Einschränkungen zu bewältigen, dabei auch Veränderungen zu vollziehen, die ein zukünftig straffreies Leben ermöglichen, ist eine Herausforderung, bei der *die inhaftierten Personen unterstützt werden* sollten. Konkrete Hilfsangebote, Freiräume für eigenverantwortliches Handeln – soweit möglich – zu schaffen und eine vertrauensvolle Arbeitsbeziehung aufzubauen, die als Modell und Vorbild wirken kann, sind elementare Aufgaben. Dafür ist es auch wichtig, eine Sprache zu finden, die zur Lebenswelt des Gegenübers passt (siehe auch Abschn. 2.2).

Die *transparente, klare und angemessene Kommunikation* gehört zu den Kernaspekten sozialarbeiterischer und psychologischer Tätigkeit im Strafvollzug. Um Missverständnisse zu vermeiden, die zu Stigmatisierungen und Fehlentscheidungen führen können, sollten Inhalte anschaulich, wohlbegründet und transparent kommuniziert werden. Die Vorgehensweise und das Ergebnis diagnostischer Arbeit müssen dabei nicht nur für die angrenzenden Bereiche und Kolleginnen und Kollegen verständlich sein, sondern auch für die betreffende Person selbst (siehe auch Abschn. 4.6). Denn letztlich können Inhalte nur dann zum Tragen kommen, wenn der Absender die kommunikativen Fähigkeiten des Adressaten berücksichtigt (Ward und Maruna 2007). Mitunter ist diese Art der Kommunikation bereits eine Intervention, die inhaftierte Personen mit geringen kommunikativen Fähigkeiten dabei unterstützen kann, sich auszudrücken und weiterzuentwickeln.

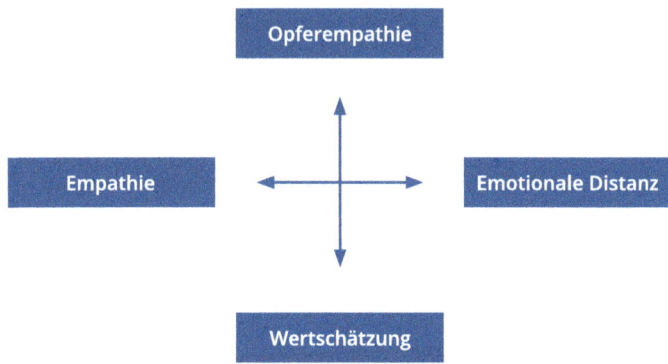

Abb. 1.5 Spannungsfeld sozialarbeiterischer und psychologischer Tätigkeit im Strafvollzug

Sozialarbeiterinnen und Sozialarbeiter bzw. Psychologinnen und Psychologen werden in ihrer diagnostischen Tätigkeit im Strafvollzug selten große Dankbarkeit erfahren, was die Gefahr birgt, in eine resignierte Haltung zu verfallen. Zudem werden die Arbeit und eigene fachliche Ansprüche nicht immer zu realisieren sein, da mitunter wenig zeitliche Ressourcen oder adäquate Behandlungsangebote zur Verfügung stehen bzw. die allgemeinen Vollzugsbedingungen den Behandlungsfortschritt gefährden. Ein hohes Maß an Selbstsicherheit und *Frustrationstoleranz* muss von den Mitarbeiterinnen und Mitarbeitern aufgebracht werden, wobei auch kleine Schritte als Erfolg gewertet werden können. Die Messlatte für Behandlungserfolge sollte sich an den jeweils gegebenen Umständen orientieren und nicht zu hoch liegen.

In der Arbeit mit straffällig gewordenen Menschen geht es stetig um die *Auseinandersetzung mit den verschiedenen (mitunter ambivalenten) Handlungsanforderungen*. Was wird von mir erwartet? Was muss ich beantworten und was nicht? Wofür bin ich verantwortlich und wofür nicht? Diese Reflexion zur Aufgabenklarheit, die durch kollegiale Intervision und Supervision unterstützt werden kann und sollte, ist essentiell, um dem Handlungsauftrag gerecht zu werden und gleichzeitig die Werte und Methoden der eigenen Profession nicht aus den Augen zu verlieren. Einerseits entspringen die Aufgaben einem juristischen Kontext und sind mitunter nur teilweise in die Profession der sozialen Arbeit bzw. der Psychologie einzufügen, andererseits bewegt sich die Arbeit von Sozialarbeiterinnen und Sozialarbeitern bzw. Psychologinnen und Psychologen im Vollzug in einem mehrdimensionalen Spannungsfeld (siehe Abb. 1.5). Der

Arbeitsauftrag verlangt eine nüchterne und emotional unverzerrte Bewertung der Fakten. Gleichzeitig ist ein hohes Maß an Empathie und damit auch emotionaler Beteiligung nötig. Nur wenn sich ein Gegenüber wertgeschätzt fühlt, wird es sich öffnen, was für die Gewinnung von Informationen und zur Motivation für Veränderungen unerlässlich ist. Der Wertschätzung der straffälligen Person steht die Empathie für das Opfer gegenüber. Hier müssen mitunter starke Dissonanzen zwischen Täter- und Opferempathie ausgehalten werden. Um auch inhaftierten Personen, die aus Sicht der Gesellschaft eine zu verachtende Straftat begangen haben, einen sinnstiftenden Lebensentwurf zu ermöglichen, ihr Selbstwertgefühl und die Selbstwirksamkeit zu stärken, um ein legales Leben führen können, muss die psychologische und soziale Arbeit bewusst einen Gegenakzent zu diesen gesellschaftlichen Stigmatisierungen setzen (Kawamura-Reindl und Schneider 2015). Das Ziel ist immer, ein Leben in Freiheit ohne Straftaten führen zu können; dabei soll der Vollzug bestmöglich unterstützen.

Fazit
Strafvollzug verfolgt die Aufgabe der Sicherung und das Ziel der Resozialisierung. Hierfür werden Sozialarbeiterinnen und Sozialarbeiter bzw. Psychologinnen und Psychologen als Fachkräfte im Strafvollzug eingesetzt. Dabei werden die Handlungsaufträge häufig in juristisch geprägten Termini beschrieben, die für die praktische Arbeit erst in die Sichtweisen, Theorien und Methoden der Sozialen Arbeit und Psychologie übersetzt werden müssen. Diagnostisch tätige Sozialarbeiterinnen und Sozialarbeiter bzw. Psychologinnen und Psychologen bewegen sich dabei nicht nur in einem Spannungsfeld zwischen diesen Handlungsanforderungen und den Werten und Methoden der eigenen Profession, sondern auch zwischen emotionaler Distanz und Täter- und Opferempathie. Diese Herausforderungen erfordern ein hohes Maß an Professionalität.

1.4 Reflexionsfragen

- Inwiefern unterscheidet sich das Strafvollzugsgesetz in Ihrem (Bundes-)Land von der Berliner Gesetzgebung?
- Wie verstehen Sie Ihre sozialarbeiterische oder psychologische Professionalität? Was tun Sie, um dieser gerecht zu werden?
- Welche Gefühle löst die detaillierte Beschreibung einer sexuell motivierten Tötung in Ihnen aus? Welche Bedeutung haben diese Gefühle für die diagnostische Tätigkeit?

- Wo sehen Sie Ihre persönlichen Grenzen in Bezug auf Ihre professionelle Objektivität? Woran erkennen Sie, dass diese überschritten werden?

1.5 Lernfragen

- Welche Aufgabe und welches Ziel hat der Strafvollzug? Finden Sie jeweils ein Beispiel, in dem diese ambivalent bzw. sich gut ergänzend erscheinen.
- Was ist Resozialisierung und was bedeutet sie für die diagnostische und prognostische Tätigkeit im Strafvollzug?
- Welches sind die entscheidenden Akteure im Rahmen von Diagnostik im Strafvollzug und wie interagieren sie miteinander?
- Welches sind die wichtigsten Handlungsaufträge an Sozialarbeiterinnen und Sozialarbeiter bzw. Psychologinnen und Psychologen im Strafvollzug und was zeichnet die Aufgaben aus?

Literatur

Berliner Justizvollzug. (2021). Merkmale der Gefangenen und Sicherungsverwahrten (ab 2020 einschließlich Untersuchungshaft, Zivilhaft und sonstige Freiheitsentziehungen). Berliner Justizvollzug. https://www.berlin.de/justizvollzug/service/zahlen-und-fakten/merkmale-der-strafgefangenen-und-sicherungsverwahrten/.

Brill, G. (2008). Psychologie im Strafvollzug. In K. Sternberg & M. Amelang (Eds.), *Psychologen im Beruf: Anforderungen, Chancen und Perspektiven* (1st ed., pp. 272–281, Einführungen und Allgemeine Psychologie). Stuttgart: Kohlhammer.

Bundesministerium der Justiz (Ed.). (2007). *Europäische Strafvollzugsgrundsätze: Die Empfehlung des Europarates REC(2006)2 ; Neufassung der Mindestgrundsätze für die Behandlung der Gefangenen*. Mönchengladbach: Forum Verl. Godesberg.

Drenkhahn, K. (2011). Lange Freiheitsstrafen in Europa. *Forensische Psychiatrie, Psychologie, Kriminologie, 5*, 75–81. https://doi.org/10.1007/s11757-011-0110-y.

Etzler, S., Moosburner, M., & Rettenberger, M. (2020). Therapie bei Straffälligkeit: Zur Entwicklung der Sozialtherapie im deutschen Justizvollzug. *Forensische Psychiatrie, Psychologie, Kriminologie, 14*, 95–105. https://doi.org/10.1007/s11757-019-00579-8.

Eurostat. (2021). Demographische Veränderung – absoluter und relativer Bevölkerungsstand auf nationaler Ebene. https://ec.europa.eu/eurostat/databrowser/view/demo_gind/default/table?lang=de.

Guéridon, M., & Suhling, S. (2020). Welche Rolle spielt die Gefährlichkeit für die Verlegung in eine sozialtherapeutische Einrichtung? *Forensische Psychiatrie, Psychologie, Kriminologie, 14*, 106–116. https://doi.org/10.1007/s11757-020-00584-2.

Literatur

Habermeyer, E., Mokros, A., & Briken, P. (2020). „Die Relevanz eines kohärenten forensischen Beurteilungs- und Behandlungsprozesses": großer Wurf oder alter Wein in undichtem Schlauch? *Forensische Psychiatrie, Psychologie, Kriminologie, 14*, 212–219. https://doi.org/10.1007/s11757-020-00592-2.

Hart, S. D., Douglas, K. S., & Guy, L. S. (2017). The Structured Professional Judgement Approach to Violence Risk Assessment. In L. E. Marshall, W. L. Marshall, & D. P. Boer (Eds.), *Treatment* (pp. 643–666, The Wiley handbook on the theories, assessment, and treatment of sexual offending, / Editor-in-Chief Douglas P. Boer ; Volume 3). Chichester, West Sussex, Malden, MA, Oxford: Wiley Blackwell.

Kawamura-Reindl, G., & Schneider, S. (2015). *Lehrbuch Soziale Arbeit mit Straffälligen* (Studienmodule Soziale Arbeit). Weinheim, Basel: Beltz Juventa.

Land Berlin. (2016). *Gesetz über den Vollzug der Freiheitsstrafe in Berlin(Berliner Strafvollzugsgesetz–StVollzG Bln)*.

Laubenthal, K. (2019). *Strafvollzug* (8th ed., Springer-Lehrbuch). Berlin: Springer Berlin.

Petermann, F., & Eid, M. (Eds.). (2006). *Handbuch der psychologischen Diagnostik* (Handbuch der Psychologie, Bd. 4). Göttingen: Hogrefe.

Schmidt, S., & Ward, T. (2020). Delinquenz kultursensibel erklären – ein theoretisches Rahmenmodell. *Forensische Psychiatrie, Psychologie, Kriminologie, 30*, 47. https://doi.org/10.1007/s11757-020-00638-5.

Schwind, H.-D., & Blau, G. (1988). *Strafvollzug in der Praxis: Eine Einführung in die Probleme und Realitäten des Strafvollzuges und der Entlassenenhilfe* (2nd ed.). s.l.: Walter de Gruyter GmbH Co.KG.

Statistisches Bundesamt. (2021a). Bevölkerung nach Migrationshintergrund und Geschlecht. Statistisches Bundesamt. https://www.destatis.de/DE/Themen/Gesellschaft-Umwelt/Bevoelkerung/Migration-Integration/Tabellen/liste-migrationshintergrund-geschlecht.html.

Statistisches Bundesamt. (2021b). Justiz und Rechtspflege. Statistisches Bundesamt. https://www.destatis.de/DE/Themen/Staat/Justiz-Rechtspflege/_inhalt.html.

Wade, D. T., & Jong, B. A. de. (2000). Recent advances in rehabilitation. *BMJ, 320*, 1385–1388. https://doi.org/10.1136/bmj.320.7246.1385.

Ward, T., & Maruna, S. (2007). *Rehabilitation: Beyond the risk paradigm* (Key ideas in criminology). London: Routledge.

Theoretische Rahmenkonzepte von Rehabilitation

2

Zusammenfassung

Dieses Kapitel setzt sich mit den theoretischen Grundlagen der Diagnostik im Strafvollzug auseinander. Diagnostik im Strafvollzug zielt darauf ab, Behandlungen zu planen und Entwicklungen einzuschätzen. Es werden zwei prominente Rahmenkonzepte zur Rehabilitation und Behandlung von straffällig gewordenen Menschen vorgestellt. Das Risk-Need-Responsivity Model (RNR) von Andrews und Bonta (2010) und das Good Lives Model (GLM) von Ward und Stewart (2003) haben sich als wertvoll und nützlich in der Praxis erwiesen. Deshalb sollten sie in der sozialarbeiterischen und psychologischen Arbeit mit straffällig gewordenen Personen angewandt und bestmöglich kombiniert werden.

Wie inhaftierte Personen am besten dabei unterstützt werden können, einen Ausstieg aus der Kriminalität zu schaffen, wird in theoretischen Ansätzen und Modellen zur Rehabilitation ganz unterschiedlich beantwortet. Die beiden nachfolgend dargestellten Modelle zur Rehabilitation beschreiben Faktoren, an denen sich Rehabilitationsziele und Interventionen ausrichten sollen (Schmidt 2019; Ward und Maruna 2007). Wie in der Abb. 2.1 dargestellt, ergeben sich aus den Zielen der Modelle die ätiologischen Annahmen über die Entstehung und Aufrechterhaltung der Kriminalität. Aus den Erklärungen, warum jemand straffällig wird, leiten sich schließlich die Handlungsempfehlungen für die praktische Arbeit mit den straffällig gewordenen Personen ab. Auch wenn diese Modelle zur Rehabilitation auf die Behandlung abzielen, haben sie maßgeblichen Einfluss auf die Diagnostik, die einer Behandlung stets vorangestellt ist.

Abb. 2.1 Struktur von Rehabilitationsansätzen nach Ward und Gannon (2006)

2.1 Das Risk-Need-Responsivity Model (RNR)

Als Martinson (1974) in seiner einflussreichen Arbeit zu dem Schluss kam, dass es keine überzeugenden empirischen Belege für die Effektivität von Straftäterbehandlung im Allgemeinen gäbe, mehrten sich die Meinungen, dass kostenintensive Bemühungen um die Behandlung von straffällig gewordenen Personen überflüssig seien und somit eingespart werden sollten. Als eine Antwort auf diese „Nothing works!"-Debatte (Cullen und Gendreau 2001) in der Kriminologie und Kriminalpsychologie formulierten Don Andrews und James Bonta Mitte der 90er Jahre die Risk-Need-Responsivity (RNR)-Prinzipien der Straftäterbehandlung, welche eine effektive Rehabilitation ermöglichen sollten (Andrews und Bonta 2010). Sie arbeiteten heraus, dass den Ergebnissen von Martinson unterschiedliche Behandlungsansätze zugrunde lagen, die heterogene Befunde bedingten, was der Definition von Wirkungskausalitäten entgegenstand. Andrews und Kollegen untersuchten deshalb in einer Metaanalyse eben diese Zusammenhänge genauer und entwickelten daraus drei Kernprinzipien ihres RNR-Modells der Rehabilitation (Andrews und Bonta 2010):

Das *Risk-/Risikoprinzip* besagt, dass 1) die Vorhersage von straffälligem Verhalten möglich ist, und dass 2) das Ausmaß an Interventionen dem Risiko-

2.1 Das Risk-Need-Responsivity Model (RNR)

Level der Person quasi proportional angepasst werden sollte. Das Risikoprinzip bestimmt, WER behandelt werden soll, und zwar vor allem Personen mit moderatem und hohem Rückfallrisiko. Grundlage dafür sind Studienergebnisse wie die Befunde von Holsinger et al. (2006), die geringere Rückfallraten bei Personen mit einem hohen Risiko, aber intensiver Betreuung gegenüber Personen mit vergleichbarem Risiko und wenig Betreuung nachweisen. Unter den Personen mit niedrigem Risiko waren die Rückfallraten bei denjenigen mit intensiver Betreuung teilweise höher als bei Personen mit vergleichbarem Risiko, die kaum oder keine Betreuung erhalten hatten. Daraus schlossen die Autoren, dass Behandlung bei Personen mit geringem Rückfallrisiko auch schädlich sein kann und deshalb nicht nur aus Kostengründen auf eine intensive Betreuung verzichtet werden sollte.

Das *Need-/Bedürfnisprinzip* bestimmt, WAS behandelt werden soll. Interventionsmaßnahmen sollten die Risiken für Straffälligkeit direkt adressieren und die daraus entstehenden Probleme eliminieren. Somit ist es essentiell, zwischen den Faktoren, die kriminogen wirken, und anderen Aspekten, die nicht mit der Straffälligkeit in Verbindung gebracht werden können, zu unterscheiden. Interventionen im Rahmen von Straftäterbehandlung sollten demnach ausschließlich an den kriminogenen Faktoren ansetzen, um das Rückfallrisiko zu senken. Im Umkehrschluss bedeutet dieses Prinzip, dass Faktoren (wie z. B. Depressionen), die empirisch nicht mit Rückfälligkeit assoziiert sind, auch nicht Teil der Behandlung sein sollten. Die identifizierten kriminogenen Risikofaktoren sind dabei dynamisch, d. h. veränderbar.

▶ **Definition: Dynamische Risikofaktoren nach Hanson und Harris (2000)** Dynamische Risikofaktoren sind Merkmale, die sich verändern können, wobei diese Veränderung mit einem korrespondierenden Anstieg bzw. einer Reduktion der Rückfallwahrscheinlichkeit einhergeht. Dynamische Risikofaktoren können weiterführend in stabil dynamische Faktoren und akut dynamische Faktoren differenziert werden. Stabil dynamische Faktoren bleiben in der Regel über Monate bzw. Jahre unverändert (z. B. Alkoholabhängigkeit), während akut dynamische Faktoren einer schnellen Veränderung innerhalb von Tagen oder Minuten unterliegen (z. B. Alkohol-Intoxikation).

Das *Responsivity-/Ansprechbarkeitsprinzip* wendet sich dem WIE zu und beschreibt Methoden der Straftäterbehandlung. Nach dem generellen Ansprechbarkeitsprinzip sollten vor allem Verfahren eingesetzt werden, die eine sozialkognitiv-behaviorale Ausrichtung haben, weil sich diese in empirischen Untersuchungen als effektiv erwiesen haben. Nach dem spezifischen Ansprechbarkeitsprinzip sollten zusätzlich auch die individuellen Besonderheiten (Motivation, Fähigkeiten u. a.) der Person und das Setting (institutionelle Gegebenheiten u. a.) berücksichtigt werden.

Diese drei Kernprinzipien des RNR-Modells finden international weitgehend Konsens. Sie bestimmen die meisten übergreifenden Beurteilungs- und Behandlungskonzepte für straffällig gewordene Personen in euro-amerikanischen Ländern (Andrews et al. 2011).

2.1.1 Ziele und Werte

Das RNR-Modell ist primär risiko- bzw. defizitorientiert. Es hat zum Ziel, die Wirksamkeit von Interventionsmaßnahmen in der Straftäterbehandlung dadurch zu erhöhen, dass Risiken für Rückfälligkeit gezielt adressiert werden. Das Modell basiert maßgeblich auf empirischer Erforschung der Rückfallindikatoren von straffällig gewordenen Personen sowie auf einem rationalen Verständnis von straffälligem Verhalten. Dem Ansatz liegen die Werte Menschlichkeit, Sicherheit, Ordnung und Effizienz zugrunde. Andrews und Bonta gehen davon aus, dass die Anstrengung zur Resozialisierung schon aus dem Respekt gegenüber der menschlichen Würde geboten erscheint. Dabei sind Kontrolle und Veränderung von individuellen Risiken die Grundlage für ein straffreies Leben in Freiheit, weshalb die Identifikation von Risiken auf verschiedenen Ebenen an erster Stelle steht.

2.1.2 Erklärung von Kriminalität – Central Eight Risikofaktoren

Andrews und Bonta (2010) gehen davon aus, dass sich Menschen in ihrer Neigung, straffälliges Verhalten zu zeigen, unterscheiden. Diese Neigung geht auf eine mehr oder weniger bewusste Kosten-Nutzen-Abwägung zurück, die von einer ganzen Reihe an internalen (d. h. in der Person liegenden) und externalen (d. h. außerhalb der Person liegenden) Faktoren beeinflusst wird. Abb. 2.2 illustriert diese Grundannahme, die Andrews und Bonta in ihrer Theorie der „General Personality and Cognitive Social Learning Perspective" zusammengefasst haben (Bonta und Andrews 2017).

Neben Aspekten der Situation beeinflussen verschiedene Faktoren der Person und ihrer Umwelt die Straffälligkeit. Andrews und Bonta haben zahlreiche Studien und Metaanalysen zusammengetragen und in die theoretische Landschaft der multidisziplinären Erklärungsansätze für (straffälliges) Verhalten eingebettet.

2.1 Das Risk-Need-Responsivity Model (RNR)

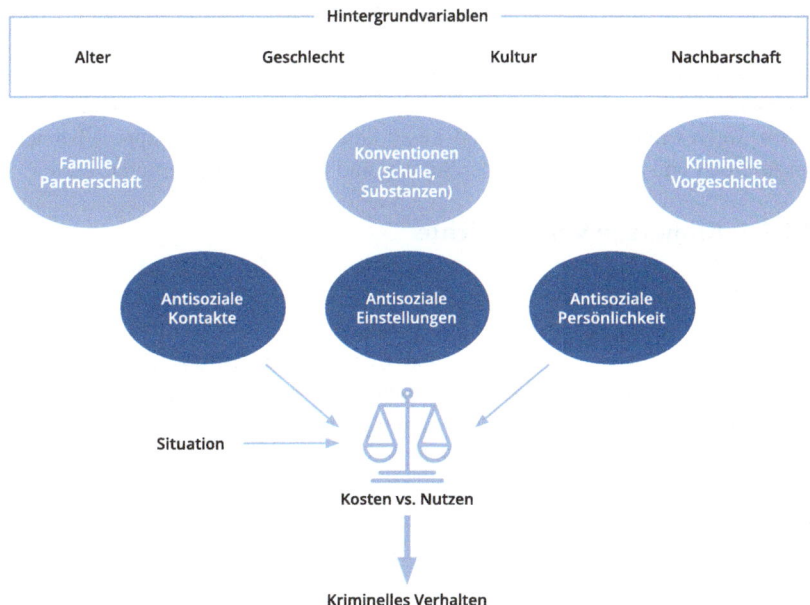

Abb. 2.2 General Personality and Cognitive Social Learning Perspective (Bonta und Andrews 2017)

Die Autoren haben diese zahlreichen Indikatoren acht Bereichen – den Central Eight – zugeordnet. Dabei deuteten frühere Studien darauf hin, dass die ersten vier Faktoren – die Big Four (antisoziales Persönlichkeitsmuster, antisoziale Einstellungen, antisoziale Kontakte und kriminelle Vorgeschichte) – die stärksten Zusammenhänge mit Rückfälligkeit aufwiesen. Aktuellere Untersuchungen stützen dies jedoch nicht eindeutig (Bonta und Andrews 2017), was auch mit der Kontextspezifik der Originalbefunde zu tun haben mag. Unterschiede in den Stichprobencharakteristika, vorherrschenden Rechtssystemen oder Rückfallkriterien beeinflussen die empirischen Zusammenhänge maßgeblich. So fanden Grieger und Hosser (2014), dass der Faktor Schule, welcher ursprünglich nicht zu den Big Four gehört, bei Jugendlichen und Heranwachsenden in Deutschland die stärksten Zusammenhänge mit Rückfälligkeit aufweist.

Die Central Eight Risikofaktoren sind nicht nur für die Theorie von Andrews und Bonta (2010) relevant, sondern finden sich – zumindest in Teilen – in vielen inhaltlichen Kriterienkatalogen zur Diagnostik und Prognose von straffällig gewordenen Personen. Im Folgenden werden sie näher beschrieben und mögliche Bezüge zu Theorien straffälligen Verhaltens aufgezeigt. Dies soll der Leserin und dem Leser einen Überblick über gängige theoretische Ansätze aus den Bereichen Kriminologie, Soziologie und Psychologie für die Erklärung von Kriminalität geben. Interessierte Leserinnen und Leser können diese sehr knappe Übersicht bei Andrews und Bonta (2010) oder Suhling und Greve (2010) vertiefen.

2.1.2.1 Kriminelle Vorgeschichte

Das, was Menschen im Hier und Jetzt tun oder in der Zukunft tun werden, hängt maßgeblich von ihren Erfahrungen in der Vergangenheit ab. Vergangenes straffälliges Verhalten beeinflusst folglich zukünftiges Verhalten. Der Zusammenhang zwischen krimineller Vorgeschichte und Rückfälligkeit ist so robust, dass die kriminelle Vorgeschichte einen hohen – wenn nicht gar den größten – Stellenwert bei der Prognose von Straffälligkeit einnimmt (Bonta und Andrews 2017). Als Faktoren mit hoher Rückfallrelevanz haben sich dabei erwiesen:

- früher Beginn des straffälligen Verhaltens,
- diverses strafrechtsbewährtes Verhalten in unterschiedlichen Settings/ Kontexten,
- hohe Frequenz straffälligen Verhaltens.

Theoretisch ließe sich der Zusammenhang durch Assoziationstheorien (Akers 2015) erklären. Die kriminelle Vorgeschichte ist demnach ein Indikator dafür, dass in der Vergangenheit bereits Entscheidungen getroffen wurden, die Straffälligkeit begünstigten, was derartige Assoziationen geformt und im Verlauf gestärkt hat. Diese Assoziationen können in zukünftigen Situationen wieder aktiviert werden, weil sie durch die gemachten Erfahrungen leichter zugänglich sind und ähnliche Verhaltensweisen zur Folge haben.

2.1.2.2 Antisoziales Persönlichkeitsmuster

Als antisozial eingeschätzte Persönlichkeitseigenschaften führen zu einer Reihe von personalen und interpersonalen (d. h. zwischenmenschlichen) Problemen in unterschiedlichen Kontexten (z. B. Schule, Familie). Diese Probleme generieren nicht nur Stress, sondern sie minimieren auch die prosozialen Einflüsse, was wiederum die Wahrscheinlichkeit von Straffälligkeit erhöhen kann. Diese Persönlichkeitsmuster sind im Prinzip dynamisch und lassen sich zumindest teilweise durch Interventionen verändern. So wie Andrews und Bonta (2010) den Faktor definiert haben, fasst dieser eine ganze Reihe von sehr unterschiedlichen Merkmalen zusammen. Die Eigenschaften können entweder extreme

2.1 Das Risk-Need-Responsivity Model (RNR)

Ausprägungen normaler Eigenschaften oder aber klinisch-psychopathologische Symptome sein, wie die dissoziale/antisoziale Persönlichkeitsstörung (ICD-10 F60.2; DSM-5) oder Psychopathie (Hare 2003). Nach Andrews und Bonta (2010) vereint der Faktor folgende Eigenschaften:

- Impulsivität,
- Aggressivität,
- Ruhelosigkeit und erhöhtes Stimulationsbedürfnis,
- Gefühllosigkeit und flacher Affekt,
- mangelnde Empathie,
- Missachtung der Bedürfnisse Anderer,
- negative Emotionalität (z. B. Ärger, Hass),
- mangelnde Schuldgefühle,
- parasitärer, problemgenerierender Lebensstil,
- mangelndes Bestrafungslernen,
- geringe Selbstkontrolle.

Auch in theoretischen Ansätzen zur Erklärung von Kriminalität spielt Persönlichkeit häufig eine Rolle. So gehen Gottfredson und Hirschi (1998) in ihrer „General Theory of Crime" davon aus, dass mangelnde Selbstkontrolle die Hauptursache von straffälligem Verhalten bei Individuen ist. Auch Moffitt (1993) sieht die Persönlichkeit (z. B. Temperament) als den Faktor an, der persistierend strafrechtlich auffallende Personen von denen unterscheidet, die im Sinne einer jugendtypischen Delinquenz auffallen. Antisoziale Persönlichkeitsmuster sind insbesondere auch durch Theorien um eine psychopathische Persönlichkeit populär geworden (Hare 2003; Cooke et al. 2012; Cleckley 1951).

2.1.2.3 Antisoziale/kriminelle Einstellungen

Dieser Faktor bezieht sich auf die Standards, die bei einer (kriminellen) Handlungsentscheidung angelegt werden. Dabei geht es um Einstellungen, Werte, Überzeugungen, Rationalisierungen und eine persönliche Identität, die Kriminalität befürwortet. Mögliche Indikatoren sind:

- die Identifikation mit straffälligen Personen,
- antikonventionelle, negative Einstellungen gegenüber dem Gesetz, der Polizei und der Justiz,
- eine Überzeugung, dass straffälliges Verhalten sich auszahlt bzw. Nutzen hat,

- Neutralisierungen und Rationalisierungen, die spezifizieren, dass straffälliges Verhalten unter Umständen gerechtfertigt ist bzw. das Opfer es verdient habe oder keinen Schaden nehme.

Wie kriminelle Einstellungen mit straffälligem Verhalten zusammenhängen, erklärt die in der Sozialpsychologie bekannte Theory of Planned Behavior (Ajzen 1991). Die Bildung einer Handlungsintention ist demnach a) von den sozialen Normen, b) der individuellen Einstellung zu dem Verhalten, und c) der individuellen Überzeugung, die Handlung auch erfolgreich durchführen zu können, abhängig. Neutralisierungen dienen wiederum dazu, die erlebten negativen (sozialen) Konsequenzen von Straffälligkeit zu verringern. Dadurch erlauben Neutralisierungen (d. h. das Ausschalten des inneren Kritikers) auch, sich außerhalb der Normen zu bewegen, ohne diese generell ablehnen zu müssen (Sykes und Matza 1957). Wie die Identifikation mit straffälligen Anderen die individuellen Einstellungen zu kriminellen Handlungen beeinflusst, lässt sich wiederum über Subkulturtheorien (Cohen 1998) verdeutlichen. Diese nehmen an, dass mangelnde Zugehörigkeit zur Gesamtgesellschaft über alternative Werte und Gruppenzugehörigkeiten ausgeglichen wird, innerhalb derer sich dann kriminelle Einstellungen manifestieren können.

2.1.2.4 Antisoziale Kontakte (Freunde und Bekannte)

Dieser Faktor bezieht sich auf eine wahrscheinlicher werdende Entscheidung zu straffälligem Verhalten, wenn antizipiert wird, dass solches Verhalten durch andere unterstützt und verstärkt wird. Dabei sind zwei Aspekte relevant:

- die Assoziation mit straffälligen Freunden und Bekannten (negative Rollenmodelle) und
- der Mangel an Freunden und Bekannten, die nicht straffällig geworden sind (positive Rollenvorbilder).

Mit Blick auf die Theorien lassen sich Bezüge vor allem zum sozialen Lernen (Bandura 1973) herstellen, wonach kriminelle Freunde als Modell für straffälliges Verhalten fungieren. Auch Assoziationstheorien (Sutherland et al. 1995) postulieren ein Erlernen des straffälligen Verhaltens durch andere straffällige Personen. Warum eine Hinwendung zu solchen Peers stattfindet, versuchen entwicklungspsychologische Theorien beispielsweise über Prozesse der Autonomie-Verstärkung und der Ablösung vom Elternhaus zu erklären (Granic und Patterson 2006). Die verstärkte Hinwendung zu Peers im Jugendalter ist entwicklungspsychologisch vollkommen normal. Eine Anbindung an delinquente soziale

Strukturen ist hingegen eher ungewöhnlich und hängt den Theorien zufolge mit spezifischen Personen und Umgebungsvariablen zusammen. Subkulturtheorien (Cohen 1998) verweisen eher auf blockierte Möglichkeiten zur Erlangung von Status und Ansehen in der Gesamtgesellschaft, wodurch Gruppen entstehen, die sich durch eigene Werte und Normen auszeichnen und mit Straffälligkeit Status generieren.

2.1.2.5 Partnerschaft und Familie

Der soziale Kontext, in dem Verhalten gelernt wird, betrifft in hohem Maße auch enge soziale und intime Beziehungen. Dabei sind relevante Bezugspersonen für jüngere Menschen vor allem die Eltern und Verwandte, bei älteren Menschen die Intimpartner. Hinsichtlich des potentiell kriminogenen Einflusses, der von diesen Beziehungen ausgehen kann, sind zwei Aspekte von Belang:

- die Qualität der sozialen Beziehung (z. B. bei sozialer Unterstützung, Fürsorge) und
- die Erwartungen, welche die Bezugspersonen in Bezug auf Regeln und normative Einstellungen haben, sowie charakteristische Handlungsmuster (z. B. Vorbildfunktion, Kontrolle, Sanktionierung von straffälligem Verhalten).

Theoretisch lässt sich die Bedeutung dieses Faktors über Bindungstheorien (Ainsworth und Bowlby 1991; Fearon und Roisman 2017) erklären, wonach die Bindung an die Eltern und den Familienkontext sich wie ein Prototyp für zukünftige soziale Beziehungen darstellt. Ist die Bindung sicher und unterstützend, werden die Entwicklung und das Lernen entlang der lebensphasisch bedeutsamen Grundbedürfnisse gefördert, was die Internalisierung prosozialer Normen begünstigt. Aber auch kriminelle bzw. antisoziale Einstellungen und Verhaltensweisen können im Sinne des Modelllernens durch enge soziale Beziehungen weitergegeben werden (Bandura 1973). Eine Intimbeziehung bzw. Ehe kann jedoch neben der Assoziation zu bestimmten Werten und Normen und der sozialen Unterstützung auch als solche die Entscheidung zur kriminellen Handlung beeinflussen. Gemäß der Desistance-Theorien kann das Eingehen einer solchen Beziehung zu einem „turning point" werden, der den Ausstieg aus einer kriminellen Karriere begünstigt, wenn die Straffälligkeit plötzlich erheblichere persönliche Konsequenzen hätte (Sampson und Laub 2003).

2.1.2.6 Schule und Arbeit

Die Einbindung in konventionelle Lebensstrukturen kann den Anreiz und die Motive für Straffälligkeit stark senken. In dem Bereich Schule und Arbeit geht es dabei einerseits um die Leistungsbereitschaft und Leistungsfähigkeit und andererseits um die sozialen Beziehungen in diesem Kontext. Mögliche Indikatoren für eine delinquenzbegünstigende Wirkung sind:

- mangelnde Einbindung in schulische oder berufliche Aktivitäten (z. B. geringer Bildungsabschluss, Arbeitslosigkeit),
- geringer Erfolg, mangelnde Belohnung und Befriedigung im Zusammenhang mit schulischen oder beruflichen Aktivitäten (z. B. mangelnde Beteiligung) und
- geringe soziale bzw. konflikthafte Einbindung in diesen Lebensbereich.

Der schulische oder berufliche Kontext kann Belastungen reduzieren und Möglichkeiten zur Erlangung von gesellschaftlich angesehenen Statusgütern bereitstellen, was Straffreiheit begünstigt (General Strain Theory, Agnew 1992). Dieser Kontext hat zudem die Funktion von sozialer Kontrolle (Sozialkontrolltheorie, Gottfredson und Hirschi 1998) und wirkt auf die Entscheidung, kriminell zu handeln. Durch eine gute Einbindung in eine schulische oder berufliche Tätigkeit können die Zufriedenheit und das Wohlbefinden erhöht werden, wodurch die Erfüllung von Grundbedürfnissen auf straffreiem Wege gelernt werden kann (Theorie des sozialen Lernens, Bandura 1973; Akers und Jensen 2017). In diesem Sinn kann eine feste Anstellung auch ein „turning point" sein, der zum Ausstieg aus kriminellen Lebensweisen bewegt (Sampson und Laub 2003).

2.1.2.7 Freizeit

Auch außerhalb von schulischen und beruflichen Möglichkeiten können Anreizstrukturen einerseits für ein straffreies konventionelles Leben bzw. andererseits für kriminelle Aktivitäten gegeben werden. Mögliche Risikofaktoren im Bereich Freizeit sind:

- mangelnde Einbindung in erfüllende Freizeitbeschäftigungen, die prosozial orientiert sind, und
- mangelnde Struktur in der Freizeitgestaltung.

Die Einbindung in eine strukturierte Tätigkeit fördert legales und prosoziales Verhalten, wenn nichtstraffällige Personen als Rollenmodelle für prosoziales Verhalten auftreten (Bandura 1973) und eine differenzielle Verstärkung von prosozialem Verhalten gegeben ist (Akers 2015).

2.1.2.8 Alkohol und Drogenkonsum

Der Konsum von Alkohol und Drogen kann dazu führen, dass Straftaten begangen werden, um diese Mittel überhaupt beschaffen zu können. Alkohol- und Drogenprobleme können aber auch die Entscheidungsfähigkeit an sich beeinträchtigen. Für diesen Bereich gibt es sowohl historische als auch gegenwärtige Indikatoren eines problematischen Substanzkonsums (Tabak ausgeschlossen). Probleme sind jeweils dann vorhanden, wenn klinische Diagnosen (z. B. Abhängigkeit, schädlicher Gebrauch) zutreffen oder aber folgende Kriterien im Zusammenhang mit dem Konsum auftreten:

- Gesetzesverstoß infolge des Substanzkonsums,
- Ehe-/Familienprobleme infolge des Substanzkonsums,
- schulische/berufliche Probleme infolge des Substanzkonsums,
- medizinische Hinweise auf Substanzmissbrauch (z. B. körperliche Beeinträchtigungen).

Der Einfluss von problematischem Alkohol- und Drogenkonsum auf straffälliges Verhalten lässt sich am ehesten mithilfe der Kontrolltheorien (Gottfredson und Hirschi 1998) erklären, weil Selbstregulationsmechanismen durch die Substanzen erheblich eingeschränkt werden.

Zusammenfassend bedeutet der Fokus auf die acht Risikofaktoren (Central Eight), dass ein oder mehrere Faktoren für die Entstehung von Kriminalität verantwortlich ist oder sind. Diese Faktoren erheben dabei nicht den Anspruch auf Vollständigkeit, eignen sich aber zur Orientierung. Die in den Faktoren zutage tretenden Defizite repräsentieren die kriminogenen Bedürfnisse der straffällig gewordenen Person. Dabei muss zusätzlich differenziert werden, ob diese Faktoren direkt oder indirekt mit der Straffälligkeit in Zusammenhang stehen und ob sie als Ursache für den Einstieg in die Straffälligkeit zu sehen sind oder (auch) Rückfälligkeit bedingen. Nach dem RNR-Modell gilt es, die jeweiligen Faktoren genau zu identifizieren und gezielt in der Behandlung zu adressieren.

2.1.3 Handlungsempfehlungen für die Praxis

2.1.3.1 Diagnostik

Die Diagnostik ist im RNR-Modell darauf ausgerichtet, möglichst reliabel Risikofaktoren für Straffälligkeit zu erfassen. Eine der zentralen Fragen ist:

Welche Defizite oder Risikofaktoren haben zu dem straffälligen Verhalten geführt? Dabei betonen Andrews und Bonta (2010) folgende Grundsätze:

- *Breite Erfassung möglichst vieler Risikobereiche:* Die Neigung zu Straffälligkeit ist abhängig von einer großen Anzahl unterschiedlicher Kosten-Nutzen-Analysen in diversen Kontexten. Wenigstens alle Central Eight sollten erfasst werden.
- *Erfassung der statischen und dynamischen Aspekte von Risiko:* Zwar sind statische Faktoren (z. B. kriminelle Vorgeschichte) sehr gute Prädiktoren für zukünftiges Legalverhalten, sie liefern der Diagnostikerin oder dem Diagnostiker aber kaum Hinweise darauf, was getan werden könnte, um das Rückfallrisiko zu senken. Deshalb sollten sowohl statische als auch dynamische Faktoren erfasst werden.
- *Risikoanalyse kann Intensität von Interventionen bestimmen:* Das Ausmaß an Interventionen sollte direkt proportional zu dem Vorhandensein und der Ausprägung von Rückfallrisiken sein.
- *Eine erweiterte Begutachtung (z. B. intellektuelle Ressourcen und Lernstil/ Lernsetting) kann bestimmen, wie Interventionen umgesetzt werden:* Die Erfassung auch der nicht primär prädiktiven Aspekte (z. B. intellektuelle Fähigkeiten) ist angezeigt, weil dies die Art und Weise der Interventionen (z. B. Angebote in einfacher, bildhafter Sprache) bestimmt.

Für Bonta und Andrews (2017) ist die Ermittlung von Risikofaktoren die entscheidende Brücke zu einer effektiven Straftäterbehandlung. Aufgrund der Annahme, dass es sich bei Risikofaktoren um kausale Ursachen für straffälliges Verhalten handelt, wird großer Wert auf die fundierte Erfassung von Risikofaktoren gelegt. Prognose und Behandlungsplanung sollten dabei direkt verbunden werden. Nur dann können die Prinzipien der Rehabilitation richtig umgesetzt und die Straftäterbehandlung effektiv gestaltet werden. Dabei plädieren die Autoren des RNR-Modells für die Anwendung von statistisch-nomothetischen Instrumenten (siehe Abschn. 3.3). In diesen standardisierten Verfahren werden Kriterien angelegt, die auf wissenschaftlich fundiertem Erfahrungswissen beruhen, was die Objektivität und die Transparenz der Entscheidungsfindung erhöhen soll. Standardisierte Verfahren lassen sich nach Andrews und Bonta (2010) der zweiten, dritten und vierten Generation zuordnen (siehe Tab. 2.1).

2.1 Das Risk-Need-Responsivity Model (RNR)

Tab. 2.1 Klassifikation der Verfahren zur Erfassung von Risikofaktoren

Grundlegende Herangehensweise	Klassifikation	Beschreibung	Erfüllung der RNR-Prinzipien
Intuitiv	Verfahren der ersten Generation	Sozialwissenschaftlich geschulte Person interviewt eine straffällige Person und formuliert auf der Grundlage von subjektivem Erfahrungswissen Wahrscheinlichkeitsaussagen für zukünftige Rechtsbrüche	Keines der Prinzipien, weil Verfahren nicht wissenschaftlich fundiert ist
Standardisiert	Verfahren der zweiten Generation	Instrumente beruhen auf statistischen Zusammenhängen möglichst einfach zu erfassender und in der Regel statischer Risikofaktoren. Dafür werden die in Metaanalysen ermittelten Zusammenhänge mit Rückfälligkeit mehr oder weniger komplex in Algorithmen zusammengefasst	Risikoprinzip
	Verfahren der dritten Generation	Verfahren beachten neben statischen Risikofaktoren insbesondere solche, die sich durch Interventionen verändern lassen. Diese dynamischen Risikofaktoren können als Ansatzpunkte für die Behandlungsplanung dienen, welche das Ziel hat, genau diese zu reduzieren	Risiko- und Bedürfnisprinzip
Teilstandardisiert	Verfahren der vierten Generation	Verfahren beziehen zusätzlich zu statischen und dynamischen Risikofaktoren auch Informationen über die betreffende Person in den Praxisalltag mit ein. Wie kann die Person erreicht, eine Veränderungsmotivation stimuliert und Veränderung unterstützt werden?	Risiko-, Bedürfnis- und Ansprechbarkeitsprinzip

2.1.3.2 Behandlung

Das RNR-Modell ist primär vergangenheitsorientiert. Es gilt in der Behandlung herauszuarbeiten, welche Situationen aus welchen Gründen zur Straffälligkeit geführt haben und wie die (personalen) Risiken aus der Vergangenheit in Zukunft reduzierbar oder vermeidbar sind. Kommt die Risikoanalyse beispielsweise zu dem Ergebnis, dass die betreffende Person ein stark antisoziales Persönlichkeitsmuster zeigt, was sich durch mangelnde Ärgerkontrolle, mangelnde Selbstkontrolle und mangelnde Problemlösefähigkeit ausdrückt, wären dies die direkten und primären Ziele der Behandlung. Durch das Training von Emotions- und Selbstkontrolle sowie Problemlösefähigkeiten sollen die Defizite abgebaut werden. Dabei favorisieren Andrews und Bonta (2010) verhaltenstherapeutische Ansätze. Sie gehen davon aus, dass Behandlerinnen und Behandler dann erfolgreich sind, wenn sie:

- in der Lage sind, eine gute Bindung zu der Klientin oder dem Klienten aufzubauen,
- Antikriminalität demonstrieren und so als Alternativmodell fungieren,
- antikriminelle Bekundungen und Aktivitäten der Klientin oder des Klienten loben und verstärken,
- kriminelle Bekundungen und Aktivitäten der Klientin oder des Klienten missbilligen und dadurch quasi bestrafen.

In einer älteren Metaanalyse, in welcher Andrews und Kollegen (1999, zit. nach Andrews und Bonta 2010) die Effekte von Straftäterbehandlung genauer untersuchten, fand sich, dass bei der Beachtung aller drei RNR-Prinzipien die Rückfallraten durch Behandlung im Durchschnitt um 26 % gesunken war, während es keinen Einfluss von Behandlung auf die Rückfallrate gab, wenn keines der drei Prinzipien beachtet wurde. Neben den drei Kernprinzipien formulieren Andrews und Bonta (2010) auch zusätzliche klinische Prinzipien zur Umsetzung der Kernaspekte. Die Behandlung sollte *breit* angelegt sein und möglichst viele kriminogene Bedürfnisse adressieren sowie auch *Schutzfaktoren oder Stärken* beachten, auf einer *strukturierten Risikoanalyse* beruhen und dabei trotzdem Raum für *fallabhängiges Ermessen* der Diagnostikerin oder des Diagnostikers geben.

Zusammenfassend lässt sich festhalten, dass die RNR-Prinzipien eine Rahmenkonzeption für die Begutachtung und Behandlung straffällig gewordener Personen darstellen, die auf zahlreichen empirischen Befunden aufbaut und damit als evidenzbasiert bezeichnet werden kann. Zugleich liefern die stringent formulierten Prinzipien durch den strukturierten Zugang zu den komplexen

Zusammenhängen eine gute Orientierungshilfe für die Praxis. Dabei spielt auch die Entwicklung eines der ersten Kriminalprognoseinstrumente dritter Generation, welches nicht nur statische, sondern auch dynamische Risikofaktoren standardisiert erhebt (Level of Service Inventory-Revised [LSI-R], siehe Abschn. 3.3), eine entscheidende Rolle. Durch seine starke Verbreitung hat der RNR-Ansatz die Qualität prognostischer Einschätzungen und Behandlungsplanung nicht nur in Nordamerika, sondern auch in vielen anderen Ländern der Welt verbessert. Zugleich wurde jedoch die „Vormachtstellung" dieses Ansatzes in der Behandlung straffällig gewordener Personen vielfach kritisiert, was dazu führte, dass im Kontrast dazu weitere Rahmenkonzepte zur Rehabilitation straffällig gewordener Menschen entwickelt wurden.

2.2 Das Good Lives Model (GLM)

Das Good Lives Model (GLM) ist als Antwort auf das RNR-Modell entstanden. Ward und Kollegen (Ward und Stewart 2003; Ward und Maruna 2007; Ward und Gannon 2006; Ward und Fortune 2013; Ward und Mann 2004; Ward 2002) sehen die Herangehensweise nach dem RNR-Modell als problematisch an, weil darin die straffällig gewordene Person lediglich als Sammlung von Risikofaktoren betrachtet wird, welche durch Behandlung reduziert werden sollen. Dass Menschen von Natur aus darauf aus seien, bedürfnisgesteuert Ziele zu erreichen und nicht nur etwas zu vermeiden, würde im RNR-Ansatz zu wenig Beachtung finden. Die Defizitorientierung des RNR-Ansatzes trage auch dazu bei, dass wesentliche andere Aspekte von Erleben und Verhalten, die für die Erklärung und Veränderung von Verhalten essentiell seien, außer Acht gelassen würden. Darüber hinaus kritisierten Ward und Kollegen auch die theoretische Grundlage des RNR-Modells, wonach Risiken als Äquivalent zu kriminogenen Bedürfnissen gesehen werden. Diese Zusammenhänge seien viel komplexer und ließen sich für den Einzelfall nicht mit dem RNR-Ansatz elaboriert ergründen. Dennoch schätzen die Autoren des GLM die evidenzbasierte Erhebung solcher Risikofaktoren für prognostische Zwecke und binden den RNR-Ansatz deshalb in ihr Modell mit ein.

2.2.1 Ziele und Werte

Das GLM ist grundlegend ressourcenorientiert und hat zum Ziel, dass straffällig gewordene Personen ein erfüllendes Leben führen. Erfüllend ist ein Leben, welches als sozial akzeptiert und persönlich sinnstiftend wahrgenommen wird und deshalb auch die Risiken für Straffälligkeit senkt. Dem Ansatz liegen die Werte menschliche Würde, Freiheit und Mündigkeit zugrunde. Er entspringt einem humanistischen Menschenbild. Ward und Kollegen gehen davon aus, dass die Befähigung zur Erreichung individuell bedeutsamer Ziele und die Erfüllung der dahinterliegenden grundlegenden Bedürfnisse die Basis für ein straffreies Leben in Freiheit ist.

2.2.2 Erklärung von Kriminalität – Primary und Secondary Goods

Ward und Kollegen (Ward 2002; Ward und Brown 2004; Ward und Stewart 2003; Ward und Marshall 2004) gehen davon aus, dass kriminelles Verhalten auf die gleiche Weise erklärt werden kann wie jedes andere Verhalten. Verhalten ist die Bestrebung, grundlegende Bedürfnisse zu erfüllen, was in der Natur eines jeden Menschen liegt. Diese grundlegenden Bedürfnisse nennen sie *Primary Goods* – Aktivitäten, Situationen oder Erfahrungen, die in sich einen Wert haben und das Gefühl von Sinn und Erfüllung steigern. Sie sind maßgeblich für die Identität einer Person, weil sie bestimmen, was das Leben subjektiv wertvoll macht (Ward et al. 2012). Welche Bedürfnisse allerdings gegenüber anderen priorisiert werden und damit zentral für die Identität eines Menschen sind, ist sehr individuell und kann sich über die Zeit hinweg verändern. Ein gutes Leben ist ein Leben, welches sich auf die individuelle Priorisierung der Primary Goods und deren Erfüllung ausrichtet. Dies fördert das Wohlbefinden und wirkt präventiv gegenüber psychologischen Problemen.

Die Autoren (Purvis et al. 2011) unterscheiden elf Primary Goods, welche in Tab. 2.2 näher erläutert sind. Diese Liste verstehen die Autoren als nicht abschließend – sie liefert vielmehr eine theoretisch gut begründete Orientierung. Primary Goods sind abstrakte Kategorien, die das Handeln auf einer basalen Ebene steuern. Sie unterliegen keiner juristischen oder medizinischen Bewertung – sie sind alle legitim, legal und gesund.

Weniger abstrakt sind die sogenannten *Secondary Goods* oder instrumentellen Ziele. Diese sind die Mittel, mit denen die Primary Goods erreicht werden können. Dabei können unterschiedliche Aktivitäten zur Erfüllung desselben Grundbedürfnisses führen. Gleichfalls kann ein bestimmtes Verhalten auch je nach Kontext Ausdruck unterschiedlicher Bedürfnisse sein.

Wenn Menschen ihr Leben nach der Erfüllung ihrer Primary Goods ausrichten, dann hängen Zufriedenheit und Wohlbefinden davon ab, wie gut dies

2.2 Das Good Lives Model (GLM)

Tab. 2.2 Grundlegende Bedürfnisse/Primary Goods und Möglichkeiten zu deren Erfüllung nach Purvis et al. (2011)

Primary Good	Definition	Secondary Goods (adaptive Mittel)	Secondary Goods (maladaptive Mittel)
(Körperliches) Wohlbefinden (life/ physical wellbeing)	Gesunde Lebensführung und physische Funktionsfähigkeit; Erfüllung lebenswichtiger Grundbedürfnisse	Sport, gesunde Ernährung, Wohnung	Kriminelles Verhalten, um die existentiellen Grundbedürfnisse (z. B. Hunger) zu befriedigen
Innerer Frieden (peace of mind/inner peace)	Mit Gefühlen umgehen können, innerer Ausgleich, Freiheit von emotionalem Stress/ Aufruhr	Meditation, Entspannungsübungen	Alkohol und Drogen bzw. sexuelle Aktivität, um mit negativen Gefühlen und Anspannung umzugehen
Vergnügen (pleasure/ happiness)	Wohlgefühl im Hier und Jetzt, Wonne und Freude, Zufriedenheit mit dem Leben	Aktivitäten (z. B. Essen, Einkaufen, Sex), die zu einem Gefühl von Spaß, Freude und Vergnügen führen	Alkohol- und Drogenkonsum, übergriffiges Sexualverhalten
Beziehungen (relationships)	Bedürfnis nach engen, warmherzigen Verbindungen mit anderen Menschen (intime, familiäre oder freundschaftliche Beziehungen)	Zeit mit Freunden und Familie verbringen, soziale Unterstützung geben und nehmen	Kriminelle Aktivitäten mit Freunden
Selbstbestimmtheit (agency)	Bedürfnis nach Eigenständigkeit, Unabhängigkeit, Kontrolle und Freiheit	Pläne zur Erreichung von Zielen machen, ehrgeizige Verfolgung von Zielen	Andere kontrollieren oder missbrauchen, um ein Gefühl von Kontrolle zu erfahren
Gutsein in der Arbeit (being good at work)	Meistern von arbeitsrelevanten Anforderungen, berufliche Exzellenz	Teilnahme an Weiterbildungen, Trainings und Fortbildungen; bezahlte und freiwillige Arbeit	Diebstahl oder Betrug

(Fortsetzung)

Tab. 2.2 (Fortsetzung)

Primary Good	Definition	Secondary Goods (adaptive Mittel)	Secondary Goods (maladaptive Mittel)
Freizeit (being good at play)	Beherrschen von Hobbies, Exzellenz in der Ausübung von Freizeitaktivitäten	Investition, Zeit und Übung von Hobbies (z. B. Sport, Kunsthandwerk)	Drogenkonsum mit Freunden
Wissen (knowledge)	Bedürfnis nach Informationen und einem Verständnis von sich und der Welt	Teilnahme an schulischen oder beruflichen Kursen; Selbsterkundung durch Therapie; selbstlehrend	Recherchen über Drogen, Einbruchsmethoden etc.
Gemeinschaft (community)	Bedürfnis mit sozialen Gruppen verbunden zu sein/ Teil der Gruppe zu sein	Teilnahme an Vereins- oder Gruppenaktivitäten; Mitglied in Gruppen, die ähnliche Werte, Interessen und Sorgen teilen	Gang-Mitgliedschaft
Sinn/Spiritualität (spirituality)	Gefühl, Teil eines großen Ganzen zu sein; Bedürfnis nach Sinn	Religiöse Aktivitäten, Freiwilligenarbeit	Religiöser Extremismus
Kreativität (creativity)	Bedürfnis nach Neuheit, Innovation und Originalität	Suche nach neuen Erfahrungen, künstlerische Aktivitäten	Mit neuen Drogen experimentieren

gelingt. Die Autoren (Willis et al. 2013) haben vier Konstellationen herausgearbeitet, bei denen es jedoch schwierig ist, Primary Goods zu befriedigen:

1. Die *Mittel* oder Maßnahmen, die zur Erreichung der Ziele eingesetzt werden, sind maladaptiv bzw. illegal (z. B. Gewalt, siehe auch Beispiele in Tab. 2.2).
2. Es mangelt an der *Befähigung,* zentrale Bedürfnisse zu befriedigen, und zwar durch Einschränkungen in der Persönlichkeit (z. B. Fertigkeiten, Einstellungen) oder Umwelt (soziale bzw. kontextuale Faktoren).

2.2 Das Good Lives Model (GLM)

3. Ein eingeengter *Fokus* bedingt, dass ausschließlich die Erfüllung eines oder einzelner Bedürfnisse angestrebt wird, sodass andere in der Lebensplanung fehlen.
4. Die Erfüllung eines zentralen Primary Goods steht im *Konflikt* zu einem anderen.

Da alles Verhalten dem GLM zufolge mit bestimmten Grundbedürfnissen assoziiert ist, ist auch kriminelles Verhalten ein Weg, zentrale Bedürfnisse zu erfüllen. Die Frage ist, warum die Person nicht in der Lage war, diese Primary Goods auf legalem Wege zu befriedigen. Ward und Maruna (2007) sehen in allen oben genannten Konstellationen bzw. Schwierigkeiten mögliche Ursachen für Kriminalität, fokussieren aber vor allem auf mangelnde Befähigung aufgrund internaler oder externaler Hindernisse. Internale Hindernisse könnten eine geringe Fähigkeit zur Emotionsregulation, eine geringe Problemlösekompetenz, schwach ausgeprägte Sozialkompetenz, geringe schulische oder berufliche Qualifizierungen, kriminalitätsbegünstigende Einstellungen, Schwierigkeiten im Aufbau von Vertrauen, eine mangelnde Reflexionsfähigkeit oder Lernschwächen sein. Externale Hindernisse können Armut, der Mangel an schulischen oder beruflichen Möglichkeiten, Stigma und Diskriminierung, ein dysfunktionales Familiensystem, mangelnde soziale Unterstützung, soziale Isolation oder ein stressinduzierender Lebensstil sein. In dieser Weise werden dynamische Risikofaktoren (wie im RNR-Modell definiert) im GLM über externale und internale Hindernisse konzeptualisiert (Ward und Maruna 2007). Risikofaktoren werden demnach auch im GLM betrachtet, jedoch immer in ihrer Einbettung in ein Gesamtsystem.

Die hier beschriebenen Dynamiken können auf unterschiedlichen Wegen zu straffälligem Verhalten führen. Auf dem *direkten Pfad* wird das straffällige Verhalten als Mittel zur Bedürfnisbefriedigung eingesetzt. Der Diebstahl zur Sicherung des Lebensunterhalts wäre ein Beispiel für einen solch direkten Zusammenhang (Purvis et al. 2011). Ward und Kollegen nehmen an, dass eine Person, die über kriminelles Verhalten direkt versucht, ihre Primary Goods zu befriedigen, auch mehr psychosoziale Einschränkungen erlebt und damit rückfallgefährdeter ist (Franqué und Briken 2013).

Auf dem *indirekten* Pfad ist die Erfüllung eines zentralen Bedürfnisses nicht (oder nur sehr temporär) möglich, und zwar mit ungeeigneten Mitteln. Diese ungeeigneten Verhaltensweisen können dabei eine ganze Spirale weiterer negativer Konsequenzen auslösen, die wiederum zu straffälligem Verhalten führen (Purvis et al. 2011). Beispielsweise könnte eine Person, die durch eine Trennung starke Emotionen erlebt, diesen mangels adäquater Copingstrategien mit exzessivem Alkoholkonsum begegnen, was infolge eines Kontrollverlusts zu einer Straftat führen kann.

2.2.3 Handlungsempfehlungen für die Praxis

2.2.3.1 Diagnostik

Die Diagnostik ist nach dem GLM darauf ausgerichtet, die individuell bedeutsamen Primary Goods zu erkennen und die Verbindung zwischen diesen zentralen Bedürfnissen und dem straffälligen Verhalten zu ergründen. Sie folgt dabei vier aufeinander aufbauenden Schritten:

1. Auf Grundlage der Biografie und der Analyse der Straffälligkeit wird festgestellt, welche Primary Goods zum Zeitpunkt der Straffälligkeit bedeutsam gewesen sein mögen.
2. Es werden die Mittel analysiert, mit welchen die Befriedigung dieser Bedürfnisse (nicht) gelang. Diese Secondary Goods fungieren gleichfalls als Indikatoren zur Erkennung der Primary Goods (Was wurde mit diesem Verhalten zu erreichen/befriedigen versucht? Welche Funktion hatte das Verhalten?).
3. Die Primary Goods werden für und mit der betreffenden Person gemeinsam priorisiert. Diese Priorisierung spielt eine entscheidende Rolle bei der Beschreibung des individuellen Lebensplans.
4. Schließlich sollte darauf geachtet werden, ob und, wenn ja, welche Bedürfnisse möglicherweise bisher kaum berücksichtigt wurden.

Mary Barnao (2013) hat ein umfassendes Manual zur Begutachtung nach dem GLM bereitgestellt. Darin schlägt sie vor, am Anfang eines Gesprächs explorative Fragen zu stellen, um die Lebensziele und Grundbedürfnisse zu erkennen. Dann folgt die tiefergehende Erhebung der Primary und Secondary Goods, wobei die Diagnostikerin oder der Diagnostiker folgende Fragen klären sollte: Was hat die Person getan, um die Ziele zu erreichen? Was hat gut funktioniert, was nicht? Welche Verhaltensweisen haben der Person oder anderen geschadet? Darauf aufbauend extrahiert die Diagnostikerin oder der Diagnostiker die internalen und externalen Stärken und Schwächen der Person im Hinblick auf die Erreichung ihrer zentralen Bedürfnisse. Im dritten Teil geht es schließlich darum, zukünftige Ziele zu erfragen, die für den Lebensplan von großer Bedeutung sind (siehe Tab. 2.3) und zudem die Grundlage für den Behandlungsplan darstellen.

2.2 Das Good Lives Model (GLM)

Tab. 2.3 Mögliche Fragen in unterschiedlichen Phasen der Begutachtung nach dem GLM (Barnao 2013)

Explorative Anfangsphase	Ziele für die Zukunft
Was haben Sie gemacht, bevor Sie hierher kamen?	Wie soll Ihr Leben aussehen, wenn Sie die Anstalt verlassen?
Mit wem haben Sie Zeit verbracht?	Mit wem möchten Sie gerne Zeit verbringen?
Was war Ihnen wichtig?	Was würden Sie gerne beruflich tun?
Als Sie jung waren, wovon träumten Sie, was wollten Sie später im Leben einmal werden?	Was möchten Sie in Ihrer Freizeit tun?
Welche Ziele haben Sie für sich?	Was würde Sie glücklich machen?
Welche Ziele sind wichtiger für Sie als andere?	
Was haben Sie gemacht, um diese Ziele zu erreichen?	
Wenn Sie jede Person sein könnten – wer wären Sie und warum?	
Welche Person möchten Sie auf keinen Fall sein und warum?	

Darauf aufbauend wird die Verbindung zwischen dem straffälligen Verhalten und den zentralen Bedürfnissen beschrieben. Welche Lücke füllt das straffällige Verhalten bzw. welche Bedürfnisse werden dadurch zu erfüllen gesucht? Welche Schwierigkeiten haben dazu beigetragen, dass zentrale Bedürfnisse zum Zeitpunkt der Straftat nicht erfüllt werden konnten? Welche Strategien stellen Risikofaktoren für Delinquenz dar? Welche Fähigkeiten stecken hinter diesen Strategien und wie können sie in anderen Lebensbereichen als Ressourcen genutzt werden? Nach Ward und Maruna (2007) sollten darüber hinaus auch gezielt statische und dynamische Risikofaktoren identifiziert und spezifiziert werden.

Diese wertneutrale Herangehensweise ermöglicht, 1) das dahinterliegende zentrale Bedürfnis zu erkennen. 2) kann schon die Analyse der Defizite Ressourcen aufdecken (z. B. den geschickten Umgang mit dem Werkzeug bei Einbruchsdiebstahl). In diesem Sinne können in der Behandlung Verhaltensweisen und Fähigkeiten, die vormals Risiken für Straffälligkeit darstellten, in anderen Bereichen zu Stärken werden (z. B. Arbeit als Sicherheitstechniker).

2.2.3.2 Behandlung

Das GLM geht weit über die Befähigung zu einem straffreien Leben hinaus. Der GLM-Ansatz hat zum Ziel, der Person zu nützen und ihr ein besseres Leben zu ermöglichen. Straffällige Verhaltensweisen sollen nicht nur eliminiert und Risiken reduziert werden, sondern durch legale Strategien zur Erreichung von subjektiv bedeutsamen Lebenszielen ersetzt werden (Ward und Stewart 2003). Die Kernaussage des GLM ist, dass die prosoziale Erfüllung von zentralen Bedürfnissen die Wahrscheinlichkeit eines Rückfalls in kriminelles Verhalten senkt. Dies ist möglich, weil

1. die Person *prosoziale Fähigkeiten* erlernt, die sie dabei unterstützen, eigene Bedürfnisse zu befriedigen und Ziele zu erreichen,
2. die Person *motiviert* ist, an Behandlungsprogrammen teilzunehmen, die der Umsetzung ihrer Lebensziele (und damit auch der Reduktion der Risikofaktoren) dienen.

Entscheidend ist dabei, eine Balance zwischen der Unterstützung bei der Erreichung von subjektiv bedeutsamen Lebenszielen und der Reduktion des Risikos zu halten. Denn eine allein auf das Wohlbefinden ausgerichtete Therapie, die Risiken nicht reduziert, kann schwerwiegende Konsequenzen haben. Aber auch eine allein auf die negativ konnotierten risikoreduzierenden Aspekte ausgerichtete Behandlung kann zu einer Verweigerungshaltung und Feindseligkeit führen, die gleichfalls keine Veränderungen bewirkt (Ward und Mann 2004). Deshalb sollen im Rahmen des GLM beide Ziele (Steigerung der Selbstwirksamkeit und des Wohlbefindens sowie Risikoreduktion) sinnstiftend miteinander verbunden werden.

Förderung prosozialer Fähigkeiten Das Modell ist grundlegend zukunftsorientiert. Erst wenn klar umrissen ist, was die zentralen Werte und Bedürfnisse sind und welche Lebensziele die Person in Zukunft verwirklichen möchte, werden Maßnahmen geplant, die auf die sekundäre Ebene abzielen: Welche Fertigkeiten, Möglichkeiten, Ressourcen, Unterstützung und welches Wissen werden gebraucht, damit diese zentralen Bedürfnisse erfüllt bzw. gesichert werden können?

Parallel dazu werden die dynamischen Risikofaktoren der Person gezielt adressiert: Inwieweit reduzieren die Maßnahmen, die zur Erreichung der Lebensziele führen sollen, auch die vorhandenen dynamischen Risikofaktoren? Welche zusätzlichen Interventionen sind nötig?

2.2 Das Good Lives Model (GLM)

Die zentrale Achse oder Säule des Behandlungsplans bildet die Sicherung der individuell wichtigsten Bedürfnisse. So würde die Beendigung einer längeren Ausbildungsmaßnahme (z. B. Tontechniker) ein Teilziel zur Erfüllung eines Lebensziels (z. B. ein eigenes Tonstudio zu haben) darstellen. Das Hauptaugenmerk liegt dabei auf der Verwirklichung des Lebensziels. Die Risikofaktoren werden innerhalb dieses Rahmens gezielt bearbeitet. So könnte ein Anti-Aggressions-Training geplant werden, wenn dies den Umgang mit Konflikten verbessert, sodass eine Person befähigt wird, eine längere Ausbildung zu absolvieren.

Förderung der Veränderungsmotivation Veränderung ist nur dann möglich, wenn die Person einen Wert darin sieht, sich zu verändern. Nach Ward und Mann (2004) braucht es keine gesonderte Anstrengung der Behandler, eine solche Veränderungsmotivation herzustellen, wenn von vornherein die Ziele und Themen im Fokus stehen, die die betreffende Person selbst interessieren. Die Person ist dann der aktive Part in dem Prozess der Behandlungsplanung und der Behandlung. Die oder der Behandelnde hat dagegen die Rolle des Befähigers bzw. Entwicklers, der in eine Richtung weist und Struktur gibt, jedoch nicht die Verantwortung für die konkreten Inhalte des Lebensplans übernimmt. Darüber hinaus ist die oder der Diagnostizierende bzw. Behandelnde in der Kommunikation um eine sehr wertschätzende Sprache bemüht. Dies drückt die Haltung aus, dass das Gegenüber nicht abgewertet, sondern als gleichwertig respektiert wird.

Zusammenfassend entspricht die Formulierung der Behandlungspläne nach dem GLM folgenden Prinzipien (Willis et al. 2013; Purvis et al. 2011):

- Behandlungspläne bauen auf der Fallbeschreibung auf, welche den Zusammenhang zwischen dem straffälligen Verhalten, den Primary Goods und insbesondere den dynamischen Risikofaktoren der Person beschreibt.
- Behandlungspläne sind Fahrpläne, welche dynamisch sind und sich im Verlauf der Behandlung anpassen können.
- Behandlungspläne sind kollaborativ, ermutigen zur Identifizierung und fördern die Selbstständigkeit der Person.
- Behandlungspläne und der Prozess der Rehabilitation werden maßgeblich durch die Werte und Ziele der Person bestimmt.
- Behandlungspläne sind auf Annäherungs-, nicht auf Vermeidungsziele ausgerichtet.
- Die oder der Behandelnde assistiert dabei, dem Plan eine Form zu geben, und achtet darauf, dass der Plan in Balance mit anderen wesentlichen Aspekten

(Sicherheit der Allgemeinheit) ist, während die betreffende Person aktiv ist und im Vordergrund steht.
- Behandlungspläne beachten die Umgebung, in der die Person ist bzw. in die sie zurückkommen wird (soziale, psychologische, materielle Ressourcen).

2.3 Zusammenfassung

2.3.1 Empirische Bewährung beider Ansätze

Das RNR-Modell ist sehr oft empirisch untersucht worden, mit dem relativ robusten Ergebnis, dass die Beachtung aller Prinzipien grundlegend zu einer Senkung der Rückfallraten führt. Im Einzelnen ist über eine Reihe von Metaanalysen hinweg vor allem die Beachtung des Need-/Bedürfnisprinzips ausschlaggebend für den Erfolg einer Behandlungsmaßnahme. Beim Risiko- und Ansprechbarkeitsprinzip sind die Befunde nicht so einheitlich (Wormith und Zidenberg 2018). Ob diese Zusammenhänge jedoch genau den theoretisch formulierten Annahmen folgen, ist bisher wenig untersucht worden und die Befunde sind eher heterogen (Banse et al. 2013; van den Berg et al. 2018; Heffernen et al. 2019). Unklar ist, in welcher Weise eine Veränderung der Risikofaktoren zur entsprechenden Reduktion des Rückfallrisikos beiträgt (Heffernan et al. 2019).

Was hingegen sehr gut untersucht wurde und eine relativ robuste Güte zumindest in euro-amerikanischen Stichproben zeigte, sind die Central Eight Risikofaktoren. Metaanalysen weisen darauf hin, dass für straffällig gewordene Personen im Allgemeinen (Olver et al. 2014), mitunter auch für Straftaten gegen die sexuelle Selbstbestimmung (Hanson und Morton-Bourgon 2005) und für Straftaten im Kontext psychischer Störungen (Bonta et al. 2014) die Erfassung der Central Eight valide Prognosen ermöglicht. Dabei ist jedoch darauf zu achten, wie sich die Stichproben jeweils zusammensetzen und wie der Kontext der Studien gestaltet war. Denn es ist nicht ohne Weiteres möglich, Studienergebnisse, die aus einem anderen Rechtssystem (z. B. mit anderen Inhaftierungsraten) bzw. kulturbedingten Vorstellungen von Recht und gesellschaftlichen Konventionen stammen, auf alle anderen Länder und Bedingungen zu übertragen. Deshalb gibt es auch für das „Siegel", dass ein Verfahren evidenzbasiert ist, Einschränkungen, vor allem dann, wenn die Zielgruppe sich von der Stichprobe der Studien unterscheidet (siehe Kap. 4).

Im Vergleich zum RNR-Modell ist das GLM-Modell bisher nur wenig empirisch untersucht worden. Das mag vor allem damit zusammenhängen, dass

2.3 Zusammenfassung

die Konzepte im GLM-Modell sehr breit definiert sind und es kaum valide, standardisierte Operationalisierungen (z. B. zu den Primary Goods) gibt. Zudem ist das GLM stark auf das Individuum fokussiert, was eine gruppenstatistische Prüfung seiner Effektivität durch den Mangel an einheitlichen Kriterien gleichfalls erschwert. Studien, die ganz allgemein überprüft haben, ob ein generell ressourcenorientierter Ansatz die Quote der Abbrecher einer Behandlungsmaßnahme senkt, kommen eher zu einem ernüchternden Ergebnis (Marshall et al. 2017). Einer aktuellen Metaanalyse von Mallion et al. (2020) zufolge zeigen aber Interventionen, die sich eng an den GLM-Konzepten orientieren, mindestens die gleiche Wirksamkeit hinsichtlich der Verringerung der Rückfälligkeit wie gewöhnliche Behandlungsprogramme. Dabei erhöhen GLM-basierte Interventionen gezielt die Veränderungsmotivation der Teilnehmenden. Allerdings konnten auch diese Autoren nur fünf solcher Studien finden, die die Wirksamkeit des GLM systematisch evaluiert haben.

2.3.2 Integration von RNR und GLM

Das RNR-Modell hat entscheidend zur Verbesserung der Prognose beigetragen und liefert eine Struktur, wie institutionelle Ressourcen verteilt werden können. Das Modell hat seine Stärken in der Standardisierung und wissenschaftlichen Fundierung und fördert dadurch Objektivierung und Transparenz.

Das GLM hat die entscheidenden Stärken in der Ressourcenorientierung. Es bildet damit ein Gegengewicht zur allgemein vorherrschenden Risikoorientierung im Strafvollzug und in der Bewährungshilfe (Ward und Willis 2016). Diagnostik und Behandlung sind auf Annäherungsziele (Erreichung von Lebenszielen) ausgerichtet, die im Vergleich zu Vermeidungszielen (Vermeidung von Rückfallrisiken) deutlich langfristiger angelegt, robuster und resistenter gegenüber Stress sowie motivierender für Veränderungen sind (Ward et al. 2012). Der Fokus auf grundlegende Bedürfnisse und Lebensziele hat auch den Vorteil, dass die Straffälligkeit im Einzelfall eher erklärt und beeinflusst werden kann als durch eine Liste von Risikofaktoren, die sich aus gruppenstatistischen Verfahren ergeben haben.

Die Schwerpunkte der beiden Modelle sind etwas unterschiedlich, was mit den verschiedenen Zielen, Werten, ätiologischen Annahmen und Handlungsempfehlungen zusammenhängt (siehe Tab. 2.4). Beide Modelle beinhalten aber Elemente des jeweils anderen. Im RNR-Modell werden in den neueren Revisionen des Modells auch explizit die Erfassung und Stärkung von Ressourcen der straffällig gewordenen Personen gefordert. Auch das Responsivity-/Ansprechbarkeitsprinzip hebt auf die individuellen Interessen,

Tab. 2.4 Gegenüberstellung theoretischer Rahmenkonzeptionen für Rehabilitation

	RNR	GLM
Ziele/Werte	Menschlichkeit, Sicherheit, Ordnung und Effizienz	Menschliche Würde, Freiheit und Mündigkeit
Ätiologische Annahmen	Kriminelles Verhalten ist Ergebnis einer bewussten Kosten-Nutzen-Abwägung, die von internalen und externalen (Risiko-)faktoren/ Defiziten beeinflusst wird	Kriminelles Verhalten ist Ausdruck der Bestrebung, grundlegende menschliche Bedürfnisse zu erfüllen
Handlungsempfehlungen	Behandlungsintensität proportional zum Ausmaß des Risikos	Jede straffällige Person bei der Entwicklung eines sinnstiftenden Lebensplans unterstützen
	Risikofaktoren adressieren, diese abbauen bzw. minimieren und dadurch das Rückfallrisiko senken	Ressourcen für legale Erfüllung subjektiv bedeutsamer Lebensziele aufbauen (und dabei Risiken für Rückfälligkeit senken)
	Evidenzbasierte Interventionsprogramme anwenden	Wertschätzende Beziehung aufbauen und Selbstwirksamkeit von Beginn an stärken

Bedürfnisse und Bedingungen ab, um die Motivation und damit Grundlagen für Veränderung zu gewährleisten. Im GLM werden genau diese Aspekte in den Fokus gerückt und spezifiziert. Durch die Arbeit an der Umsetzung der individuellen Lebensziele werden dabei auch dynamische Risikofaktoren für Straffälligkeit adressiert. Damit behalten beide Modelle sowohl Risiken als auch Ressourcen im Blick – formulieren ihre Annahmen und Empfehlungen jedoch aus einem der beiden Blickwinkel heraus. Die beiden Modelle sollten nicht als Konkurrenz gesehen, sondern sinnvoll miteinander verbunden werden, um die Vorzüge beider Ansätze zu nutzen (Ward 2002).

Fazit

Diagnostik im Strafvollzug orientiert sich stets an den Zielen, die der Freiheitsentzug zu erreichen sucht. Unterschiedliche theoretische Rahmenkonzeptionen setzen dabei unterschiedliche Schwerpunkte, was Interventionen leisten sollen und wie sie zu gestalten sind. Während die Risk-Need-

Responsivity Prinzipien die Reduktion des Rückfallrisikos als primäres Ziel haben, um erneute Straftaten zu vermeiden, fokussiert das Good Lives Model eher auf die straffällige Person selbst, um dieser ein zufriedenstellendes und damit auch straffreies Leben zu ermöglichen. Diese beiden Rahmenkonzeptionen haben zugleich eine große Schnittmenge, die es ermöglicht, die Vorteile beider Ansätze sinnstiftend zu verbinden und somit das Ziel und die Aufgabe des Strafvollzugs parallel zu erreichen.

2.4 Reflexionsfragen

- Welche Werte und welche professionelle Haltung sozialpädagogischer und psychologischer Tätigkeit werden durch a) das RNR-Modell und b) das GLM gestützt?
- Welche Vor- und welche Nachteile hat die Orientierung an Risikofaktoren in der Begutachtung straffällig gewordener Personen?
- Welche Primary Goods sind derzeit für Sie selbst am wichtigsten? Was tun Sie, um diese zu erfüllen? Wie würde es Ihnen gehen, wenn Ihnen die Erfüllung dieser Primary Goods plötzlich versagt wäre?
- Was bedeutet der Begriff „evidenzbasiert"? Wann würden Sie eine Methode als evidenzbasiert bezeichnen?

2.5 Lernfragen

- Wodurch zeichnet sich ein gut funktionierender Strafvollzug aus Sicht des RNR-Modells aus?
- Welche sind die Central Eight Risikofaktoren und wozu dienen sie in der Diagnostik?
- Welche Rolle spielen Ressourcen/Stärken im RNR-Modell?
- Was zeichnet einen gut funktionierenden Strafvollzug aus Sicht des GLM aus?
- Welche sind die Primary Goods und wie werden sie in der Diagnostik genutzt?
- Wie lassen sich nach dem GLM Risiken in Stärken verwandeln?
- Welche Vor- und Nachteile haben jeweils das RNR-Modell und das GLM?
- Wie können die Ansätze des RNR-Modells und des GLM in der Diagnostik sinnvoll ergänzt werden?

Weiterführende Literatur

Bonta, J., & Andrews, D.A. (2017). *The psychology of criminal conduct*. London, New York: Routledge Taylor & Francis Group.
Göbbels, S., Ward, T. & Willis, G. (2013). Die Rehabilitation von Straftätern. *Forens Psychiatr Psychol Kriminol 7*, 122–132. https://doi.org/10.1007/s11757-013-0210-y.
Heffernan, R., Ward, T. (2019). The Good Lives Model and the rehabilitation of individuals convicted of sexual offending. In: O'Donohue, W., Schewe, P. (eds) *Handbook of sexual assault and sexual assault prevention*. Springer, Cham. https://doi.org/10.1007/978-3-030-23645-8_31.
Ward, T., & Stewart, C.A. (2003). The treatment of sex offenders: Risk management and good lives. *Professional Psychology: Research and Practice, 34*(4), 353–360. https://doi.org/10.1037/0735-7028.34.4.353.

Literatur

Agnew, R. (1992). Foundation for a General Strain Theory of Crime and Delinquency. *Criminology, 30*(1), 47–88.
Ainsworth, M.S., & Bowlby, J. (1991). An ethological approach to personality development. *American Psychologist, 46*(4), 333–341.
Ajzen, I. (1991). The theory of planned behavior. *Organ. Behavior and Human Decision Processes, 50*, 179–211.
Akers, R.L. (2015). Social Learning Theory. In A. R. Piquero (Ed.), *The Handbook of Criminological Theory* (S. 230–240). Hoboken, NJ: John Wiley & Sons, Inc.
Akers, R.L., & Jensen, G.F. (2017). The empirical status of Social Learning Theory of Crime and Deviance: The past, present, and future. In F.T. Cullen (Hrsg.), *Taking Stock: The Status of Criminological Theory* (S. 37–76). London: Taylor & Francis Group.
Andrews, D.A., & Bonta, J. (2010). *The psychology of criminal conduct*. Cincinnati: Anderson Publishing.
Andrews, D.A., Bonta, J., Wormith, S., Guzzo, L., Brews, A., Rettinger, J., et al. (2011). Sources of variability in estimates of predictive validity: A specification with Level of Service general risk and need. *Criminal Justice and Behavior, 38*(5), 413–432.
Bandura, A. (1973). *Aggression: A social learning analysis*. Englewood Cliffs, NJ: Prentice-Hall.
Banse, R., Koppehele-Gossel, J., Kistemaker, L.M., Werner, V.A., & Schmidt, A.F. (2013). Pro-criminal attitudes, intervention, and recidivism. *Aggression and Violent Behavior, 18*(6), 673–685. https://doi.org/10.1016/j.avb.2013.07.024.
Barnao, M. (2013). The Good Lives Model tool kit for mentally disordered offenders. *The Journal of Forensic Practice, 15*(3), 157–170.
van den Berg, J.W., Smid, W., Schepers, K., Wever, E., van Beek, D., Janssen, E., & Gijs, L. (2018). The predictive properties of dynamic sex offender risk assessment instruments: A meta-analysis. *Psychological Assessment, 30*(2), 179–191. https://doi.org/10.1037/pas0000454.
Bonta, J., & Andrews, D.A. (2017). *The psychology of criminal conduct*. London, New York: Routledge Taylor & Francis Group.

Bonta, J., Blais, J., & Wilson, H. A. (2014). A theoretically informed meta-analysis of the risk for general and violent recidivism for mentally disordered offenders. *Aggression and Violent Behavior, 19*(3), 278–287. https://doi.org/10.1016/j.avb.2014.04.014.

Cleckley, H.M. (1951). The mask of sanity. *Postgraduate medicine, 9*(3), 193–197.

Cohen, A.K. (1998). Delinqunent boys: The content of the delinquent subculture. In F.P. Williams III (Ed.), *Criminology theory: Selected classic readings* (S. 113–122). London, New York: Routledge.

Cooke, D.J., Hart, S.D., Logan, C., & Michie, C. (2012). Explicating the construct of psychopathy: Development and validation of a conceptual model, the Comprehensive Assessment of Psychopathic Personality (CAPP). *International Journal of Forensic Mental Health, 11*(4), 242–252.

Cullen, F.T., & Gendreau, P. (2001). From nothing works to what works: Changing professional ideology in the 21st century. *The Prison Journal, 81*(3), 313–338.

Fearon, R.M.P., & Roisman, G.I. (2017). Attachment theory: progress and future directions. *Current opinion in psychology, 15*, 131–136.

Franqué, F.v., & Briken, P. (2013). Das „Good Lives Model" (GLM). *Forensische Psychiatrie, Psychologie, Kriminologie, 7*(1), 22–27.

Gottfredson, M.R., & Hirschi, T. (1998). *A general theory of crime*. Stanford, Calif.: Stanford Univ. Press.

Granic, I., & Patterson, G.R. (2006). Toward a comprehensive model of antisocial development: A dynamic systems approach. *Psychological Review, 113*(1), 101–131.

Grieger, L., & Hosser, D. (2014). Which risk factors are really predictive? *Criminal Justice and Behavior, 41*(5), 613–634.

Hanson, R.K., & Harris, A.J.R. (2000). Where should we intervene? *Criminal Justice and Behavior, 27*(1), 6–35.

Hanson, R.K., & Morton-Bourgon, K.E. (2005). The characteristics of persistent sexual offenders: A meta-analysis of recidivism studies. *Journal of Consulting and Clinical Psychology, 73*(6), 1154–1163. https://doi.org/10.1037/0022-006X.73.6.1154

Hare, R.D. (2003). *Hare Psychopathy Checklist Revised -Second edition*. Toronto, Canada: Multi-Health Systems.

Heffernan, R., Wegerhoff, D., & Ward, T. (2019). Dynamic risk factors: Conceptualization, measurement, and evidence. *Aggression and Violent Behavior, 48*, 6–16. https://doi.org/10.1016/j.avb.2019.06.004

Holsinger, A.M., Lowenkamp, C.T., & Latessa, E.J. (2006). Exploring the validity of the Level of Service Inventory-Revised with native American offenders. *Journal of Criminal Justice, 34*(3), 331–337.

Mallion, J.S., Wood, J.L., & Mallion, A. (2020). Systematic review of 'Good Lives' assumptions and interventions. *Aggression and Violent Behavior, 55*, 101510.

Marshall, L.E., Marshall, W.L., & Boer, D.P. (Hrsg.) (2017). *Treatment*. Chichester, West Sussex, Malden, MA, Oxford: Wiley Blackwell.

Martinson, R. (1974). What works? – Questions and answers about prison reform. *The Public Interest, 35*, 22–55.

Moffitt, T. (1993). "Life-course-persistent" and "Adolescence-limited" antisocial behavior: A developmental taxonomy. *Psychological Review*(100), 674–701.

Olver, M.E., Stockdale, K.C., & Wormith, J.S. (2014). Thirty years of research on the Level of Service Scales: A meta-analytic examination of predictive accuracy and sources of variability. *Psychological Assessment, 26*(1), 156–176. https://doi.org/10.1037/a0035080.

Purvis, M., Ward, T., & Willis, G. (2011). The Good Lives Model in Practice: Offence pathways and case management. *European Journal of Probation, 3*(2), 4–28.

Sampson, R.J., & Laub, J.H. (2003). Life-course desisters? Trajectories of crime among delinquent boys followed to age 70. *Criminology, 41*(3), 555–592.

Schmidt, A.F. (2019). Ein kritischer Vergleich des Risk-Need-Responsivity Ansatzes und des Good Lives Modells zur Straftäterrehabilitation. *Bewährungshilfe – Soziales • Strafrecht • Kriminalpolitik, 66*(3), 211–223.

Suhling, S., & Greve, W. (2010). *Kriminalpsychologie kompakt: Mit Add-on.* Weinheim: Beltz.

Sutherland, E., Cressey, D.R., & Luckenbill, D. (1995). The theory of differential association. In N.J. Herman (Hrsg.), *Deviance: A symbolic interactionist approach* (S. 64–71). General Hall.

Sykes, G.M., & Matza, D. (1957). Techniques of neutralization: A theory of delinquency. *American Sociological Review, 22*(6), 664.

Ward, T. (2002). Good lives and the rehabilitation of offenders. *Aggression and Violent Behavior, 7*(5), 513–528.

Ward, T., & Brown, M. (2004). The good lives model and conceptual issues in offender rehabilitation. *Psychology, Crime & Law, 10*(3), 243–257.

Ward, T., & Fortune, C.-A. (2013). The Good Lives Model: Aligning risk reduction with promoting offenders' personal goals. *European Journal of Probation, 5*(2), 29–46.

Ward, T., & Gannon, T.A. (2006). Rehabilitation, etiology, and self-regulation: The comprehensive good lives model of treatment for sexual offenders. *Aggression and Violent Behavior, 11*(1), 77–94.

Ward, T., & Mann, R.E. (2004). Good Lives and the rehabilitation of offenders: A positive approach to sex offender treatment. In P.A. Linley & S. Joseph (Hrsg.), *Positive Psychology in practice* (S. 598–616). Hoboken, NJ, USA: John Wiley & Sons, Inc.

Ward, T., & Marshall, W.L. (2004). Good lives, aetiology and the rehabilitation of sex offenders: A bridging theory. *Journal of Sexual Aggression, 10*(2), 153–169.

Ward, T., & Maruna, S. (2007). *Rehabilitation: Beyond the risk paradigm.* London: Routledge.

Ward, T., & Stewart, C.A. (2003). The treatment of sex offenders: Risk management and good lives. *Professional Psychology: Research and Practice, 34*(4), 353–360.

Ward, T., & Willis, G.M. (2016). Responsivity dynamic risk factors and offender rehabilitation: A comparison of the Good Lives Model and the Risk-Need Model. In D. R. Laws & W. O'Donohue (Hrsg.), *Treatment of sex offenders* (S. 175–190). Cham: Springer International Publishing. https://doi.org/10.1007/978-3-319-25868-3_8.

Ward, T., Yates, P.M., & Willis, G.M. (2012). The Good Lives Model and the Risk Need Responsivity Model. *Criminal Justice and Behavior, 39*(1), 94–110.

Willis, G.M., Yates, P.M., Gannon, T.A., & Ward, T. (2013). How to integrate the good lives model into treatment programs for sexual offending: An introduction and overview. *Sexual abuse : a journal of research and treatment, 25*(2), 123–142.

Wormith, J.S., & Zidenberg, A.M. (2018). The historical roots, current status, and future applications of the Risk-Need-Responsivity Model (RNR). In E.L. Jeglic & C. Calkins (Hrsg.), *New frontiers in offender treatment* (S. 11–41). Cham: Springer International Publishing. https://doi.org/10.1007/978-3-030-01030-0_2

Methodische Grundlagen der Diagnostik

3

> **Zusammenfassung**
>
> Dieses Kapitel widmet sich den methodischen Grundlagen der Diagnostik und Prognostik im Strafvollzug. Behandelt werden Grundlagen des Urteilsprozesses und Grundbegriffe, deren Kenntnis notwendig ist, um zu fundierten Einschätzungen zu kommen. Prognostische Einschätzungen können wiederum auf unterschiedlichen Wegen gewonnen werden, welche jeweils ihre Vor- und Nachteile haben. Bei einer nomothetischen Herangehensweise werden empirisch ermittelte gruppenstatistische Zusammenhänge als Grundlage für standardisierte Verfahren herangezogen. Demgegenüber fokussiert die idiografische Herangehensweise auf den Einzelfall und formuliert jeweils eine ganz individuelle Theorie der Entstehung von Straffälligkeit. Mischformen verbinden beide Herangehensweisen und vereinen damit die Vorteile beider Methoden – eine wissenschaftliche Fundierung und die Sensibilität für die Besonderheiten des Einzelfalls.

Diagnostik baut auf bestimmten Annahmen über die Natur menschlichen Verhaltens sowie Möglichkeiten der Klassifikation, Vorhersage und Beeinflussung auf, derer sich die Praktikerin oder der Praktiker bewusst sein sollte (Westhoff und Kluck 2014). So lässt sich menschliches Verhalten nur erklären, vorhersagen und beeinflussen, wenn eine gewisse Regelhaftigkeit im Verhalten angenommen wird. Diese mehr oder weniger expliziten Annahmen leiten die Beantwortung diagnostischer Fragestellungen und die darauf aufbauenden Entscheidungen. Deshalb ist es von großer Bedeutung, die zugrunde liegenden Kriterien, Regeln und Methoden transparent zu machen. Diese Transparenz kann nur gewährleistet werden, wenn:

1. der Urteilsprozess gewissenhaft reflektiert wird,
2. auf allgemein anerkannte Fachtermini verwiesen wird, und
3. empirisch erprobte Methodiken angewendet werden.

3.1 Urteilsprozesse und Heuristiken

Bei der Diagnostik im Strafvollzug handelt es sich um komplexes Problemlösen. Nach Dörner (2017) ist komplexes Problemlösen dadurch gekennzeichnet, dass sehr viele Variablen miteinander vernetzt sind, die sich untereinander mehr oder weniger beeinflussen. Dabei ist das Gesamtsystem nur teilweise transparent und entwickelt sich zudem eigendynamisch. Auf die Diagnostik angewendet bedeutet dies, dass menschliches Verhalten von unzähligen Einflussfaktoren abhängig ist, welche vielschichtig miteinander verwoben sind. Viele Variablen, die den Bereichen des Denkens und der Emotionen zugeordnet werden können, liegen dabei in einer „black box". Die Inhalte dieser „black box" und deren Wechselwirkungen lassen sich nur in einem sehr begrenzten Maße abschätzen. Um mit dieser Komplexität und Intransparenz umgehen zu können, schlägt Dörner folgendes Vorgehen vor:

1. Zielklärung
2. Informationssammlung und Hypothesenbildung
3. Testung und Evaluation

Bei der *Zielklärung* geht es um übergeordnete Fragestellungen, z. B. ob jemand für die Verlegung in den offenen Vollzug geeignet ist. Die Beantwortung dieser Frage verläuft über viele Etappen, die wiederum einzelne und aufeinander aufbauende Entscheidungsprozesse darstellen (vgl. Westhoff und Kluck 2014). Je komplexer und unspezifischer die Fragestellungen werden, desto mehr Etappen und mehr oder weniger sichtbare Abhängigkeiten zwischen Einzelentscheidungen gibt es. Deshalb ist es sehr wichtig, von Anfang an auf eine spezifische Frage bzw. einen interessierenden Phänomenbereich zu fokussieren oder aber komplexe Fragestellungen klar zu strukturieren und Teilfragestellungen zu bilden. Jede einzelne Teilfragestellung erfordert dabei eine Entscheidung entlang einer Reihe von Kriterien. Damit die Verbindung zwischen den zugrunde gelegten Kriterien und der Einschätzung klar ist, sollten die Fragen so spezifisch wie möglich und jeweils einzeln beantwortet werden. Dies schützt auch davor, die Kriterien für unterschiedliche Fragestellungen zu vermischen und fehlerhaft einzuschätzen.

3.1 Urteilsprozesse und Heuristiken

Hat man ein Ziel (Fragestellung) eindeutig definiert, geht es um die *Sammlung von Informationen*. In der Arbeit im Strafvollzug müssen jedoch nicht alle möglichen Informationen zu der straffälligen Person erhoben werden. Dies wäre auch nicht unbedingt sinnvoll, weil es die Komplexität an möglichen Variablen mitunter unnötig erhöht und die Entscheidung erschwert. Sinnvoller und praktisch umsetzbarer ist es, bei der Informationssammlung die rechtlichen, methodischen und empirischen Kriterien in der Diagnostik und Prognose als Schablone zu verwenden. Dabei ist es wichtig, die Informationen so zu sammeln und aufzubereiten, dass sie in ein Modell oder eine Hypothese integriert werden können (Dörner 2017). Beispielsweise kann eine inhaftierte Person ein Alkoholproblem haben und gewalttätig aufgetreten sein, was zur Hypothese führt, dass die Person generell unter Alkoholeinfluss gewalttätig wird. Die Informationssammlung fokussiert somit auf das gemeinsame Vorkommen von Alkoholkonsum und Gewalt in der Vergangenheit.

Im Anschluss sollten diese *Hypothesen überprüft* und evaluiert werden. Die reine Informationssammlung und deren Darstellung reicht für diese Evaluation nicht aus. Die Prüfung der Hypothese erfordert immer direkte Belege. Diese Belege beinhalten dabei Informationen, welche die gegenteilige Annahme zur Hypothese widerlegen. In dem obigen Beispiel ist es notwendig, zu überprüfen, ob die beiden Variablen Alkohol und Gewalt mitunter auch unabhängig voneinander auftreten. Falls Gewalt auch unabhängig von Alkohol gezeigt wird, müsste eine neue Hypothese formuliert werden, die zwei voneinander getrennte Problemfelder spezifiziert.

Doch selbst wenn Zielklärung, Hypothesenaufstellung und Prüfung transparent erfolgen, ist ein solcher Urteilsprozess subjektiv. Was angenommen und wie bewertet wird, hängt nicht nur von den verfügbaren Informationen ab, sondern auch von den menschlichen Charakteristika der beurteilenden Person (z. B. Erfahrungswissen, aktuelle Stimmung). Psychologische Theorien gehen davon aus, dass Menschen (also auch die Diagnostikerin bzw. der Diagnostiker) auf wenigstens zwei Weisen Informationen verarbeiten:

1. schnelle, eher unbewusste Entscheidungsprozesse und
2. bewusste, logikgesteuerte, komplexere Entscheidungsprozesse (Kahneman 2012).

Die schnellen Prozesse sind sehr hilfreich, wenn Zeitdruck vorhanden ist und die Variablen im Grunde bekannt sind. Schnelle Verarbeitungen von Informationen sind jedoch anfällig für systematische Fehler. Wenn solche schnellen Beurteilungsprozesse Einfluss auf das komplexe Denken haben (z. B.

bei prognostischen Einschätzungen von Personen), dann sind diese komplexen Entscheidungen mitunter verzerrt. Kahnemann und Tversky haben verschiedene Verzerrungen – sogenannte Bias – klassifiziert, die nachfolgend im Lichte der Diagnostik im Strafvollzug erläutert werden (vgl. Rettenberger und Eher 2016).

> *Halo-Effekt:* Von einem allgemeinen Urteil wird auf spezifische Merkmale und Ereignisse geschlossen. Beispielsweise wird eine Person, die als sympathisch eingeschätzt wird, auch für intelligenter oder auch weniger rückfallgefährdet gehalten.
> *Logischer Fehler:* Vom Zutreffen eines Merkmals wird auf das Zutreffen eines anderen Merkmals geschlossen, was augenscheinlich valide sein mag, aber einer fundierten, empirischen Grundlage entbehrt. Leugnet beispielsweise eine Person, eine verurteilte Straftat begangen zu haben, wird sie mitunter für rückfallgefährdeter gehalten, wofür es aber bisher keine empirischen Belege gibt (Endres und Breuer 2014).
> *Kriterienreduktion und primacy-Effekt:* Die Fülle an Informationen wird so reduziert, dass Wichtiges außer Acht gelassen wird. Dabei können Informationen zu Beginn der Erhebung die weitere Informationssammlung beeinflussen. So kann beispielsweise die Bewertung der Schwere der Straftat im Verlauf des Urteilsprozesses zu einer vermehrten Verarbeitung von Informationen führen, die als prognostisch ungünstig gewertet werden, was eine Überschätzung des Rückfallrisikos (z. B. bei Affekttaten) zur Folge hat.
> *Fundamentaler Attributionsfehler:* Dem Einfluss der Person auf das Verhalten wird mehr Gewicht gegeben als den Einflüssen der Situation; vor allem wenn andere beurteilt werden. Zum Beispiel werden die Ursachen für eine Straftat eher in den Merkmalen der Person (z. B. kriminelle Einstellungen) gesucht als in Merkmalen der Situation (z. B. Gelegenheit, sozialer Druck).
> *Ankereffekte:* Eine Information beeinflusst eine nachfolgende Entscheidung ohne inhaltlichen Bezug. So war einer Studie zufolge das Strafmaß, welches Richter bei einem fiktiven Fall ansetzten, von einer zuvor gewürfelten Zahl abhängig (Englich 2006).

Über diese Urteilsfehler hinaus fällt es Menschen schwer, *Statistiken* einzuschätzen, was dazu führt, dass sie tendenziell die Wahrscheinlichkeit seltener Ereignisse überbetonen (Gigerenzer et al. 2007; Kahneman 2012). Dies birgt die Gefahr, das Rückfallrisiko zu überschätzen (Rettenberger und Eher 2016). So ist beispielsweise bei Personen, die für eine Sexualstraftat verurteilt wurden, die einschlägige Rückfallrate eher gering, sie werden aber häufig für sehr rückfallgefährdet gehalten.

Alle diese emotional-kognitiven Verzerrungen sind menschlich und betreffen, wie Studien zeigen, auch die Urteile von Experten, also Personen mit über zehn Jahren Berufserfahrung (Kahneman 2012; Englich 2006). Ein reflektierter und bewusster Umgang mit diesen potentiellen Stolperfallen ist demnach wichtig für professionelles Handeln. Eine mögliche Strategie wäre, sich z. B. bei der

Prognose zu Beginn die Basisraten und Ausgangswahrscheinlichkeiten für den Fall genau anzuschauen. Hierbei würde man sich die Wirkung des Ankereffekts zunutze machen, indem die folgende Informationsverarbeitung im Urteilsprozess wenigstens in Richtung der empirischen Rückfallwahrscheinlichkeit erfolgt (Rettenberger und Eher 2016). Darüber hinaus kann fundiertes statistisches Wissen helfen, die Zusammenhänge besser einzuschätzen – hier sind insbesondere den in der Sozialen Arbeit ausgebildeten Personen, für die diese Grundlagen nicht zwingend Teil der Ausbildung sind, zusätzliche Weiterbildungen anzuraten. Auch das systematische Testen der aufgestellten Hypothesen kann Urteilsverzerrungen deutlich reduzieren (vertiefend dazu Abschn. 4.2).

3.2 Grundbegriffe und Fachtermini

Diagnostik im Strafvollzug geschieht immer mit der Referenz auf allgemein anerkannte Fachtermini. Für deren Verständnis und sachgerechte Verwendung ist es nötig, deren Ursprung zu kennen. Im Folgenden werden bedeutende Grundbegriffe und Fachtermini im Kontext der Diagnostik im Strafvollzug definiert.

Maßnahmen im Strafvollzug basieren auf *Klassifikation und Selektion* (Laubenthal 2015). Nicht nur die Frage der Unterbringung (offener vs. geschlossener Vollzug) beinhaltet eine dichotome Zuordnung von straffällig gewordenen Personen. Auch die Beachtung der RNR-Prinzipien einer effektiven Straftäterbehandlung (Andrews und Bonta 2010) hat eine Klassifikation und Selektion zur Folge, wonach vor allem Personen mit einem hohen Rückfallrisiko eine intensive Behandlung erhalten sollten (siehe dazu Abschn. 2.1).

▶ **Definition: Klassifikation** Klassifikationen sind Sammlungen von Einzelmerkmalen (z. B. Symptomen) hin zu abstrakten Klassen (z. B. Sexualstraftäter). Diese Einzelmerkmale sollten in der Diagnostik so gewählt sein, dass sie eine – im Sinne der Fragestellung – möglichst präzise Zuordnung erlauben und eine in sich kohärente abstrakte Klasse ergeben.

In der Kriminologie werden straffällig gewordene Personen häufig nach der Deliktart (z. B. Sexualstraftäter vs. Betrüger) unterteilt. Dies basiert auf der Annahme, dass Handlungen, welche unterschiedlichen juristischen Kategorien zugeordnet sind, auch unterschiedlichen (psycho-sozialen) Bedingungsfaktoren unterliegen. In der Konsequenz gibt es spezifische standardisierte Verfahren zur Bestimmung der Rückfallwahrscheinlichkeit beispielsweise für Sexualstraftäter

(z. B. Static-99 R; Hanson und Thornton 2000) oder spezifische Behandlungsprogramme für Sexualstraftäter (Rice und Harris 2003). In der Diagnostik im Strafvollzug spielen aber auch medizinische bzw. psychopathologische Klassifikationen eine große Rolle (z. B. psychische Störungen nach dem Klassifikationssystem DSM-5). Denn erhebliche psychische Einschränkungen (z. B. stark ausgeprägter Mangel an Impulskontrolle) können einen maßgeblichen Einfluss auf das Verhalten im Vollzug (z. B. erhöhte Aggressivität) und damit auf die Entscheidung haben, wo jemand unterzubringen ist (z. B. geschlossener Vollzug). Inwieweit die Einteilungen nach Risiko, Deliktart und psychischer Störung jedoch auf Kriterien beruhen, die tatsächlich die Vorhersage, Erklärung und Beeinflussung von Verhalten verbessern, ist allerdings sehr umstritten. So kritisieren Ward und Kollegen, dass die Klassen bei der Selektion nicht kohärent, die Zuordnungskriterien vage definiert und die Zuordnungsregeln kaum spezifiziert sind (Ward und Carter 2019; Wilshire et al. 2021).

Auf Grundlage dieser psycho-sozial nicht hinreichend spezifizierten Klassifikation finden im Strafvollzug aber Selektionen statt. Beispielsweise werden bestimmte inhaftierte Personen für soziale Kompetenztrainings eingeplant und andere nicht. Diese Selektionen sind oft auch das Ergebnis vieler Einzelentscheidungen und vieler Beteiligter, weshalb sich meist nicht genau nachvollziehen lässt, welche die genauen Klassifikationskriterien waren (Guéridon und Suhling 2020). Ein Klassifikationskriterium, das im Strafvollzug bei der Klassifikation von inhaftierten Personen eine große Rolle spielt, ist die prognostische Einschätzung (Risiko-Prinzip, siehe Abschn. 2.1).

▶ **Definition: Kriminalprognose** Wissenschaftlich fundierte Wahrscheinlichkeitsaussagen zukünftiger Rechtsbrüche (bei bereits mit Straffälligkeit in Erscheinung getretenen Personen) werden Kriminalprognosen genannt (Dahle 2010). Die Kriminalprognose ist die Einschätzung a) der Gefährlichkeit eines Menschen und b) der Möglichkeit, die damit einhergehenden Risiken zu kontrollieren (Kröber 2006).

Dabei ist es das zentrale Anliegen der *Prognose*, möglichst viele verschiedene Einflussfaktoren zu erfassen, um so viel Varianz (d. h. Unterschiede zwischen Rückfälligen und Nicht-Rückfälligen) wie nur möglich aufzuklären. Der Prognose geht häufig eine Sammlung von Faktoren voraus, die miteinander nicht unbedingt verbunden sein müssen. Diese Faktoren müssen auch nicht theoretisch begründbar sein (Hanson et al. 2013). Anders als bei der Klassifikation ist Kohärenz hier nicht wichtig. Ziel der Prognose ist es nämlich, ein Ereignis vorherzusagen. Auf welchen Kriterien diese Einschätzung aufbaut, ist eher zweitrangig, wenn die Einschätzung nur ausreichend treffsicher ist.

Die Basis für diese Treffsicherheit bildet das empirisch ermittelte Wissen über Rückfälligkeit. Der Ausgangspunkt dafür ist zunächst die Grundwahrscheinlichkeit einer Straftat bzw. eines Rückfalls. Am leichtesten lässt sich diese Grundwahrscheinlichkeit mithilfe der Basisrate schätzen (siehe Tab. 3.1).

Definition: Basisrate Die Basisrate ist das Verhältnis derjenigen Personen, die bereits zu einer Straftat verurteilt wurden *und* wiederholt eine Straftat begangen haben, zu der Gesamtanzahl aller straffällig gewordenen Personen (Gross 2004).

Soll die Rückfallwahrscheinlichkeit einer betreffenden Person geschätzt werden, wird der Einzelfall einer möglichst spezifischen Untergruppe zugeordnet, deren Rückfallhäufigkeit bekannt ist. Je feiner die Kategorisierung solcher Gruppen ist, desto besser kann die Rückfallwahrscheinlichkeit des Einzelnen eingeschätzt werden. Im Falle sehr detaillierter Kategorisierungen (z. B. psychisch kranke, männliche Gewalttäter mit Vordelinquenz) spricht man allerdings eher von Ausgangswahrscheinlichkeiten denn von Basisraten (Dahle 2010). Listen zu verschiedenen Basisraten und Ausgangswahrscheinlichkeiten finden sich bei Gross (2004) und Jehle et al. (2020) sowie im Internet beim Bundesamt für Justiz. Auszüge aus solchen Listen zu Basisraten sollten in der Praxis stets zur Hand sein. Gleichzeitig muss bei der Nutzung von Basisraten bedacht werden, dass diese auch mit den Raten von Fehlkategorisierungen bei prognostischen Einschätzungen zusammenhängen. Hohe Basisraten (z. B. bei Eigentumsdelikten) führen eher zu einer Unterschätzung und geringe Basisraten (z. B. bei Sexual-

Tab. 3.1 Beispiele für Basisraten für Rückfälle innerhalb von drei Jahren nach Jehle et al. (2020)

Kategorie	Durchschnittliche Rückfälligkeit
Alle sanktionierten/entlassenen Personen	34 %
Zu Freiheitsstrafe ohne Bewährung verurteilte Personen	47 %
Zu Jugendstrafe ohne Bewährung verurteilte Personen	64 %
Jugendliche und Heranwachsende allgemein	40 %
Über 60-jährige Personen allgemein	14 %
Männer allgemein	36 %
Frauen allgemein	27 %

straftaten) eher zu einer Überschätzung des Risikos (siehe Wissensbaustein Fehlerraten und Trefferquoten).

▶ **Wissensbaustein: Fehlerraten und Trefferquoten**
Die Güte einer prognostischen Einschätzung kann über eine Vier-Felder-Tafel eingeschätzt werden (vgl. Abb. 3.1). Dabei bezeichnet man das Verhältnis aus der Summe aller richtigen Einschätzungen (Richtig-Negative + Richtig-Positive) zur Gesamtanzahl der prognostischen Einschätzungen als Trefferquote. Das Verhältnis der Summe aller falschen Einschätzungen (Falsch-Positive + Falsch-Negative) zur Gesamtanzahl der prognostischen Einschätzungen ist die Rate der Fehlklassifikationen.

Die Maße (z. B. Falsch-Positive) sind dabei von beiden Dimensionen der Vier-Felder-Tafel abhängig: a) der jeweiligen Basisrate, also der eigentlichen Prävalenz des zu untersuchenden Ereignisses, und b) der Selektionsrate, d. h. dem Anteil derer, die eine ungünstige Prognose bekommen. Die Selektionsrate ist Ausdruck der Risikobereitschaft der beurteilenden Person und hängt auch mit gesellschaftlichen Stimmungen und anderen Rahmenbedingungen zusammen (Volckhart 2002). Darüber hinaus sind diese Maße stark von dem Beobachtungszeitraum abhängig. So werden die Risiken eines Fehlurteils im Laufe der Zeit bei günstiger Prognose größer und bei ungünstiger Prognose kleiner (Dahle 2006).

	Rückfall	*Kein Rückfall*
Ungünstige Prognose	Richtig-Positiv	Falsch-Positiv
Günstige Prognose	Falsch-Negativ	Richtig-Negativ

Sensitivität = Richtig-Positiv / (Richtig-Positiv + Falsch-Negativ)
Spezifität = Richtig-Negativ / (Falsch-Negativ + Falsch-Positiv)

Abb. 3.1 Vier-Felder-Tafel nach Fawcett (2006)

Weil Prognosen Wahrscheinlichkeitsaussagen sind, kommt es natürlicherweise auch zu Fehlentscheidungen. Solche Fehlentscheidungen bzw. Irrtümer, d. h. nicht-zutreffende Prognosen, sind von Fehlern der beurteilenden Person oder der Methode zu unterscheiden. Darum sollte genau zwischen Irrtümern und Urteilsprozessfehlern differenziert werden.

▶ **Definition: Urteilsprozessfehler** Die fehlerhafte Anwendung (kriminalprognostischer) Methoden oder Nichtbeachtung methodischer und inhaltlicher Standards zur Prognoseerstellung (Kröber et al. 2019) sind Urteilsprozessfehler.

Wird beispielsweise ein statistisches Verfahren zur Einschätzung der Rückfallwahrscheinlichkeit für eine Person angewendet, die einer Population angehört, für die es bisher keine empirischen Belege gibt, dass das Verfahren zuverlässige Prognosen liefert, handelt es sich um einen Urteilsfehler. Doch selbst wenn methodische und inhaltliche Standards richtig beachtet wurden, kann es sein, dass die Prognose nicht eintritt. Menschliches Verhalten ist hochkomplex und folgt einer individuellen Dynamik. Hinzu kommt, dass sich kriminalprognostische Aussagen häufig auf einen sehr langen Zeitraum beziehen. Das bedeutet, dass im Laufe der Zeit viele Einflussfaktoren hinzukommen, die zum Zeitpunkt der Prognoseerstellung nicht unbedingt vorhersehbar waren. Besonders ungewöhnliche Ereignisse sind in der Zukunft kaum vorhersagbar. Somit geht die Möglichkeit des Irrtums mit der Verhaltensvorhersage quasi einher (Dahle 2006).

Eine fehlerhafte Prognose kann somit durch Mängel der Urteilsfindung verursacht werden oder ein natürlich einzukalkulierender Irrtum sein. Während stets mit einer gewissen Irrtumswahrscheinlichkeit gelebt werden muss, gehört es zur Professionalität, Urteilsfehler zu vermeiden. Dafür ist es unerlässlich, wissenschaftlich fundierte Methoden richtig anzuwenden und Verzerrungen in der Urteilsbildung weitestgehend entgegenzuwirken.

Bei rein prognostischen Aussagen geht es um die Frage, *ob* und *wann* ein Rückfall zu erwarten ist. Dies erklärt jedoch nicht, warum es zu der Straffälligkeit gekommen ist. Nur wenn wirklich beschrieben wird, welche Ursachen in welcher Weise zu der Straffälligkeit geführt haben, handelt es sich um eine Erklärung. Dies ist eine völlig andere Aufgabe und grenzt sich daher von der Prognose ab. Ziel der *Erklärung* ist es, die zugrunde liegenden Mechanismen – d. h. das *Wie* und *Warum* – einer Straftat aufzuklären. Das ist für die Diagnostik im Strafvollzug zentral, weil Veränderungen, die im Rahmen von Interventionen und Behandlung erreicht werden wollen, tatsächliche kriminogene Ursachen adressieren sollten.

▶ **Definition: Erklärung** Die Formulierung von kausalen Wirkmechanismen zwischen einem Phänomen (z. B. Straffälligkeit) und seinen Ursachen (z. B. mangelnde Impulskontrolle) kann man als Erklärung bezeichnen. Aussagen zu Kausalitäten erfordern dabei immer Begründungen. Diese Begründungen richten sich a) auf den angenommenen Zusammenhang (Warum ist dies plausibel?) und b) auf das Ausschließen von alternativen Zusammenhängen (Warum ist eine andere Option nicht plausibel?; vgl. Ward und Fortune 2016).

Ob es sich dabei um eine gute Erklärung (der Straffälligkeit) handelt, hängt von weiteren Aspekten ab (Dahle 2010):

- Der *Erschöpfungsgrad* einer Erklärung drückt aus, ob tatsächlich das ganze Tatgeschehen erklärt werden kann oder nur Teile davon.
- Die *Widerspruchsfreiheit* zeigt an, inwieweit die Erklärung in sich selbst und im Verhältnis zu empirisch validierten Kriminaltheorien stimmig ist.
- Die *Einfachheit* gibt an, ob die Erklärung der Straffälligkeit auf hinreichend belegbaren Fakten beruht und nicht etwa viele zusätzliche, nicht überprüfbare Annahmen gemacht werden.

Die aufgezeigten Charakteristika und Unterschiede der Begrifflichkeiten Prognose und Erklärung markieren unterschiedliche Fragestellungen innerhalb der Diagnostik im Strafvollzug (z. B. wie wahrscheinlich ist ein Rückfall innerhalb von 2 Jahren nach Entlassung vs. welche Risikofaktoren sollten im Vollzug behandelt werden?). Diese Unterscheidung nach Prognose und Erklärung findet sich auch in den grundlegenden methodischen Herangehensweisen bei der Beurteilung straffällig gewordener Personen wieder.

3.3 Methodische Herangehensweisen bei der Kriminalprognose

Intuitive Prognosen sind nicht valider als ein Würfel- oder Münzwurf (Hanson und Morton-Bourgon 2005; Quinsey et al. 2006). Sie sind Bauchentscheidungen und ein regelrechtes Sammelbecken für die emotional-kognitiven Verzerrungsmechanismen der beurteilenden Person. Deshalb ist es wichtig, den Urteilsprozess zu standardisieren und übergeordnete Kriterien für die Beurteilung festzulegen. Die *statistisch-nomothetischen Prognosemethoden* tun dies über die Festlegung der inhaltlichen Kriterien und deren Verrechnungsregeln, d. h.

darüber, wie aus den Einzelinformationen Gesamteinschätzungen werden. Dabei vergleichen sie den Einzelfall mit empirisch gefundenen, gruppenstatistischen Zusammenhängen. Bei der *klinisch-idiografischen Prognosemethode* werden Kriterien für den Urteilsprozess – also dafür, welche Teilschritte der Informationssammlung, Hypothesenbildung und Beurteilung aufeinanderfolgen – bestimmt.

3.3.1 Statistisch-nomothetische Methode

Eine Wissenschaft, deren Ziel es ist, Gesetzmäßigkeiten aufzustellen, die auf viele verschiedene Sachverhalte anwendbar sind, nennt man nomothetisch (Gretenkord 2013). Den kriminalprognostischen Verfahren, die dieser Tradition folgen, liegt die Annahme zugrunde, dass anhand von Merkmalen, die mit dem interessierenden Verhalten empirisch zusammenhängen, prinzipiell auch zukünftiges Verhalten der oder des Einzelnen vorhersagbar ist (Dahle 2010). Grundlage dafür sind zahlreiche quantitativ-empirische Untersuchungen zur Rückfälligkeit von Personen, die bereits mit Straftaten aufgefallen sind. Die darauf aufbauenden Instrumente legen zum einen die Auswahl der relevanten übergeordneten Faktoren und zum anderen deren Verknüpfungsregeln (z. B. Summe der Einzelmerkmale) fest. In der nomothetischen Kriminalprognose wird die Einzelperson dann einer Teilstichprobe zugeordnet, deren Rückfallrate bekannt ist. Damit besteht Prognose „gewissermaßen in der Interpretation dieser Rückfallquote als individuelle Rückfallwahrscheinlichkeit" (Dahle 2006, S. 28). Mitunter werden diese Verfahren auch als aktuarische Verfahren bezeichnet, was sich auf die Analogie zu versicherungsmathematischen Methoden bezieht (Gretenkord 2013).

> **Exkurs: Wie hängen Einzelfall und Gruppenstatistik zusammen?**
> *Informationsreduktion:* Die statistischen Verfahren zur Kriminalprognose fassen in der Regel Risikofaktoren zusammen, die sich in Studien als rückfallprädiktiv gezeigt haben. Die signifikanten Ergebnisse dieser Studien repräsentieren die Merkmale und Zusammenhänge, die für die meisten Individuen dieser Stichprobe zutreffen. Das bedeutet, dass seltenere Merkmale, Ereignisse oder Zusammenhänge in diesen Ergebnissen nicht oder nur unzureichend enthalten sind. Dies hängt damit zusammen,

dass allein über die quantitative Untersuchungsmethode Reduktion und Zusammenfassung stattfinden. Werden nun sehr viele Einzelstudien in Metaanalysen gemeinsam untersucht – so als wären sie Individuen in einer Stichprobe –, dann sind die Ergebnisse wiederum Zusammenfassungen und Abstrahierungen der Ergebnisse der Einzelstudien. Beispielsweise werden in Einzelstudien ähnliche Merkmale unterschiedlich erfasst – die Ergebnisse dann aber unter einer übergeordneten Kategorie (z. B. kriminelle Einstellungen) subsumiert. Das bedeutet, dass Studien mit seltenen Ergebnissen nicht oder nur unzureichend in den Ergebnissen der Metaanalysen repräsentiert sind. Gleichfalls sind die untersuchten Konstrukte deutlich weniger spezifiziert. Insgesamt hat diese Reduktion und Abstraktion zur Folge, dass Merkmale, die in Populationen relativ häufig auftreten (z. B. Dissozialität), sehr gut von den Prognoseinstrumenten repräsentiert werden.

Vergleich zur Norm: In statistisch-nomothetischen Verfahren wird der Summenwert des Einzelfalls mit den Werten der Normstichprobe verglichen. Diese Normstichprobe lässt sich auch nach abstrakten und allgemeineren Kriterien unterteilen, z. B. in eine Hochrisikogruppe, Personen mit mittlerem Risiko und eine Niedrigrisikogruppe. Gemäß der spezifischen Verrechnungsregel kann der Einzelfall nun einer dieser Gruppen zugeordnet werden. Dabei ist zu bedenken, dass jede Gruppe unterschiedliche Individuen umfasst. So kann ein mittleres Risiko auf unterschiedlichen Kombinationen verschiedener Einzelmerkmale (z. B. unterschiedliche Ausprägung der Risikofaktoren) beruhen.

Zusammenfassend bedeutet das, dass individuelle Merkmale nur dann in gruppenstatistischen Verfahren erfasst werden, wenn sie von der Mehrheit der Individuen geteilt werden. Besonderheiten des Einzelfalls bleiben demnach unberücksichtigt. Aber auch wenn es Ausnahmen gibt, ist die Wahrscheinlichkeit, dass die Merkmale des Einzelfalls in der Gruppenstatistik auftauchen, nicht unerheblich, weshalb diese Statistik eine wichtige Entscheidungshilfe sein kann (Grove und Meehl 1996).

3.3.1.1 Auswahl und Integration der Verfahren

Es gibt mittlerweile eine über 30-jährige Forschungstradition zu statistisch-nomothetischen Verfahren der Kriminalprognose, die mehrheitlich in Kanada, den USA und teilweise auch in Großbritannien entwickelt worden sind (Dahle 2010). Dies hat eine große Anzahl an unterschiedlichen Verfahren je nach *Zweck,*

3.3 Methodische Herangehensweisen bei der Kriminalprognose

Zielgruppe, Komplexität und theoretischen Bezügen hervorgebracht (Gretenkord 2013). Tab. 3.2 fasst die gängigsten und in Deutschland verfügbaren Verfahren zusammen. Welche Verfahren im Einzelfall ausgewählt werden, hängt von eben diesen Kriterien (Zweck, Zielgruppe, Komplexität, theoretische Bezüge) ab. Darüber hinaus gibt es in der Literatur weitere Prinzipien, nach denen die Auswahl von standardisierten Prognoseverfahren erfolgen sollte (Schmidt et al. 2018; Guy 2008):

- nachgewiesene hohe Reliabilität und Validität (siehe Wissensbaustein zu den Gütekriterien) der Verfahren für genau die Population, der der Einzelfall angehört,
- Erfassung von wissenschaftlich fundierten (Risiko-)Faktoren passend zur Fragestellung: allgemeines oder spezifisches Rückfallrisiko,
- umfassende Sammlung von Risikofaktoren,
- Ermöglichung klarer Risikokommunikation (z. B. mit Kategorien und Beschreibungen zu den jeweiligen Risiko-Leveln),
- Transparenz des Urteilsprozesses (z. B. durch klare Operationalisierung) mit Kontrollmöglichkeiten für andere Stakeholder.

Die Übersicht (siehe Tab. 3.2) über gängige kriminalprognostische Verfahren, wie im Handbuch von Rettenberger und Franqué (2013) ausführlich beschrieben, zeigt, dass es für die meisten Verfahren keine deutschen Normstichproben gibt. Wenngleich die prädiktive Validität an einzelnen Stichproben auch im deutschen Sprachraum untersucht wurde und damit ein wesentliches Kriterium zur Anwendung der Verfahren erfüllt ist, schränkt der Mangel an aussagekräftigen Normstichproben die Interpretation der Ergebnisse erheblich ein. Ist keine entsprechende Normstichprobe vorhanden, darf der Summen-Score keiner Rückfallrate zugeordnet werden.

▶ **Wissensbaustein: Gütekriterien für standardisierte Verfahren (gem. Bühner 2012)**
Objektivität bezeichnet den Grad, in dem die Untersuchungsergebnisse unabhängig von der Person sind, die untersucht und beurteilt. Das bedeutet, dass verschiedene Personen, welche das gleiche Verfahren bei der gleichen Person anwenden, zu denselben Ergebnissen kommen sollten, was mit einer Beobachterübereinstimmung überprüft werden kann. Objektivität kann folgendermaßen gewährleistet werden:

Tab. 3.2 Ausgewählte standardisierte Verfahren zur Kriminalprognose nach Rettenberger und Franqué (2013)

Verfahren	Faktoren	Auswertung	Zielgruppe	Zweck/Fragestellungen	Deutsche Norm	Güte der Rückfallvorhersage	Manual in Deutsch
J-SOAP-II	Statische und dynamische RF	Summenwert und Rückfallkategorien	Männliche Jugendliche, mit Sexualdelikt auffällig	(sexueller) Rückfall; Behandlungsplanung	Nein	Moderat bis gut[a]	Schmelze (2004)
ERASOR	Statische und dynamische RF	Checkliste	Männliche Jugendliche, mit Sexualdelikt auffällig (insb. sexueller Missbrauch)	Kurzzeitiges Risiko eines sexuellen Rückfalls; Evaluation von Behandlung	–	Gering bis moderat[a]	Schmelze (2003)
SAVRY	Statische, dynamische RF und SF	Checkliste	Männliche und weibliche Jugendliche	Gewaltrisiko	–	Moderat bis gut	Borum et al. (2006b)
VRAG	Statische RF	Summenwert und Rückfallkategorien	Männliche Erwachsene, wegen einer Gewalt- oder Sexualstraftat verurteilt	Gewalttätiger oder sexueller Rückfall	Nein	Moderat bis gut	Rossegger et al. (2009)
SORAG	Statische RF	Summenwert und Rückfallkategorien	Männliche Erwachsene, wegen einer Sexualstraftat verurteilt	Sexueller Rückfall	Nein	Gut	Rossegger et al. (2010)

(Fortsetzung)

3.3 Methodische Herangehensweisen bei der Kriminalprognose   73

Tab. 3.2 (Fortsetzung)

Verfahren	Faktoren	Auswertung	Zielgruppe	Zweck/Fragestellungen	Deutsche Norm	Güte der Rückfallvorhersage	Manual in Deutsch
RRS	Statische, dynamische und tatbezogene RF	Summenwert und Rückfallkategorien (mit ausgewiesenen Rückfallraten)	Männliche Erwachsene über 23 Jahre, wegen einer Sexualstraftat verurteilt	Sexueller Rückfall	Nein	Gering bis moderat	Aktualisiert: Rehder (2019)
Static-99R	Statische RF	Summenwert und Rückfallkategorien	Männliche Erwachsene, wegen einer Sexualstraftat verurteilt	Sexueller Rückfall	(ja, für Static-99)	Gut	Rettenberger und Eher (2006)
STABLE 2007	Dynamische RF	Summenwert und Rückfallkategorien	Männliche Erwachsene, wegen einer Sexualstraftat verurteilt	Sexueller Rückfall	Nein	Moderat	Matthes und Rettenberger (2008b)
ACUTE 2007	Akut dynamische RF	Summenwert und Rückfallkategorien	Männliche Erwachsene, wegen einer Sexualstraftat verurteilt	Sexueller Rückfall	Nein	Moderat[b]	Matthes und Rettenberger (2008a)

(Fortsetzung)

Tab. 3.2 (Fortsetzung)

Verfahren	Faktoren	Auswertung	Zielgruppe	Zweck/Fragestellungen	Deutsche Norm	Güte der Rückfallvorhersage	Manual in Deutsch
LSI-R	Statische und dynamische RF	Summenwert und Rückfallkategorien (mit ausgewiesenen Rückfallraten)	Männliche Erwachsene	Allgemeiner Rückfall; Behandlungsplanung; Verlaufsbeurteilung; Vollzugslockerungen; Unterbringungsform	Ja	Gut	Dahle et al. (2012)
HCR-20 V3	Statische und dynamische RF	Checkliste	Männliche und weibliche Erwachsene mit Gewalttat und Verdacht auf psychische Erkrankung/Persönlichkeitsstörung	Gefährlichkeit bzw. Gewalttaten	–	Ambivalente Befunde	Douglas und Hart (2014)
SVR-20	Statische und dynamische RF	Checkliste	Männliche Erwachsene, wegen einer Sexualstraftat verurteilt	Sexueller Gewaltrückfall	–	Moderat	Müller-Isberner (2000)

(Fortsetzung)

3.3 Methodische Herangehensweisen bei der Kriminalprognose

Tab. 3.2 (Fortsetzung)

Verfahren	Faktoren	Auswertung	Zielgruppe	Zweck/Fragestellungen	Deutsche Norm	Güte der Rückfallvorhersage	Manual in Deutsch
PCL-R	Statische und dynamische RF	Checkliste und Summenwert	Männliche Erwachsene	Allgemeiner Rückfall und Gewaltrückfall	Ja	Gut	Mokros et al. (2017)
SAPROF	Dynamische SF	Checkliste	Männliche und weibliche Personen mit Risiko zu Gewaltdelikten	Beachtung von Schutzfaktoren	–	Gering bis moderat	Spehr und Briken (2010)
Dittmann-Liste	Statische, dynamische und tatbezogene RF	Checkliste	Straffällig gewordene Personen allgemein (insbesondere mit Gewalt- oder Sexualdelikt)	Gefährlichkeit (insbesondere vorzeitige Entlassung)	–	–	Aktualisiert: Dittmann et al. (2017)

Bemerkung: RF Risikofaktoren; SF Schutzfaktoren; J-SOAP-II Juvenile Sex Offender Assessment Protocol-II (Prentky und Righthand 2003); ERASOR Estimate of Risk of Adolescent Sexual Offense Recidivism (Worling und Curwen 2001); SAVRY Structured Assessment of Violence Risk in Youth (Borum et al. 2006a); VRAG Violence Risk Appraisal Guide (Quinsey et al. 2006); SORAG Sex Offender Risk Appraisal Guide (Quinsey et al. 2006); RRS Rückfallrisiko bei Sexualstraftätern (Rehder und Suhling 2006); Static 99R (Harris et al. 2003); STABLE-2007 (Fernandez et al. 2014); ACUTE-2007 (Fernandez et al. 2015); LSI-R Level of Service Inventory-Revised (Andrews und Bonta 1995); HCR-20 V3 Historical-Clinical-Risk Management-20, Version 3 (Douglas et al. 2013); SVR-20 Sexual Violence Risk – 20 (Boer et al. 1994); Psychopathy Checklist – Revised (Hare 2003); SAPROF Structured Assessment of Protective Factors for violence risk (Vogel et al. 2007); Dittmannliste Kriterien zur Beurteilung der Legalprognose (Dittmann 1999); Güte der Rückfallvorhersage bezieht sich auf Kriterien, die dem Zweck/der Fragestellung des Verfahrens entsprechen, und orientiert sich an den Richtlinien von Rice und Harris (2005); [a] aktuelle Befunde von Barra et al. (2018); [b] aktuelle Befunde von Nitsche et al. (2022)

- Durchführungs-Objektivität: Die Bedingungen der Durchführung sollten genau definiert sein. Beispielsweise sollte festgehalten werden, anhand welcher Informationen Einschätzungen vorgenommen wurden. Welche Akten wurden verwendet, in welchem Umfang und mit welchen Personen fand eine mündliche Exploration statt.
- Auswertungs-Objektivität: Die Auswertungsvorschriften sollten so genau wie möglich spezifiziert sein (z. B. durch Protokoll- und Auswertungsbögen). In einem Manual sollte z. B. genau konkretisiert sein, wann ein Merkmal (z. B. kriminelle Einstellungen) vorliegt und wann nicht.
- Interpretations-Objektivität: Die Bedeutung der erzielten Ergebnisse sollte einheitlich sein. Dafür sind feste Zuordnungsregeln z. B. zu bestimmten Risikokategorien notwendig. Voraussetzung dafür sind wiederum ausreichend große Normstichproben, um eine zuverlässige Zuordnung zu ermöglichen.

Reliabilität bezeichnet die Messgenauigkeit. Dafür lassen sich unterschiedliche Kriterien heranziehen:

- Interne Konsistenz: Die einzelnen gemessenen Merkmale sollten in einem Zusammenhang stehen. Dieses Kriterium ist für die meisten Kriminalprognoseverfahren irrelevant, weil es sich um heterogene Konstrukte handelt, bei denen die Einzelmerkmale nicht zwingend miteinander zusammenhängen müssen.
- Retest-Stabilität: Wenn ein Verfahren zu verschiedenen Zeitpunkten durchgeführt wird, sollte das Ergebnis gleich sein. Bei Kriminalprognoseverfahren mit dynamischen Risikofaktoren muss allerdings berücksichtigt werden, dass diese gerade beabsichtigen, Veränderungen abbilden zu können, und man für die Prüfung der Messgenauigkeit zwei nahe beieinanderliegende Zeitpunkte wählen muss.

Validität bezieht sich darauf, ob ein Verfahren, welches beansprucht, beispielsweise die Tendenz und Bereitschaft zu straffälligem Verhalten zu messen, auch genau dies tatsächlich misst. Dabei unterscheidet man folgende Formen:

- Kriteriums-Validität: Wenn das Verfahren beansprucht, Rückfälligkeit vorherzusagen, sollte es auch mit diesen Kriterien (z. B. erneute Haftstrafe nach Entlassung) zusammenhängen. Das bedeutet prädiktive Validität.
- Konstrukt-Validität: Einerseits sollte das Verfahren etwas Ähnliches messen wie andere Kriminalprognoseverfahren, welche für einen ähnlichen Zweck und eine ähnliche Zielgruppe konstruiert wurden (konvergente Validität). Andererseits sollte das Verfahren nicht das messen, was ganz andere Tests messen (z. B. kognitive Leistungsfähigkeit). Dies wird diskriminante oder divergente Validität genannt.

Mehrere Verfahren parallel bzw. nacheinander anzuwenden, macht nur dann Sinn, wenn Verfahren unterschiedlicher Komplexität oder Spezifik ausgewählt werden. Neben dem Informationsgewinn hinsichtlich der zu erwartenden Rückfälligkeit kann eine Ergänzung unterschiedlicher Verfahren auch inhaltlich sinnvoll sein. So könnte die allgemeine Rückfallwahrscheinlichkeit mit dem Level of Service Inventory-Revised (LSI-R; Dahle et al. 2012) erhoben werden; falls Auffälligkeiten in psychopathologischen Variablen – die im LSI-R nur unzureichend erfasst werden – sichtbar sind, kann die zusätzliche Anwendung beispielsweise des Historical-Clinical-Risk-Management 20 (HCR-20; Douglas und Hart 2014) angezeigt sein (Dahle 2013). Genauso ist es bei Sexualstraftätern ratsam, sowohl die spezifischen Rückfallrisiken für einschlägige Rückfälle als auch die Wahrscheinlichkeit von allgemeinen oder gewalttätigen Rückfällen über verschiedene Verfahren getrennt zu erfassen.

Exkurs: Das Level of Service Inventory-Revised (LSI-R)
Das international am weitesten verbreitete Verfahren aus der Gruppe statistisch-nomothetischer Instrumente zur Kriminalprognose ist das Level of Service Inventory-Revised (LSI-R). Es wurde in Kanada von Andrews und Bonta (1995) entwickelt und ist seit 2012 auch als leicht modifizierte Version in Deutsch verfügbar (Dahle et al. 2012).

Das Verfahren beansprucht nicht nur, eine Schätzung des allgemeinen Rückfallrisikos zu liefern (Risk-/Risikoprinzip), sondern auch Behandlungsplanung zu ermöglichen (Need-/Bedürfnisprinzip). Durch die Erfassung dynamischer (d. h. prinzipiell veränderbarer) Faktoren sollen Ansatzpunkte für Interventionen und Behandlung aufgezeigt werden. Auch inhaltlich entspricht das Verfahren den ätiologischen Annahmen des RNR-Modells (siehe Abschn. 2.1), indem es alle Central Eight Risikofaktoren erhebt.

So besteht das LSI-R aus insgesamt 54 Merkmalen, die zehn verschiedenen Skalen/Bereichen zugeordnet sind:

1. Kriminelle Vorgeschichte
2. Ausbildung/Erwerbstätigkeit
3. Finanzielle Situation
4. Familie/Partnerschaft
5. Wohnsituation
6. Freizeitgestaltung
7. Freundschaften/Bekanntschaften
8. Alkohol-/Drogenproblematik
9. Emotionale/personale Beeinträchtigung
10. Einstellungen/Orientierungen/Werthaltungen

International ist das Verfahren sehr häufig auf seine Güte hin untersucht worden. Die jüngste Metaanalyse von Olver et al. (2014) weist gute Vorhersagewerte für allgemeine Rückfälligkeit und gewalttätige Rückfälle aus. Allerdings fanden die Autoren, dass ethnische Minderheiten auf allen Skalen höhere Werte (Score) erzielten als die Vergleichsgruppen. Die Werte für die Vorhersageleistung des LSI-R waren für ethnische Minderheiten im Durchschnitt etwas geringer und variierten deutlich stärker von Studie zu Studie. In Deutschland gibt es ähnliche Befunde. Für recht homogene Stichproben von männlichen Strafgefangenen aus den Jahren 1976 und 1995–1998, die überwiegend keinen Migrationshintergrund hatten, konnten gute Vorhersagewerte ausgewiesen werden (Dahle et al. 2012). Dagegen war in Stichproben aus jüngerer Zeit die Vorhersagegüte für jugendliche und erwachsene Männer mit Migrationshintergrund mangelhaft (Dahle und Schmidt 2014; Schmidt et al. 2018).

3.3.1.2 Notwendige Voraussetzungen der Anwendung

Bei der Anwendung nomothetisch-statistischer Instrumente zur Kriminalprognose ist zu beachten, dass die meisten Verfahren vom Vorhandensein einer Grundausbildung in psychologischer Testdiagnostik und Statistik ausgehen. Nur dann können die relevanten psychometrischen Kenn- und Normwerte interpretiert und zum Einzelfall in Beziehung gesetzt werden. Die Interpretation eines solchen Verfahrens zur Kriminalprognose ist von großer Tragweite und sollte nicht ohne Fachwissen und ausreichende Fertigkeiten geschehen (Dahle et al. 2012). Nur eine *fachkundige Schulung*, wie die Items zu bewerten, zu verrechnen und die Ergebnisse auszulegen sind, gewährleistet, dass diese Verfahren auch tatsächlich von jeder Anwenderin und jedem Anwender in gleicher Weise eingesetzt werden. Dies ist Voraussetzung, um die Prinzipien der Objektivität und Transparenz zu erfüllen.

Hinzu kommt, dass eine *Passung zwischen dem jeweiligen Einzelfall und der Normstichprobe* zwingend notwendig für die Interpretation der Ergebnisse ist. In einigen Fällen wird dies aber nicht möglich sein. So wurden beispielsweise die allermeisten in Tab. 3.2 aufgeführten Verfahren in Nordamerika entwickelt und validiert. Hinsichtlich der Passung zu hiesigen Stichproben können nicht nur kulturell bedingte Unterschiede wirken, sondern auch Faktoren wie z. B. unterschiedliche Inhaftierungsraten (Grieger und Hosser 2014). Auch wenn deutsche Adaptationen mit deutschen Normstichproben vorliegen, beziehen sich diese meist auf kulturell sehr homogene männliche Stichproben. Es gibt aber kaum bzw. nur sehr widersprüchliche Erkenntnisse darüber, ob die Verfahren auch bei kulturell diversen Zielgruppen anwendbar sind. Weil die Risikofaktoren häufig nur vage definiert sind und deren Erfassung gleichfalls von den kulturell vorherrschenden Normen und Konventionen abhängt, ist eine einfache Übertragung der Verfahren in einen kulturellen Kontext, der sich von dem Original unterscheidet, kaum möglich (Schmidt et al. 2020). Handelt es sich im Einzelfall beispielsweise um eine Person mit Migrationshintergrund, für deren Population keine empirischen Ergebnisse zur Validität des spezifischen Verfahrens vorliegen, kann das Verfahren nicht angewendet werden. Ein Zuwiderhandeln kann dabei weitreichende juristische Konsequenzen für den Strafvollzug haben (siehe Entscheidung des Obersten Gerichtshofs von Kanada: Hart 2016). In Fällen mangelnder Passung zu den Normstichproben ist deshalb auf andere Prognosemethoden zurückzugreifen, welche die Besonderheiten des Einzelfalls berücksichtigen. Die statistisch-nomothetischen Verfahren können dann nur mehr als grobe Checklisten (siehe Abschn. 3.3.4) dienen (Dahle et al. 2012).

3.3.2 Klinisch-idiografische Methode

Bei der idiografischen – oder im englischsprachigen Raum häufig als klinische Prognose bezeichneten – Methode wird nicht auf eine Liste fallunabhängiger inhaltlicher Beurteilungskriterien zurückgegriffen. Die Relevanz von Risikofaktoren begründet sich hier nicht aus der empirischen Evidenz, sondern aus ihren spezifischen, individuellen Gegebenheiten und Entwicklungen heraus. Grundlage dafür ist die Rekonstruktion der biografischen und strafrechtlichen Entwicklung. Nach Dahle (2010) geht es im Kern um das Erkennen von wiederkehrenden, individuellen, verhaltensrelevanten Gesetzmäßigkeiten, die im Zusammenhang mit der Straffälligkeit stehen. Damit geht es letztlich um die Erklärung der individuellen Straffälligkeit. Dieser komplexe Prozess der Urteilsbildung wird dadurch systematisiert, dass Modelle der Urteilsbildung methodische (und in groben Zügen auch inhaltliche) Vorgaben machen. Im Folgenden wird das Modell von Dahle (2010) näher erläutert.

1. Schritt: Zu Beginn soll eine eigene, *individuelle Theorie* formuliert werden, die erklärt, warum sich die Person auf genau diese Weise verhalten hat und straffällig geworden ist. Zweck der biografischen Analyse ist es, einerseits die charakterisierenden Persönlichkeitsmerkmale (z. B. Emotionen, Werte, Motive, Handlungsbereitschaften, Verhaltenskontrollmechanismen) zu erkennen. Andererseits sollten die wesentlichen Bedingungen der Lebenssituation und der damit einhergehenden (sozialen) Kontexte herausgestellt werden. In der darauffolgenden Tathergangsanalyse werden die unmittelbaren Ereignisse vor der Tat, die Tatentscheidung, der Umgang mit potentiell tathemmenden Einflüssen, die Planung der Tat, die Handlungsdynamiken währenddessen und das Nachtatverhalten betrachtet. Ziel ist es, innerhalb der individuellen Kriminaltheorie Hypothesen über die Motive sowie sonstige Hintergründe und Kontextfaktoren der Tat zu formulieren. Diese Hypothesen sollten möglichst transparent durch die breite Informationsgrundlage zur Biografie und zum Handeln während der Tat begründet werden.
2. Schritt: Darauf folgend geht es um die personalen Einflussfaktoren im *zeitlichen Verlauf*. Inwieweit handelt es sich um veränderbare Faktoren? Welche Schutzpotentiale liegen bereits vor und könnten zusätzlich aufgebaut werden? Welche Veränderungen haben sich in der Zeit seit der Tat vollzogen und wie stabil sind diese?
3. Schritt: Auf dieser Grundlage werden der *Ist-Zustand* und die aktuell vorhandenen Risikopotentiale der Person eingeschätzt und umfassend beschrieben.
4. Schritt: Aufbauend auf die vorangegangenen Analysen werden *hypothetische Konstellationen* formuliert, welche in der Zukunft eine Wiederholung der Tat (oder vergleichbarer Handlungen) wahrscheinlich machen. Dabei werden situative Rahmenbedingungen in Wenn-dann-Formulierungen herausgestellt, die potentielle Risikokonstellationen spezifizieren.

5. Schritt: Zuletzt werden alle Informationen und aufgezeigten Zusammenhänge im Hinblick auf die Einschätzung der Wahrscheinlichkeit zukünftiger Rechtsbrüche zusammengefasst (praxisnahe Erläuterungen dazu in Kap. 4).

3.3.3 Zusammenfassender Vergleich verschiedener Herangehensweisen

Die grundlegenden Herangehensweisen bei prognostischen Beurteilungen entstammen unterschiedlichen wissenschaftlichen Konzepten. Ein entscheidender Unterschied der beiden vorgestellten Methoden besteht in ihrem Fokus. Während statistisch-nomothetische Verfahren auf die Vorhersage als solche fokussieren, geht es in der idiografischen Prognose zunächst einmal um die Erklärung der Straffälligkeit. Eine Gegenüberstellung beider Herangehensweisen an die Kriminalprognose zeigt die Nachteile der einen Methode mehr oder minder als Vorteile der anderen (siehe Tab. 3.3).

Die idiografische Methode verspricht, genaue Zusammenhänge von individuell relevanten Risiko- und Schutzfaktoren sowie situativen und kontextualen Einflüssen aufzuklären und damit die Straffälligkeit der oder des Einzelnen zu erklären. Diese Erklärung ist die essenzielle Grundlage für die Analyse von Veränderungspotentialen, welche im Rahmen von Interventionsmaßnahmen adressiert werden können. Weil es bei der Diagnostik im Strafvollzug primär um die Planung solcher Maßnahmen geht, ist das idiografische Vorgehen unerlässlich im Rahmen strafvollzuglicher Urteilsfindung. Sie ist auch die einzige Methode, die den gesetzlichen Vorgaben (siehe Abschn. 1.2) gerecht wird.

Die nomothetische Methode liefert dagegen Erfahrungswerte, die für die Kommunikation eines Rückfallrisikos von großer Bedeutung sind, weil sie die Ermittlung der Ausgangswahrscheinlichkeit ermöglichen (Dahle 2013). Diese komplexeren statistischen Verfahren unterstützen die Beurteilerin oder den Beurteiler darin, bei der Einzelfallanalyse nichts zu vergessen und sich auf wissenschaftliche Erkenntnisse zu berufen. Aus diesen Gründen sind neben der idiografischen Herangehensweise auch standardisierte nomothetische Verfahren für die Diagnostik im Strafvollzug fundamental. Um die Vorteile beider Herangehensweisen zu nutzen, wird geraten, beide Methoden zu verbinden (Kröber et al. 2019).

Tab. 3.3 Gegenüberstellung der Vor- und Nachteile verschiedener Prognosemethoden

Methode	Vorteile	Nachteile
Nomothetisch	• systematischer Einbezug wissenschaftlicher Erkenntnisse • rationale und transparente Urteilsbildung • objektive und faire Beurteilung • Beleg prognostischer Validität • Möglichkeit prognostische Irrtumswahrscheinlichkeiten abzuschätzen • Anwendung relativ einfach • Möglichkeit zu zahlenmäßigen (genaueren) Aussagen über Rückfallwahrscheinlichkeiten	• feste Algorithmen zur Verrechnung implizieren, dass Relevanz und Wirkgefüge der Einzelfaktoren nicht variiert • klassische Messfehler, weil es sich um psychometrische Instrumente handelt • Häufung der Verteilung in der Mitte mit ähnlichen Summenwerten, aber unterschiedlicher Zusammensetzung dieser mittleren Gesamtwerte und geringer Erkenntnisgewinn • Überschätzung der Rückfallwahrscheinlichkeit bei seltenen Ereignissen • träge und unsensible Erfassung aktueller Entwicklungen und Veränderungen • keine kontext- bzw. situationssensitive Beurteilung (z. B. Gelegenheit, fluktuierende Umgebungsbedingungen) • Missachtung bisher unerforschter Risiko- und Schutzfaktoren • Anwendung nur für solche Fälle möglich, die mit Validierungsstichproben vergleichbar sind • Vernachlässigung individueller Besonderheiten
Idiografisch	• genaue Spezifizierung der individuellen Rückfallrisiken und Konstellationen • Flexibilität gegenüber individuellen Unterschieden in der Relevanz, Gewichtung und dem Zusammenspiel von Faktoren • Offenheit gegenüber seltenen Merkmalen und Konstellationen • systematischer Einbezug von Kontext- und Situationsvariablen • sensitiv für Veränderungen	• mangelnde Objektivität und schlechtere Transparenz • abhängig von kognitiv-emotionalen Verzerrungen der beurteilenden Person • sehr umfangreich und komplex mit vielen Anforderungen an die Professionalität des Anwendenden sowie den Umfang und die Güte der Informationsgrundlage • nur unspezifische Formulierungen zu Rückfallwahrscheinlichkeit (z. B. gering) • Irrtumswahrscheinlichkeiten können nicht genau abgeschätzt werden

Bemerkung: Zusammenstellung nach Dahle (2010, 2013) und Hart et al. (2017)

3.3.4 Structured Professional Judgement (SPJ)

Verfahren des Structured Professional Judgement (SPJ) (deutsch: strukturierte professionelle Urteilsbildung) verbinden Merkmale und Vorteile der nomothetischen sowie der idiografischen Herangehensweisen. Sie stellen Checklisten inhaltlich potentiell relevanter Merkmale dar, welche in einen strukturierten Urteilsprozess eingebunden sind. Das soll das Ermessen der beurteilenden Person (was inwiefern relevant ist) systematisieren (Hart et al. 2017; Hart und Logan 2011). Diese Verfahren beanspruchen a) evidenzbasiert zu sein, weil sie auf einem intensiven Review der vorhandenen empirischen und theoretischen Literatur beruhen. Darüber hinaus sind sie b) sehr umfassend, insofern sie alle Schritte von der Informationssammlung bis hin zur Behandlung abbilden. Durch den Fokus auf die Behandlungsplanung haben sie zuvorderst das Ziel, erneute Straftaten zu verhindern (Hart et al. 2017; Hart und Logan 2011). Im Unterschied zur klinisch-idiografischen Methode geben die SPJ-Verfahren auch inhaltliche Kriterien vor. Diese basieren auf empirischen Untersuchungen und fundierten theoretischen Überlegungen. Im Unterschied zu den statistisch-nomothetischen Verfahren geben SPJ-Verfahren die genauen Verrechnungsregeln nicht durch Algorithmen vor. Die Gesamteinschätzung ergibt sich also nicht automatisch aus der Bewertung der Einzelfaktoren, vielmehr werden der Anwenderin oder dem Anwender Heuristiken vorgeschlagen, um zu einer Gesamteinschätzung zu gelangen (Franqué 2013).

Hart et al. (2017; Hart und Logan 2011) explizieren verschiedene aufeinander aufbauende Teilaufgaben im Prozess der Urteilsbildung (siehe Abb. 3.2). Die Bearbeitung dieser Aufgaben geschieht aber nicht streng linear, sondern in einem Prozess, der offen ist für stetige Rekursionen bzw. Revisionen (gestrichelte Pfeile). Bei Unstimmigkeiten kann die beurteilende Person einen Schritt zurückgehen und den vorhergehenden Abschnitt noch einmal behandeln.

Nach der Informationssammlung entlang der spezifischen Fragestellung werden die Informationen dahingehend analysiert, ob und, wenn ja, welche Risikofaktoren in welcher Ausprägung vorhanden sind. Dabei wird explizit auf die empirische Literatur Bezug genommen. Die Kombination und die Gewichtung der Risikofaktoren erfolgen aber im Gegensatz zu den statistisch-nomothetischen Verfahren anhand der *individuellen Relevanz*. Individuelle Relevanz bedeutet nicht nur, dass der Risikofaktor beim Einzelfall vorhanden und in entsprechender Intensität ausgeprägt sein sollte. Der Risikofaktor muss auch in einem direkten Zusammenhang mit dem Delikt stehen (Wäre die Straftat auch passiert ohne das Vorhandensein dieses Faktors?). Dabei können Risikofaktoren

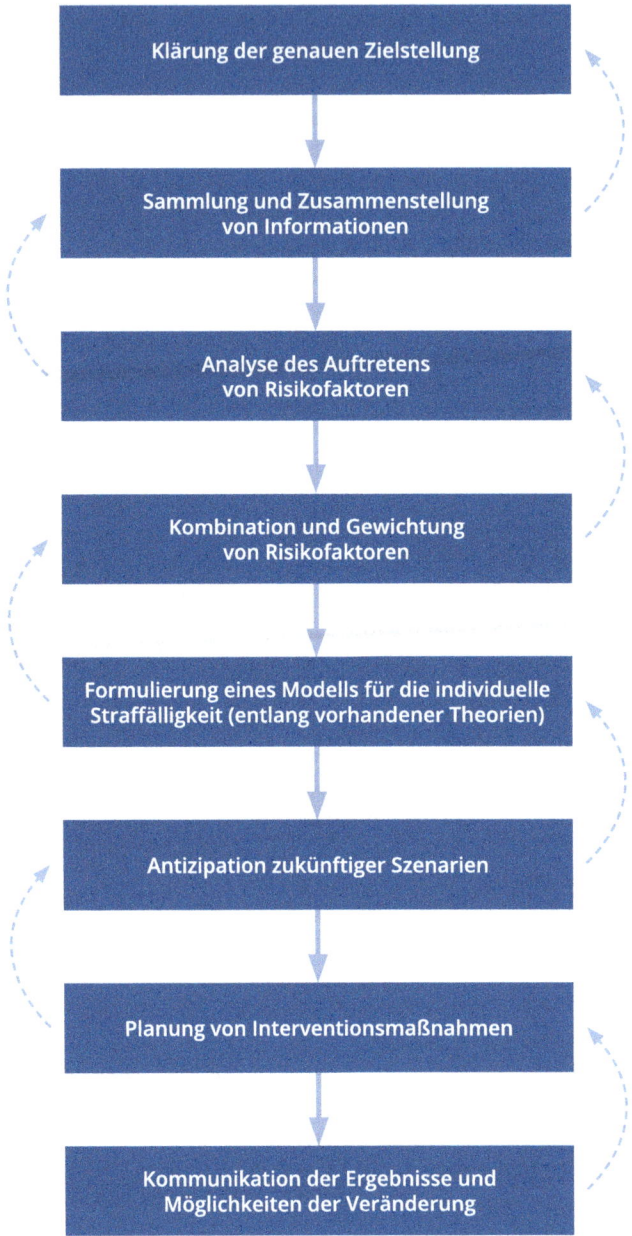

Abb. 3.2 Prozess der Urteilsbildung nach SPJ-Methode in Anlehnung an Franqué (2013)

3.3 Methodische Herangehensweisen bei der Kriminalprognose

auf die (mehr oder weniger bewusste) Entscheidung, eine Straftat zu begehen, in unterschiedlicher Weise wirken:

Als *Motivatoren* steigern sie den subjektiv wahrgenommenen Nutzen einer straffälligen Handlung.
Als *Desinhibitoren* reduzieren sie die wahrgenommenen Kosten einer straffälligen Handlung.
Als *Destabilisatoren* wirken sie auf die Entscheidungsfähigkeit und die psychosoziale Funktionsfähigkeit als solche (Cooke und Michie 2013).

Die Formulierung eines Modells der individuellen Straffälligkeit, welches mit der individuellen Kriminaltheorie der idiografischen Prognose vergleichbar ist, kann entlang von bekannten Theorien erfolgen. Entscheidend ist, dass das Modell dabei folgende Fragen beantwortet (Franqué 2013):

- Wie haben personale und situative Faktoren bei der Tat zusammengewirkt?
- Welche Funktion erfüllt das straffällige Verhalten?
- Wie ist das straffällige Verhalten entstanden?

Während sich die Erklärung der Straffälligkeit auf die Vergangenheit richtet, nimmt der Entwurf von Szenarien die Zukunft in den Blick. Diese Szenarien ähneln den Wenn-dann-Analysen der idiografischen Prognose. Dieser Schritt ist entscheidend, um genau zu spezifizieren, welches Verhalten in Zukunft zu vermeiden ist. Nach der Sammlung von Szenarien mit ganz unterschiedlichem Ausgang und verschiedener Intensität (z. B. best case, worst case) werden diese danach beurteilt, wie realistisch sie sind. Die realistischen werden detaillierter ausgearbeitet und für die Behandlungsplanung verwendet (Hart et al. 2017; Hart und Logan 2011).

Bei der Behandlungsplanung wird vornehmlich auf die individuell relevanten Risikofaktoren fokussiert. Behandlung hat zum Ziel, Risikofaktoren zu reduzieren, Alternativen aufzubauen und generell zu stabilisieren. In der Planung sollten den Autoren zufolge Maßnahmen und Strategien hinsichtlich Überwachung (z. B. Feedback zum Status kritischer Risikofaktoren), Kontrolle (z. B. Gelegenheit für Straftaten reduzieren bzw. Kosten erhöhen), Behandlung (z. B. Veränderung von risikobehaftetem Erleben und Verhalten fördern) und der Opferschutz (z. B. Sicherheit für potentielle Opfer erhöhen) bedacht werden (Hart et al. 2017; Hart und Logan 2011).

Der Fall sollte schließlich so kommuniziert werden, dass der Einzelfall mit seinen relevanten Risikofaktoren, die Erklärung der individuellen Straffälligkeit, mögliche Zukunftsszenarien und die Ansätze für Interventionen zusammenhängend dargestellt werden.

Fazit
Die Beantwortung diagnostischer Fragestellungen im Strafvollzug ist eine hochkomplexe Aufgabe. Nach einer präzisen Klärung des Ziels werden Informationen systematisch gesammelt und mithilfe unterschiedlichster Methoden integriert, um Hypothesen zu bilden. Diese Hypothesen müssen anschließend fachkundig bewertet werden, um die Frage zu beantworten. Bestenfalls wird dabei statistisch-empirisches Erfahrungswissen sinnstiftend mit der Analyse von Besonderheiten des Einzelfalls verbunden. Dabei gilt es, ein hohes Maß an Transparenz zu gewährleisten, um den diagnostischen Prozess so objektiv, fair und valide wie möglich zu gestalten. Dieser Anspruch erfordert eine stete Reflexion kognitiver Verzerrungen, eine fundierte Kenntnis der Bedeutung statistischer Kennwerte und die geschulte Anwendung der Verfahren.

3.4 Reflexionsfragen

- Welche Beispiele für Urteilsfehler (Halo-Effekt, logischer Fehler, *primacy*-Effekt, Attributionsfehler, Ankereffekt) entdecken Sie in Ihren eigenen alltäglichen Entscheidungen?
- Was könnten Sie tun, um diese Urteilsfehler zu vermeiden?

3.5 Lernfragen

- Welche kognitiven Verzerrungen gibt es im Urteilsprozess und wie können sich diese in der Diagnostik im Strafvollzug zeigen?
- Was sind Basisraten und wie hängen diese mit der prognostischen Einschätzung zusammen?
- Worin besteht der Unterschied zwischen Prognose und Erklärung?
- Welche grundlegenden methodischen Herangehensweisen gibt es bei der kriminalprognostischen Beurteilung und welcher Logik folgen sie?
- Welche Voraussetzungen gibt es für die Anwendung statistisch-nomothetischer Instrumente zur Kriminalprognose?
- Welche Vor- bzw. Nachteile haben die unterschiedlichen Strategien zur Kriminalprognose?

- Wie wird die Auswahl von Risikofaktoren, die bei der Prognose herangezogen werden, in nomothetischen vs. idiografischen vs. SPJ-Verfahren begründet?
- Welchen Schritten folgt die Urteilsbildung nach den SPJ-Verfahren?

Weiterführende Literatur

Bliesener, T., Köhnken, G., & Lösel, F. (Eds.). (2014). *Lehrbuch Rechtspsychologie* (1st ed., Psychologie-Lehrbuch). Bern: Huber.

Literatur

Andrews, D. A., & Bonta, J. (1995). *LSI-R: The level of service inventory-revised user's manual*. Toronto, Canada: Multi-Health Systems.
Andrews, D. A., & Bonta, J. (2010). The psychology of criminal conduct. Cincinnati: Anderson Publishing.
Barra, S., Bessler, C., Landolt, M. A., & Aebi, M. (2018). Testing the validity of criminal risk assessment tools in sexually abusive youth. *Psychological Assessment, 30*, 1430–1443. https://doi.org/10.1037/pas0000590.
Boer, D. P., Hart, S. D., Kropp, P. R., & Webster, C. D. (1994). *Manual for the Sexual Violence Risk – 20: Professional guidelines for assessing risk of sexual violence.* Mental Health, Law and Policy Institute, Simon Fraser University.
Borum, R., Bartel, P., & Forth, A. (2006a). *Manual for the Structured Assessment for Violence Risk in Youth (SAVRY)*. Odessa, FL.
Borum, R., Bartel, P., Forth, A., & Rieger, M. (2006b). *Manual für die strukturierte Beurteilung des Gewaltrisikos von Jugendlichen: SAVRY*. Heckscher Klinik.
Bühner, M. (2012). Einführung in die Test- und Fragebogenkonstruktion (3., aktual. u. erw. Aufl.). München [u.a.]: Pearson Studium.
Cooke, D., & Michie, C. (2013). Violence risk assessment: from prediction to understanding – or from what? To why? In C. Logan & L. Johnstone (Eds.), *Managing Clinical Risk: A Guide to Effective Practice* (pp. 3–26). Hoboken: Taylor and Francis.
Dahle, K.-P. (2006). Grundlagen und Methoden der Kriminalprognose. In H.-L. Kröber, D. Dölling, N. Leygraf, & H. Sass (Eds.), *Handbuch der forensischen psychiatrie: Band 3 Psychiatrische Kriminalprognose und Kriminaltherapie* (pp. 1–67). Berlin, New York: Springer-Verlag.
Dahle, K.-P. (2010). Die Begutachtung der Gefährlichkeit- und Kriminalprognose des Rechtsbrechers. In R. Volbert & K.-P. Dahle (Eds.), *Forensisch-psychologische Diagnostik im Strafverfahren* (pp. 67–114). Göttingen: Hogrefe.
Dahle, K.-P. (2013). (Sach-)Verständige Auswahl und Integration von Basisrateninstrumenten und Prognoseinstrumenten der „dritten Generation". In M. Rettenberger & F. v. Franqué (Eds.), *Handbuch kriminalprognostischer Verfahren* (pp. 337–346). Göttingen, Bern, Wien: Hogrefe.

Dahle, K.-P., Hawardt, F., & Schneider-Njepel, V. (2012). *Inventar zur Risikoeinschätzung und Behandlungsplanung bei Straftätern: Deutsche Version des Level of Service Inventory – Revised (LSI-R) nach Don Andrews und James Bonta*. Göttingen: Hogrefe.

Dahle, K.-P., & Schmidt, S. (2014). Prognostische Validität des Level of Service Inventory-Revised. *Forensische Psychiatrie, Psychologie, Kriminologie, 8*, 104–115. https://doi.org/10.1007/s11757-014-0256-5.

Dittmann, V. (1999). *Kriterien zur Beurteilung des Rückfallrisikos besonders gefährlicher Straftäter: Arbeitsinstrument der Fachkommission des Strafvollzugskonkordats der Nonvest- und Innerschweiz*. http://www.fotres.ch/index.cfm?action=act_getfile&doc_id=100340. Accessed 11 January 2014.

Dittmann, V., Hachtel, H., Vogel, T., Delahaye, M., Meier, T., & Graf, M. (2017). *Kriterien zur Beurteilung der Legalprognose FPK Basel Kriterien zur Beurteilung der Legalprognose*. Universitäre Psychiatrische Kliniken (UPK) Basel. https://www.upk.ch/header/zuweisende/anmeldung-erwachsene.html.

Dörner, D. (2017). *Die Logik des Misslingens: Strategisches Denken in komplexen Situationen* (14th ed., Rororo, 61578: Science). Reinbek bei Hamburg: Rowohlt Taschenbuch Verlag.

Douglas, K. S., & Hart, S. D. (2014). *Die Vorhersage von Gewalttaten mit dem HCR-20 V 3: Benutzerhandbuch Deutsche Version* (1st ed.). Haina: Institut für Forensische Psychiatrie Haina.

Douglas, K. S., Hart, S. D., Webster, C. D., & Belfrage, H. (2013). *HCR-20 V3: Assessing risk for violence: user guide*. Mental Health, Law, and Policy Institute, Simon Fraser University.

Endres, J., & Breuer, M. M. (2014). Leugnen bei inhaftierten Sexualstraftätern. *Forensische Psychiatrie, Psychologie, Kriminologie, 8*, 263–278. https://doi.org/10.1007/s11757-014-0271-6.

Englich, B. (2006). Blind or biased? Justitia's susceptibility to anchoring effects in the courtroom based on given numerical representations. *Law & Policy, 28*, 497–514. https://doi.org/10.1111/j.1467-9930.2006.00236.x.

Fernandez, Y., Harris, A., Hanson, R. K., & Sparks, J. (2014). *STABLE-2007 coding manual revised 2014*. Public Safety Canada.

Fernandez, Y., Gotch, K., Hanson, RK, Harris, AJR. (2015). *Acute-2007 coding manual revised 2015*. Public Safety Canada.

Franqué, F. v. (2013). Strukturierte, professionelle Risikobeurteilung. In M. Rettenberger & F. v. Franqué (Eds.), *Handbuch kriminalprognostischer Verfahren* (pp. 357–380). Göttingen, Bern, Wien: Hogrefe.

Gigerenzer, G., Gaissmaier, W., Kurz-Milcke, E., Schwartz, L. M., & Woloshin, S. (2007). Helping doctors and patients make sense of health statistics. *Psychological science in the public interest: a journal of the American Psychological Society, 8*, 53–96. https://doi.org/10.1111/j.1539-6053.2008.00033.x.

Gretenkord, L. (2013). Warum Prognoseinstrumente? In M. Rettenberger & F. v. Franqué (Eds.), *Handbuch kriminalprognostischer Verfahren* (pp. 19–36). Göttingen, Bern, Wien: Hogrefe.

Grieger, L., & Hosser, D. (2014). Which risk factors are really predictive? *Criminal Justice and Behavior, 41*, 613–634. https://doi.org/10.1177/0093854813511432.

Gross, G. (2004). *Deliktbezogene Rezidivraten im internationalen Vergleich.* lmu; Ludwig-Maximilians-Universität München.
Grove, W. M., & Meehl, P. E. (1996). Comparative efficiency of informal (subjective, impressionistic) and formal (mechanical, algorithmic) prediction procedures: The clinical–statistical controversy. *Psychology, Public Policy, and Law, 2,* 293–323. https://doi.org/10.1037/1076-8971.2.2.293.
Guéridon, M., & Suhling, S. (2020). Welche Rolle spielt die Gefährlichkeit für die Verlegung in eine sozialtherapeutische Einrichtung? *Forensische Psychiatrie, Psychologie, Kriminologie, 14,* 106–116. https://doi.org/10.1007/s11757-020-00584-2.
Guy, L. S. (2008). *Performance indicators of the structured professional judgment approach for assessing risk for violence to others: a meta-analytic survey.* Dissertation. Dept. of Psychology – Simon Fraser University, Canada.
Hanson, R. K., Babchishin, K. M., Helmus, L., & Thornton, D. (2013). Quantifying the relative risk of sex offenders: Risk ratios for Static-99R. *Sexual Abuse: A Journal of Research and Treatment, 25,* 482–515. https://doi.org/10.1177/1079063212469060.
Hanson, R. K., & Morton-Bourgon, K. E. (2005). The characteristics of persistent sexual offenders: a meta-analysis of recidivism studies. *Journal of Consulting and Clinical Psychology, 73,* 1154–1163. https://doi.org/10.1037/0022-006X.73.6.1154.
Hanson, R. K., & Thornton, D. (2000). Improving risk assessments for sex offenders: A comparison of three actuarial scales. *Law and Human Behavior, 24,* 119–136. https://doi.org/10.1023/A:1005482921333.
Hare, R. D. (2003). *Hare Psychopathy Checklist Revised – 2nd Edition.* Toronto, Canada: Multi-Health Systems.
Harris, A. J. R., Phenix, A., Hanson, R. K., & Thornton, D. (2003). *Staticic-99 coding rules: Revised 2003.* Department of the Solicitor General of Canada.
Hart, S. D. (2016). Culture and violence risk assessment: The case of Ewert v. Canada. *Journal of Threat Assessment and Management, 3,* 76–96. https://doi.org/10.1037/tam0000068.
Hart, S. D., Douglas, K. S., & Guy, L. S. (2017). The Structured Professional Judgement Approach to violence risk assessment. In L. E. Marshall, W. L. Marshall, & D. P. Boer (Eds.), *Treatment* (pp. 643–666, The Wiley handbook on the theories, assessment, and treatment of sexual offending, / Editor-in-Chief Douglas P. Boer ; Volume 3). Chichester, West Sussex, Malden, MA, Oxford: Wiley Blackwell.
Hart, S. D., & Logan, C. (2011). Formulation of violence risk using evidence-based assessments: The Structured Professional Judgment Approach. In P. Sturmey & M. McMurran (Eds.), *Forensic case formulation* (pp. 83–106, Wiley series in forensic clinical psychology). Chichester, West Sussex, Malden, MA: Wiley-Blackwell.
Jehle, J.-M., Albrecht, H.-J., Hohmann-Fricke, S., & Tetal, C. (2020). *Legalbewährung nach strafrechtlichen Sanktionen: eine bundesweite Rückfalluntersuchung 2013 bis 2016 und 2004 bis 2016* (recht). Mönchengladbach: Forum Verlag Godesberg.
Kahneman, D. (2012). *Thinking, fast and slow.* London: Penguin Books.
Kröber, H.-L. (2006). Kriminalprognostische Begutachtung. In H.-L. Kröber, D. Dölling, N. Leygraf, & H. Sass (Eds.), *Handbuch der forensischen psychiatrie*: *Band 3 Psychiatrische Kriminalprognose und Kriminaltherapie* (pp. 69–172). Berlin, New York: Springer-Verlag.

Kröber, H.-L., Brettel, H., Rettenberger, M., & Stübner, S. (2019). Empfehlungen für Prognosegutachten: Erfahrungswissenschaftliche Empfehlungen für kriminalprognostische Gutachten*. *Forensische Psychiatrie, Psychologie, Kriminologie, 13*, 334–342. https://doi.org/10.1007/s11757-019-00558-z.

Laubenthal, K. (2015). *Strafvollzug* (7th ed., Springer-Lehrbuch). Berlin: Springer.

Matthes, A., & Rettenberger, M. (2008a). *Die deutsche Version des Acute-2007.* Wien: Institut für Gewaltforschung und Prävention.

Matthes, A., & Rettenberger, M. (2008b). *Die Deutsche Version des Stable-2007.* Wien: Institut für Gewaltforschung und Prävention.

Mokros, A., Hollerbach, P., Nitschke, J., & Habermeyer, E. (2017). *PCL-R: Hare Psychopathy Checklist – Revised: Deutsche Version der Hare Psychopathy Checklist – Revised (PCL-R) von R. D. Hare.* Hogrefe.

Müller-Isberner, R. (2000). *Die Vorhersage sexueller Gewalttaten mit dem SVR 20: In der modifizierten und adaptierten Übersetzung der kanadischen Originalversion.* Haina: Inst. für Forensische Psychiatrie.

Nitsche, K., Etzler, S., Balas, J., Eher, R., & Rettenberger, M. (2022). A field study of acute dynamic risk assessment in individuals convicted of sexual offenses. *Psychological Assessment.* https://doi.org/10.1037/pas0001123.

Olver, M. E., Stockdale, K. C., & Wormith, J. S. (2014). Thirty years of research on the Level of Service Scales: A meta-analytic examination of predictive accuracy and sources of variability. *Psychological Assessment, 26*, 156–176. https://doi.org/10.1037/a0035080.

Prentky, R. A., & Righthand, S. (2003). *Juvenile sex offender assessment protocol-II (J-SOAP-II) manual.* U.S. Department of Justice, Office of Justice Programs, Office of Juvenile Justice and Delinquency Prevention.

Quinsey, V. L., Harris, G. T., Rice, M. E., & Cormier C.A. (2006). *Violent offenders: Appraising and managing risk.* Washington, DC: American Psychological Association.

Rehder, U. (2019). *RRS II: Rückfallrisiko bei Sexualstraftätern: Verfahren zur Bestimmung von Rückfallgefahr und Behandlungsnotwendigkeit.* Lingen: Kriminalpädagogischer Verlag.

Rehder, U., & Suhling, S. (2006). *RRS: Rückfallrisiko bei Sexualstraftätern ; Verfahren zur Bestimmung von Rückfallgefahr und Behandlungsnotwendigkeit* (4th ed.). Lingen: Kriminalpädagogischer Verl.

Rettenberger, M., & Eher, R. (2006). *Die revidierten Kodierungsrichtlinien des Static-99 (2003).* Wien: Institut für Gewaltforschung und Prävention.

Rettenberger, M., & Eher, R. (2016). Potenzielle Fehlerquellen bei der Erstellung von Kriminalprognosen, die gutachterliche Kompetenzillusion und mögliche Lösungsansätze für eine bessere Prognosepraxis. *Recht & Psychiatrie, 34*, 50–57.

Rettenberger, M., & Franqué, F. v. (Eds.). (2013). *Handbuch kriminalprognostischer Verfahren.* Göttingen, Bern, Wien: Hogrefe.

Rice, M. E., & Harris, G. T. (2003). The size and sign of treatment effects in sex offender therapy. *Annals of the New York Academy of Sciences, 989*, 428–440; discussion 441-445. https://doi.org/10.1111/j.1749-6632.2003.tb07323.x.

Rice, M. E., & Harris, G. T. (2005). Comparing effect sizes in follow-up studies: ROC Area, Cohen's d, and r. *Law and Human Behavior, 29*, 615–620. https://doi.org/10.1007/s10979-005-6832-7.

Rossegger, A., Gerth, J., Urbaniok, F., Laubacher, A., & Endrass, J. (2010). Der Sex Offender Risk Appraisal Guide (SORAG). *Fortschritte der Neurologie-Psychiatrie, 78*, 658–667. https://doi.org/10.1055/s-0029-1245688.

Rossegger, A., Urbaniok, F., Danielsson, C., & Endrass, J. (2009). Der Violence Risk AppraisalGuide (VRAG): Ein Instrument zur Kriminalprognose bei Gewaltstraftätern: Übersichtsarbeit und autorisierte deutsche Übersetzung. *Fortschritte der Neurologie und Psychiatrie, 77*(10), 577–584.

Schmelze, M. (2003). *Estimate of Risk of Adolescent Sexual Offense Recidivism (ERASOR): Deutsche Übersetzung*. https://www.forio.ch/service/erasor.

Schmelze, M. (2004). *Juvenile Sex Offender Assessment Protocol II" (J-SOAP II): Deutsche Übersetzung*. https://www.forio.ch/service/j-soap.

Schmidt, S., van der Meer, E., Tydecks, S., & Bliesener, T. (2018). How culture and migration affect risk assessment. *The European Journal of Psychology Applied to Legal Context*, 1–14. https://doi.org/10.5093/ejpalc2018a7.

Schmidt, S., Heffernan, R., & Ward, T. (2020). Why we cannot explain cross-cultural differences in risk assessment. *Aggression and Violent Behavior, 50*, 101346. https://doi.org/10.1016/j.avb.2019.101346

Spehr, A., & Briken, P. (2010). *SAPROF. Leitlinien für die Erfassung von protektiven Faktoren bei einem Risiko für gewalttätiges Verhalten*. Utrecht: Forum Educatief.

Vogel, V. de, Ruiter, C. de, Bouman, Y., & Vries Robbé, M. de. (2007). *SAPROF. Richtlijnen voor het beoordelen van beschermende factoren voor gewelddadig gedrag. Versie 1*. Forum Educatief.

Volckhart, B. (2002). Zur Bedeutung der Basisrate in der Kriminalprognose. *Recht & Psychiatrie*, 105–114.

Ward, T., & Carter, E. (2019). The classification of offending and crime related problems: A functional perspective. *Psychology, Crime & Law, 25*, 542–560. https://doi.org/10.1080/1068316X.2018.1557182.

Ward, T., & Fortune, C.-A. (2016). From dynamic risk factors to causal processes: A methodological framework. *Psychology, Crime & Law, 22*, 190–202. https://doi.org/10.1080/1068316X.2015.1117080.

Westhoff, K., Kluck, M.-L. (2014). *Psychologische Gutachten schreiben und beurteilen* (6th ed.). Berlin: Springer.

Wilshire, C. E., Ward, T., & Clack, S. (2021). Symptoms as black boxes: Time to look inside the box. *Clinical Psychological Science, 9*, 347–349. https://doi.org/10.1177/2167702621989728.

Worling, J. R., & Curwen, T. (2001). *Estimate of Risk of Adolescent Sexual Offense Recidivism, Version 2.0*. Toronto, Canada.

4 Bausteine einer multimethodischen Diagnostik in der Praxis

Zusammenfassung

In diesem Kapitel werden die theoretischen und methodischen Grundlagen der forensischen Diagnostik unter besonderer Beachtung der spezifischen Anforderungen an die Diagnostik im Strafvollzug beschrieben. Mit einem Prozessmodell zur Urteilsbildung bei prognostischen bzw. vollzugsplanerischen Fragestellungen wird ein inhaltlicher und methodischer Rahmen zur Informationsgewinnung, -strukturierung und integrativen Bewertung vorgeschlagen. Um die Teilschritte des Urteilsprozesses so transparent und evidenzbasiert wie möglich umsetzen zu können, sollten praktisch arbeitende Sozialarbeiterinnen und Sozialarbeiter sowie Psychologinnen und Psychologen zunächst die Akten umfangreich auswerten, das dargestellte Tatgeschehen analysieren, Explorationen durchführen und die gewonnenen Informationen in einem rekursiven Vorgehen abgleichen. Die Ergebnisse dieses Prozesses münden in der Stellungnahme als Beantwortung der Fragestellung(en), welche systematisch nicht nur Bezug auf die vorgegebenen rechtlichen Kriterien einer Beurteilung nimmt, sondern auch auf wissenschaftlich fundierte Faktoren. Darüber hinaus gilt es, die Ergebnisse der diagnostischen Untersuchung so zu kommunizieren, dass sie möglichst verständlich, nachvollziehbar, in sich schlüssig und widerspruchsfrei sind.

Einen Menschen hinsichtlich seiner Bereitschaft delinquent zu handeln einzuschätzen, bedarf eines umfangreichen interdisziplinären Wissens und fachlicher Kompetenzen. Ohne einen thematischen Rahmen und eine geeignete Strukturierung ist der Prozess der Beurteilung willkürlich und anfällig für Verzerrungen. Neben den Vorgaben der Strafvollzugsgesetze der Länder und deren Verwaltungsvorschriften, welche zum Teil die Inhalte und Methoden der

Begutachtung vorgeben, lassen sich auch die „Empfehlungen für Prognosegutachten" (Kröber et al. 2019) heranziehen, um Kriterien für eine objektive, valide und aussagekräftige Diagnostik abzuleiten. Zu den formalen Anforderungen gehört beispielsweise, verschiedene Erkenntnisquellen exakt und getrennt voneinander anzugeben sowie die Wiedergabe der Informationen deutlich von interpretierenden Kommentaren zu trennen. Sowohl die Vorgaben der Strafvollzugsgesetze als auch die der Empfehlungen für Prognosegutachten weisen darauf hin, dass die Beurteilung, neben den zentralen Themen der Begutachtung (z. B. Entwicklung und gegenwärtiges Bild der Persönlichkeit, Störungsanamnese, Analyse der Delinquenzentwicklung und der aktuellen Tat), auf wissenschaftlichen Standards beruhen sollte. Diese Standards beziehen sich einerseits auf das Vorgehen bzw. den Urteilsprozess, d. h. auf die Weise, in der eine Entscheidung getroffen wird (siehe Abschn. 3.3). Andererseits sollen für die Beurteilung Kriterien herangezogen werden, die sich in wissenschaftlichen Untersuchungen als valide erwiesen haben.

Aus diesen Gründen empfehlen wir ein teilstandardisiertes Vorgehen bei der Behandlungsuntersuchung und dem Verfassen einer Stellungnahme. Die Struktur orientiert sich maßgeblich an der Eingangsuntersuchung, lässt sich aber auf alle Untersuchungen zu einer bestimmten Fragestellung während der Vollzugszeit (z. B. die Lockerungsprüfung) anwenden. Standardisierung bedeutet in diesem Zusammenhang, dass das grundlegende Vorgehen für alle Personen gleich und dieser Prozess transparent ist. Teilstandardisiert ist das folgende Prozessmodell deshalb, weil es eine individuelle Schwerpunktsetzung, die auch vom Gesetzgeber gefordert wird, explizit ermöglicht.

4.1 Prozessmodell diagnostischer Urteilsbildung im Strafvollzug

Die jeweilige Frage, zu der Stellung bezogen werden soll, leitet alle Prozesse der Informationsgewinnung im Beurteilungsprozess. Um diese Informationssammlung fokussiert zu gestalten, ist die übergeordnete Fragestellung (z. B. Einschätzung zu einer möglichen vorzeitigen Entlassung) in Teilfragen aufzugliedern, die systematisch aufeinander aufbauen und deshalb in einer festen Reihenfolge beantwortet werden müssen. Warum hat diese Person zu diesem Zeitpunkt jene Straftat begangen? Was hat sich seither verändert und was kann sich wie unter welchen Bedingungen und Interventionen künftig verändern? Wie wahrscheinlich ist es, dass diese Person in Zukunft erneut eine Straftat begeht?

Doch nicht allein die Fragestellung grenzt die Suche nach Informationen ein. Auch die verfügbare Zeit erfordert in der Regel eine rasche Komplexitätsreduktion. Deshalb empfehlen wir, bei der Diagnostik im Strafvollzug zu Beginn nicht alle möglichen potentiell relevanten Informationen zu erheben. Wir halten es für sinnvoll, mit der Analyse des delinquenten Handelns (und damit der ersten Teilfragestellung in den meisten Fällen) zu beginnen. Die daraus gewonnenen Annahmen können schließlich zur weiteren strukturierten Informationssammlung herangezogen werden. Dies entspricht der Strategie des konfirmatorischen Hypothesentestens (siehe Wissensbaustein Hypothesentesten). Dabei wird gewonnenen Informationen schon früh eine möglichst passgenaue Bedeutung beigemessen. Früh formulierte Hypothesen können auch rasch überprüft und angepasst werden. Somit kann diese Methode gleichfalls zur Transparenz im Urteilsprozess beitragen. Denn was explizit formuliert ist, kann getestet werden, und was getestet werden kann, kann auch verworfen werden.

▶ **Wissensbaustein: Hypothesentesten**
Hypothesen sind begründete Annahmen über spezifische Zusammenhänge, die bisher noch nicht falsifiziert wurden. Im Verlauf des Urteilsprozesses im Strafvollzug können vielfältige Erklärungen zur Ursache des straffälligen Verhaltens hervortreten, die sich auch gegenseitig ablösen und verändern (im Folgenden Arbeitshypothesen genannt). Demgegenüber ist eine Delinquenzhypothese i. e. S. die für die Begutachtung/Untersuchung vorläufig abschließende integrative Erklärung der individuellen Straffälligkeit.
Überprüfen lassen sich Hypothesen nur empirisch. Überprüfen bedeutet, die Annahme auf ihren Wahrheitsgehalt hin zu testen. Dabei kann eine Hypothese nicht direkt bestätigt, sondern gemäß der Wissenschaftstheorie des kritischen Rationalismus nur widerlegt (falsifiziert) werden (Popper 1989). Deshalb ist die Hypothese weitestgehend konkret zu formulieren, denn es muss möglich sein, einen Sachverhalt zu postulieren, der die formulierte Hypothese widerlegt. Zum Beispiel lässt sich annehmen, dass eine schnell ausgeführte Tat mit hoher Gewaltanwendung für einen Mangel an Handlungskontrolle in affektgeladenen Situationen spricht. Wenn die Person jedoch über eine hohe Handlungskontrolle in anderen emotional aufgeladenen Situationen verfügt, müsste diese Hypothese zugunsten einer anderen Hypothese verworfen werden. Um das Prinzip der Falsifikation richtig anzuwenden, ist es entscheidend,

die Suche nach Informationen (z. B. die Art, die Person zu befragen) nicht suggestiv zu gestalten (siehe Abschn. 4.4) und die Akten vollständig zu lesen (siehe Abschn. 4.2). Zudem können Sachverhalte am besten durch unterschiedliche methodische Zugänge bzw. unterschiedliche Arten der Informationsgewinnung und Quellen überprüft werden.

Es muss stets bedacht werden, dass es viele Erklärungsmöglichkeiten für menschliches Verhalten gibt. Urteilsfehler (siehe Abschn. 3.1) sind entsprechend zu minimieren. Vor allem Berufsanfängerinnen und -anfänger sollten diesen Prozess für sich selbst so transparent wie möglich machen. Auch eine Checkliste ist geeignet, um innerhalb des Urteilsprozesses den Stand der Untersuchung abzulesen und den Prozess zu reflektieren. Wurden bereits Hypothesen notiert? Traten Hypothesen als besonders plausibel hervor? Wurden Hypothesen wieder verworfen? Welche Hypothesen hängen vielleicht miteinander zusammen? Zu welchen Hypothesen können bisher kaum Aussagen gemacht werden und warum?

Das vorgeschlagene Urteilsprozessmodell für die Behandlungsuntersuchung im Strafvollzug (siehe Abb. 4.1) orientiert sich methodisch an den Verfahren des Structured Professional Judgement (SPJ) der Kriminalprognostik bzw. Diagnostik (siehe Abschn. 3.3.4). Inhaltlich vereint das Modell die Ansätze des Good Lives Model (GLM; Ward und Stewart 2003) und des Risk-Need-Responsivity-Ansatzes (RNR; Andrews und Bonta 2010), indem es die Vorteile beider Herangehensweisen nutzt (siehe Kap. 2).

Die Tatanalyse, die Analyse der Biografie, die Identifikation von Risikofaktoren und die Analyse der aktuellen Lebenssituation sind informationsgenerierende Schritte. Für diese Informationssammlung werden in jedem Schritt nach Möglichkeit unterschiedliche Quellen (z. B. diverse Akteninformationen, Exploration, Verhaltensbeobachtung, Fremdanamnese etc.) genutzt, weil dies die Wahrscheinlichkeit erhöht, reliable bzw. relativ wahrheitsgetreue Informationen zu erhalten (vgl. Franqué 2013). Alle anderen Schritte sind Ergebnisse des induktiven Schließens und der Bewertung sowie Interpretation der gesammelten Informationen.

Das Modell ist trotz des schrittweisen Vorgehens nicht streng linear. Zwar bauen die einzelnen Abschnitte aufeinander auf, sie übernehmen gleichfalls aber auch eine Validierungsfunktion. Das bedeutet, dass im Fortgang der Urteilsbildung nachfolgende Informationen zur Überprüfung zuvor erfasster

4.1 Prozessmodell diagnostischer Urteilsbildung im Strafvollzug

Abb. 4.1 Urteilsprozessmodell für Behandlungsuntersuchung im Strafvollzug

Informationen und formulierter Hypothesen dienen. Der Gesamtprozess ist dann schlüssig, wenn Widersprüche aufgeklärt bzw. konkurrierende Annahmen parallel verfolgt werden.

Ziel der *Tatanalyse* ist es, erste Hypothesen zu den Hintergründen der Tat und den Motiven zu generieren. Grundlage dafür sind die Akteninformationen, hier vor allem das Urteil, zur Tat. Dabei werden Verhaltenssequenzen ausgewertet und systematisch begründete Vermutungen über zugrunde liegende psychologische/soziale Merkmale formuliert. Dies führt zu einer ersten Ausrichtung dahingehend, welche Lebensbereiche, Wünsche, Bedürfnisse und (defizitäre) Fähigkeiten für die Erklärung der Straffälligkeit des oder der Einzelnen relevant sein könnten. Diese Annahmen strukturieren auch die Erhebung biografischer Informationen (zur genauen Methodik siehe Abschn. 4.3).

Die Analyse der *Biografie und strafrechtlichen Vorgeschichte* gründet sich auf Akteninformationen sowie auf die Exploration der straffällig gewordenen Person mit der Absicht, die individuell priorisierten Grundbedürfnisse, Lebensziele, Verhaltensmuster und Fähigkeiten der Person systematisch herauszuarbeiten und zugleich eine erste ungefähre Einschätzung des statistischen Rückfallrisikos zu erlangen. Dies dient dazu, die individuelle Entscheidung zur Straffälligkeit zu erklären und ein Bild der vorhandenen internalen und externen Ressourcen und Hindernisse der Person zu erhalten. Dabei ist jedoch nicht die gesamte Biografie mit allen Details von Belang. Vielmehr geht es um die Herausarbeitung der Geschehnisse und Entwicklungen, die einen Bezug zu der Straffälligkeit bzw. der Erfüllung grundlegender Bedürfnisse aufweisen. Dies hat auch den rechtlichen Hintergrund, dass die Einholung von Informationen zu einer Person in den Kontext des zu beurteilenden Verhaltens zu stellen ist und nicht willkürlich nach allen intimen und privaten Bereichen gefragt werden darf. Die Ergebnisse dieses Schrittes ermöglichen es, erste Hypothesen über die Tatdynamik zu überprüfen und gegebenenfalls neue zu formulieren (siehe rekursiver Pfeil in Abb. 4.1). Hypothesen werden verworfen, wenn sich in der biografischen Erhebung zu Grundbedürfnissen und Entwicklungsdynamiken oder in dem konkreten Tatverhalten keine Belege dafür finden lassen.

Mit der Analyse relevanter biografischer Eckdaten und der strafrechtlichen Vorgeschichte geht die Identifizierung empirisch bedeutsamer *Risikofaktoren* einher. Ziel ist es, wichtige Einflussfaktoren nicht zu vergessen und gleichzeitig die Ausgangswahrscheinlichkeit erneuter Rechtsbrüche zu bestimmen. Dies kann mittels statistisch-nomothetischer Verfahren zur Kriminalprognose (siehe Abschn. 3.3.1) geschehen. Dabei ist jedoch unbedingt darauf zu achten, dass die Instrumente auch für die entsprechende Subgruppe normiert sind bzw. es ausreichend empirische Belege für die Vergleichbarkeit gibt. Anderenfalls können die Verfahren lediglich eine grobe Orientierungsfunktion übernehmen. Sind die dynamischen Risiko- und Schutzfaktoren identifiziert, wird ihre Bedeutung für den Einzelfall im darauffolgenden Schritt bewertet. Die Grundlage dieser *Bewertung* bildet die Analyse der relevanten biografischen Ereignisse, der Tat und die Identifizierung der Grundbedürfnisse sowie der externalen und internalen Hindernisse zu deren Erfüllung (was den dynamischen Risikofaktoren entspricht). Die konkrete Ausprägung der jeweiligen Risikofaktoren wird beschrieben, ihre Entwicklung skizziert und ihre Funktion innerhalb der Entscheidung, straffällig zu werden, spezifiziert (z. B. im Fall von Risikofaktoren als a) Motivator, b) Desinhibitor oder c) Destabilisator, siehe Abschn. 3.3.3). Diese Bewertung hat den Zweck, im Folgenden nur auf die wirklich relevanten Risikofaktoren zu fokussieren. Relevant ist, was direkten Einfluss auf den Entscheidungsprozess, straffällig zu werden, hat bzw. als blockierendes Hindernis bei der Erfüllung von zentralen (und legalen) Grundbedürfnissen zu sehen ist.

Darauf aufbauend wird ein Modell zur *Erklärung der individuellen Straffälligkeit* formuliert. Dabei wird die genaue Dynamik nachgezeichnet und herausgestellt, welche situativen und kontextualen Anteile sowie personalen Faktoren die Tat bedingt haben. Um dabei Ethnozentrismus zu vermeiden (siehe Wissensbaustein interkulturelle Aspekte), ist es notwendig, zunächst universelle und grundlegende psychologische Mechanismen (z. B. Intentionsbildung) von den sozio-kulturell bedingten Ausformungen dieser Mechanismen (z. B. Fokus auf persönliche Einstellungen bei individualistischen Kulturen) zu trennen. Eine tiefgründige Erklärung delinquenten Verhaltens lässt sich somit in drei aufeinander aufbauenden Schritten erreichen (siehe Abb. 4.2):

1. Die universellen Prozesse der Verhaltensgenese definieren.
2. Die individuelle und kulturell bedingte Manifestation grundlegender Prozesse beschreiben.
3. Schlussfolgerungen über die Ursachen straffälligen Handelns ableiten.

Die Schlussfolgerungen zu den Ursachen der Straffälligkeit sind dabei Bewertungen der Handlung hinsichtlich Funktionalität (z. B. liegt eine tiefgreifende Störung der Reizverarbeitung vor?), Adaptivität (z. B. ist die Handlung geeignet, um mittelfristige Ziele zu erreichen?) und Normativität (z. B. stellt die Handlung eine Verletzung der strafrechtsbewährten Normen dar?). Aus dieser Analyse und detaillierten Beschreibung der Verhaltensgenese lassen sich schließlich die bedeutsamen Risiko- und Schutzfaktoren ableiten (Schmidt et al. 2021; Schmidt und Ward 2020). Diese Erklärung ist eine Delinquenzhypothese,

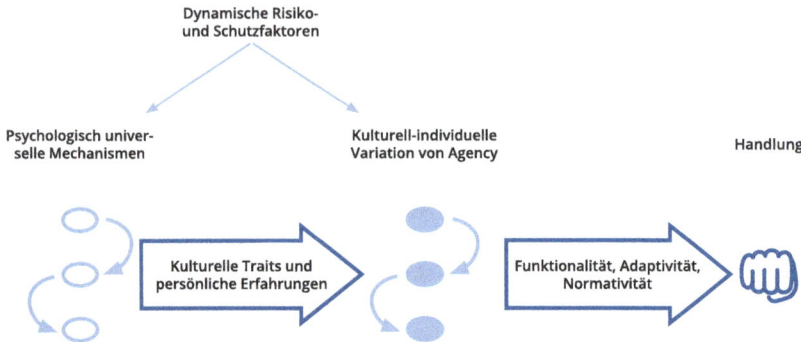

Abb. 4.2 Schrittweises Vorgehen bei der kultursensiblen Erklärung delinquenten Verhaltens nach Schmidt und Ward (2020)

auf deren Grundlage Ansatzpunkte für mögliche und, hinsichtlich des Legalverhaltens, nötige Veränderungen herausgearbeitet werden können.

Die gewonnenen Erkenntnisse bilden schließlich die Basis der Analyse der *aktuellen Lebenssituation*. Grundlage dafür ist vor allem die Exploration der straffällig gewordenen Person. Neben der Analyse der individuell und aktuell relevanten Risikofaktoren (z. B. Haltungen, Überzeugungen, soziale Bindungen usw.) soll es in dieser Phase explizit um die Zukunftsplanung der Person gehen, unabhängig von der aktuellen Straffälligkeit. Auch hier wird wiederum auf das Wissen aus der biografischen Analyse zurückgegriffen. Zum einen wird geprüft, welche Grundbedürfnisse (Primary Goods, siehe Abschn. 2.2.2; z. B. Bedürfnis nach Selbstbestimmtheit) besonders priorisiert werden und welche konkreten Ziele und Möglichkeiten die Person hat, um diese umzusetzen. Zum anderen geht es um Grundbedürfnisse, die bisher stark vernachlässigt wurden und wo möglicherweise Konflikte bestehen. Die Ergebnisse dieser Analyse weisen auf die Veränderungspotentiale von Risikofaktoren hin. Die Ergebnisse sind möglichst klar zu beschreiben. Schließlich sollte genau expliziert werden, wie diese Probleme im Vollzug zu erkennen sind bzw. wie festgestellt werden kann, ob sie sich verändert haben.

Diese Ausrichtung auf die Zukunft bereitet eine *Simulation bzw. Antizipation von möglichen Szenarien* vor. Die Simulation konkretisiert Risiken und Gefahrenpotentiale sowie Chancen zur Veränderung und ermöglicht Aussagen zu zukünftigem Legalverhalten und zu Interventionsmöglichkeiten.

Im letzten Schritt werden die *Interventionen* geplant. Kern der Planung sind konkrete Behandlungsziele, die eine delinquent gewordene Person erreichen möchte, wobei in deren Rahmen alle relevanten Risikofaktoren unbedingt adressiert werden sollten.

Insgesamt strukturiert das vorgestellte Prozessmodell den Urteilsprozess, lässt aber gleichzeitig genügend Raum, um der Individualität des oder der Einzelnen gerecht zu werden (siehe Vorgaben des Gesetzgebers, Abschn. 1.2). Auch die sozio-kulturellen Hintergründe einer Person sollten im Sinne eines ganzheitlichen Vorgehens diesen Prozess (z. B. die Auswahl relevanter Risikobereiche) mitbestimmen (siehe Wissensbaustein).

▶ **Wissensbaustein: Interkulturelle Aspekte in der kriminalpsychologischen Diagnostik und Prognose**
Die Population der im Strafvollzug inhaftierten Personen ist sehr divers (siehe Exkurs Kap. 1). Dies hat weitreichende Konsequenzen für die Beurteilung und Behandlung straffällig gewordener Menschen. Einerseits können *Sprachbarrieren und Unterschiede in der Kommunikation* zu Missverständnissen führen. Auch wenn Sprachmittler eingesetzt werden, sind der Beziehungsaufbau und die Interaktion enorm eingeschränkt, weil es schwerer ist, Vertrauen aufzubauen und empathisch auf das Gegenüber einzugehen (Pugh und Vetere 2009). Andererseits können sich die Stile der Kommunikation auch dann unterscheiden, wenn direkte Sprachbarrieren nicht vorhanden sind. Personen, die ein unabhängiges Selbstkonzept und individualistische Werte priorisieren, bevorzugen eher einen Kommunikationsstil, der auf sachbezogene Informationen und eine direkte Ansprache abhebt. Im Gegensatz dazu bevorzugen Personen, die ein interdependentes Selbstkonzept und kollektivistische Werte priorisieren, eher einen Kommunikationsstil, der durch beziehungsrelevante Informationen und eine indirekte Ansprache charakterisiert ist (Gudykunst et al. 1996). Eine reliable Informationssammlung hängt somit davon ab, wie gut es gelingt, sich auf Sprachbarrieren und unterschiedliche Ausdrucksweisen einzustellen.

Eine große Rolle spielen auch die *Eigen- und die Fremdwahrnehmung* gerade bei vorherrschender kultureller Diversität. Stereotype werden (oft unbewusst) bei Bewertungsprozessen verwendet, um Komplexität zu reduzieren, wenngleich sie nicht unbedingt objektive Merkmale und soziale Gegebenheiten widerspiegeln (Degner et al. 2009). Die interkulturellen Begegnungen im Strafvollzug werden in einem hohen Maße von erlernten Zuschreibungsprozessen und Vorerfahrungen auf beiden Seiten geprägt. Eine wesentliche Kompetenz liegt deshalb darin, die eigenen Zuschreibungsprozesse und Vorerfahrungen zu erkennen, zu reflektieren und solche auch beim Gegenüber wahrzunehmen (Schmidt und van der Meer 2018).

Bei der *Anwendung statistisch-nomothetischer Verfahren zur prognostischen Einschätzung* (siehe Abschn. 3.3.1) ist zu beachten, dass auch bei den Verfahren, die für Deutschland adaptiert und normiert wurden, keine systematischen Prüfungen der kulturübergreifenden Validität erfolgt sind (z. B. Dahle et al. 2012; Rettenberger et al. 2017; Mokros et al. 2017). Wie Studien zum Level of Service Inventory-Revised (LSI-R; Dahle et al. 2012) zeigen, kann dieses Verfahren für Personen mit türkischem oder arabischem Migrationshintergrund nicht eingesetzt werden, weil die prädiktive Validität nicht nachgewiesen wurde (Dahle und Schmidt 2014; Schmidt et al. 2018). Daraus folgt, dass bei einer kultursensiblen kriminalprognostischen Einschätzung neben klassischen Risiko- und Schutzfaktoren auch kultursensible Einflussfaktoren (z. B. traditionelle Ehrvorstellungen, Antisemitismus, globales Viktimisierungserleben) sowie Einflussfaktoren, die sich aus dem Geflüchteten- oder Migrationskontext ergeben (z. B. Diskriminierungserleben), systematisch berücksichtigt werden sollten (Schmidt et al. 2019).

Auch die *Erklärung der individuellen Straffälligkeit* im Rahmen idiografischer Herangehensweisen greift auf bereits etablierte Theorien und empirische Befunde zurück (siehe Abschn. 3.3.2). Die dort verwendeten Konstrukte sind jedoch stets untrennbar mit sozialen Normen und den kulturell bedingten Vorstellungen und Konventionen verbunden. Deshalb erfordert eine hohe Diversität zugleich eine ständige Adaption der bestehenden theoretischen Ansätze, welche allerdings sehr komplex ist und viel interkulturelles Wissen erfordert (Schmidt et al. 2021, 2020).

Im Strafvollzug ist demnach eine *hohe interkulturelle Kompetenz* der Mitarbeitenden notwendig (Kois und Chauhan 2016; Shepherd und Lewis-Fernandez 2016; Shepherd und Spivak 2021). Dies schließt a) eine erhöhte Sensibilität, Reflexion und offene Grundhaltung, b) umfangreiches Wissen über diverse kulturelle

Orientierungen und Migrationsprozesse, sowie c) umfassende Kompetenzen in der Begegnung und Beurteilung von Menschen aus diversen Kontexten ein (Sue und Sue 2013; Schmidt und van der Meer 2018).

Kritisch ist anzumerken, dass auch das von uns vorgeschlagene Modell in dieser Form noch nicht umfassend evaluiert wurde. Eine solche Evaluation ist auf Grund der Flexibilität des Modells gegenüber den Besonderheiten des Einzelfalls auch nur zu Teilen möglich. Wünschenswert ist, dass in Zukunft Befunde dazu gewonnen werden, inwieweit ein solches Prozessmodell im Rahmen diagnostischer und prognostischer Einschätzungen geeignete Informationen für die Durchführung von Interventionsmaßnahmen im Strafvollzug liefert und ob darauf basierende Einschätzungen auch prädiktiv valide sind.

Das Prozessmodell fasst übergeordnet zusammen, welche Teilschritte in der Diagnostik im Strafvollzug nach Maßgabe prominenter theoretischer und empirischer Grundlagen wesentlich sind und wie diese aufeinander aufbauen. Wie diese Informationen allerdings in der Praxis konkret zu erheben, zu systematisieren und zu integrieren sind, ist in der Literatur bislang kaum spezifiziert worden. Deshalb widmen sich die folgenden Kapitel der Tatanalyse, der Aktenanalyse, der Exploration sowie der Stellungnahme vornehmlich aus dem Blickwinkel der Eingangsdiagnostik.

4.2 Aktenanalyse

Für jede Person, die im Strafvollzug aufgenommen wird, wird eine Gefangenenpersonalakte (GPA) mit Namen und einer Buchnummer angelegt. Diese GPA begleitet die inhaftierte Person durch die gesamte Vollstreckungszeit. Sie stellt quasi das Gedächtnis des Vollzugsverlaufs dar und ist in dieser Funktion ein wichtiges Dokument für die Einschätzung der individuellen Entwicklungen von inhaftierten Personen. Zudem ist sie vor allem deshalb wichtig, weil diese Informationen zu jeder Zeit verfügbar sind (Leuschner und Hüneke 2016).

Die Sammlung der als relevant betrachteten Informationen zu einer inhaftierten Person beginnt in der Regel mit deren Aufnahme in die Untersuchungshaft. Zunächst werden der Grund der Verhaftung und der körperliche wie geistige Zustand der aufgenommenen Person dokumentiert. Im Laufe der Vollzugszeit füllt sich die Akte mit weiteren Dokumenten, wie beispielsweise der Anklageschrift, dem Urteil, ggf. einem Gutachten oder Anträgen der inhaftierten Person bzw. ihres Rechtsbeistands, sowie Texten zu der Person, die z. B. vom Gefängnispersonal eingebracht werden. Zu dieser Sammlung kann auch die Einsicht in Akten von anderen Behörden, wie der Gerichts-, Jugendgerichts- und Bewährungshilfe sowie der Führungsaufsichtsstellen, gehören. Allerdings kann aufgrund datenschutzrechtlicher Bestimmungen nicht wahllos auf sämtliche, jemals zusammengestellte Informationen zu einer Person zurückgegriffen werden (gem. § 29 VwVfG). Die Akte liefert jedoch alle Informationen, die über eine Person im Zusammenhang mit ihrer Straffälligkeit verschriftlicht wurden (Kröber 2006), und kann jederzeit auf Antrag von der inhaftierten Person eingesehen werden (gem. § 32 JVollzDSGBln). Die aktenführende Behörde hat aber nicht den Anspruch, eine wirklichkeitsgetreue Abbildung der Realität zu liefern. Das heißt, in die Akten gelangen nur die Dokumente und Informationen, die für die aktenführende Behörde für ihre Dokumentation wichtig sind (Leuschner und Hüneke 2016).

4.2.1 Bedeutung der Aktenanalyse für die Diagnostik

Eine wesentliche Funktion der Aktenanalyse ist die Herstellung von *Objektivität und Transparenz* im diagnostischen Prozess im Rahmen strafvollzuglicher Entscheidungen. Nach den Empfehlungen für Prognosegutachten kann auf eine dezidierte Aktenkenntnis nicht verzichtet werden (Kröber et al. 2019), weil dies die zentrale Quelle für Fakten und Belege im Zuge der Erklärung des delinquenten Verhaltens darstellt (Dahle und Schneider-Njepel 2014). Würde eine diagnostische, vor allem aber auch prognostische Entscheidung lediglich auf den Angaben der inhaftierten Person und dem persönlichen Eindruck der bzw. des Begutachtenden beruhen, entstünden gravierende Entscheidungsfehler (siehe Abschn. 3.1), da subjektive Bewertungen für den Entscheidungsprozess verantwortlich wären. Die vom Gesetzgeber eingeforderte Rechtssicherheit für die inhaftierte Person lässt sich nur durch den systematischen Einbezug der Quellen aus der Aktenanalyse herstellen.

Dabei sind bestimmte Inhalte der GPA *bindend für die Diagnostik und Entscheidungsfindung*. So ist das Urteil Grundlage für die Inhaftierung und gilt als unumstößlicher Beweis für die Begehung der Straftat. Alle dort beschriebenen Geschehnisse sind als belegt zu betrachten. Das bedeutet, dass die Urteilsversion weder verändert noch verkürzt oder ergänzt werden kann. Auch wenn sich in der Exploration widersprüchliche Informationen ergeben, bleibt die Urteilsversion rechtlich bindend. Es ist deshalb unabdingbar, zumindest das Urteil im Laufe des Vollzugs wiederholt zu lesen, weil in der Arbeit mit der inhaftierten Person mitunter andere Versionen des Tatgeschehens präsenter werden können.

Die Akteninhalte müssen nach *objektiven, subjektiven, geprüften und ungeprüften Informationen differenziert* werden. Alle Informationen erhalten zwar mit der Aufnahme in die GPA den Status des Faktischen und können so zur Informationssammlung herangezogen werden, die jeweilige Erkenntnisquelle ist jedoch stets zu bewerten (z. B. amtlicher Nachweis einer Vaterschaft vs. eigene Angaben bei der Aufnahmeuntersuchung). Nicht zuletzt ist die Integration mehrerer Quellen entscheidend für eine stichhaltige Beschreibung und Erklärung. Die Hypothese einer Verhaltensproblematik, wie im Falle einer Aggressionsstörung, leitet sich nicht allein von einem oder wenigen Aktenvermerk/en her, sondern bedarf der Auswertung weiterer Quellen, wie z. B. Zeugenaussagen während des Verfahrens, im Urteil aufgeführte Auffälligkeiten, Jugendgerichtshilfeberichte, Vorgutachten sowie dokumentierte sich wiederholende Auffälligkeiten im Beobachtungszeitraum.

Die GPA stellt zudem *Informationsquellen bereit, die sonst nicht zugänglich wären.* So ist es möglich, Eckdaten zur Lebensgeschichte der Person zu rekonstruieren sowie die objektiv belegte Delinquenzhistorie, die bisherige Entwicklung und den Haftverlauf nachzuzeichnen. Erst durch das Aktenstudium werden Beurteilende zu Sachkundigen, die im folgenden Gespräch die Darstellungen des oder der Betreffenden einzuschätzen bzw. zu hinterfragen in der Lage sind (Kröber 2006). Diese Informationen können auch zur Einschätzung wesentlicher statischer Risikofaktoren verwendet werden, die eine gut belegte Rückfallvorhersageleistung haben (z. B. Alter bei Beginn des straffälligen Verhaltens, Anzahl von Vorstrafen, Anzahl vorangegangener Gewaltdelikte).

Die wichtigste Funktion der Aktenanalyse im diagnostischen Prozess selbst ist jedoch die *Erstellung und Überprüfung von Hypothesen.* Die einer GPA entnommenen Angaben liefern eine vorläufige Vorstellung über die Person. Somit kann eine hypothesengeleitete Wenn-dann-Struktur zur sinnvollen Einordnung der Problemstellung entstehen, die die abzuklärenden Inhaltsfelder der Exploration weitgehend bestimmt (siehe Abb. 4.1). Das Aktenstudium dient jedoch nicht nur dem Bilden von Hypothesen. Auch die im Verlaufe des Urteilsprozesses bereits erstellten und veränderten Hypothesen unterliegen der eingehenden Prüfung durch die oftmals objektiveren Informationen der GPA. Insofern ist die GPA eine ständige Begleiterin im Prozess der Urteilsbildung.

4.2.2 Grundlegender Aufbau der Gefangenenpersonalakte

Eine GPA ist nach inhaltlichen Gesichtspunkten systematisch aufgebaut (siehe Abb. 4.3). Das „Herzstück" der GPA setzt sich aus drei sogenannten Heftnadeln zusammen, auf denen die jeweiligen Papiere abgeheftet werden. Auf der ersten Nadel befinden sich alle Unterlagen zur Person sowie die Ergebnisse von Vollzugsplanentscheidungen, deren Vorarbeiten und Dokumentationen zu Behandlungsverläufen. Auf der zweiten Nadel werden alle vom Gericht übersandten Dokumente, wie der Haftbefehl, die Anklageschrift, das Urteil, die Entlassungsanordnung usw., abgeheftet. Die dritte Nadel beinhaltet alle Angaben von externen Stellen, wie z. B. Kündigungen aus Arbeitsverhältnissen, Anfragen von Jugendämtern, Briefe zur Schuldenregulation, sowie das gesamte Antragswesen des oder der inhaftierten Person und Dokumentationen zu dem Vollzugsverlauf (siehe Abb. 4.3). Hier wird auch der sonstige (nicht in Heftnadel eins und zwei erfasste) fortlaufende Schriftwechsel zwischen der inhaftierten Person, den Rechtsbeiständen, der JVA, dem Ministerium und externen Stellen (auch Gerichten und Staatsanwaltschaft) sowie sonstigen Externen erfasst. Die dritte Heftnadel ist mit Seitenzahlen versehen.

4.3 Tatanalyse

Das eingehende Aktenstudium hat zunächst das Ziel, sich ein genaues Bild des Tatablaufes zu verschaffen. Mit einer dezidierten Tatanalyse kann ein Bezug zwischen dem Tatverhalten und den grundlegenden Bedürfnissen wie auch den spezifischen Risikofaktoren hergestellt werden. Dabei kann die Tatanalyse vor allem darin unterstützen, Hinweise auf die Tatmotivation bzw. Bedürfnisorientierung des Täters oder der Täterin zum Tatzeitpunkt zu erhalten (Musolff 2006b; Osterheider und Mokros 2006). Damit stellt diese Analyse eine wesentliche objektive Quelle dar, welche unabhängig von den subjektiven Berichten der inhaftierten Person ist (Osterheider und Mokros 2006).

Die Tatanalyse im Rahmen der Diagnostik im Strafvollzug entspricht nicht der polizeilichen, operativen Fallanalyse (OFA), da die Täter oder Täterinnen bereits bekannt sind (Musolff 2006b). Obwohl damit also bereits diverse Informationen zu der betreffenden Person vorliegen, hilft eine gewisse Unvoreingenommenheit, den Raum für Hypothesen möglichst offen zu halten. Deshalb ist es ratsam, mit der Tatanalyse zu beginnen, noch bevor weitere Berichte zu der betreffenden Person studiert werden. Informationen, die die Analyse beeinflussen können, aber für den Moment irrelevant sind (z. B. Vollzugsverhalten), sollten explizit zu diesem Zeitpunkt noch nicht berücksichtigt werden. Eine vom Gefängnispersonal als ängstlich und schüchtern beschriebene Person kann zu ebensolch grausamen Taten fähig sein wie eine in der Haft aggressiv und impulsiv auftretende Person. Ein weiterer Grund, die Tatanalyse an den Anfang der Untersuchung zu stellen, besteht darin, Verzerrungen der Bewertung (z. B. mildere Bewertung von

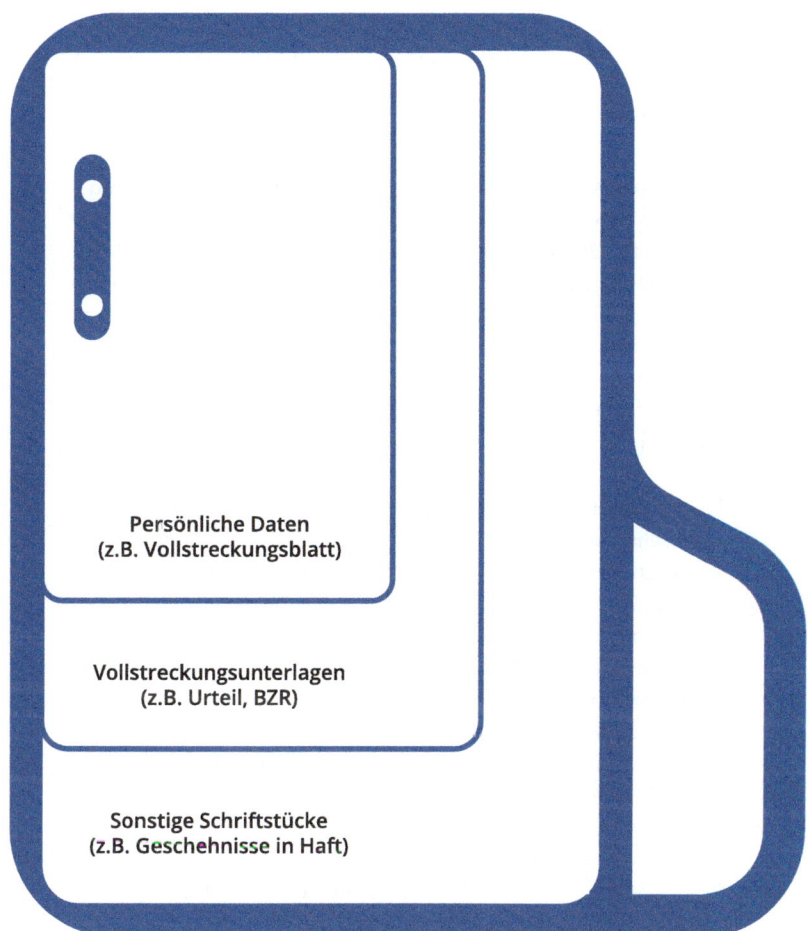

Abb. 4.3 Aufbau einer Gefangenenpersonalakte unterteilt in drei sogenannte Heftnadeln

sadistischen Handlungen bei einer als sympathisch wahrgenommenen Person) zu vermeiden.

Ziel der Tatanalyse im Strafvollzug ist die Ergründung relevanter psychologischer Merkmale. Dazu dient beispielsweise die grundlegende Unterscheidung, welches Verhalten für die Begehung der Tat instrumentell nötig war und welches Verhalten darüber hinaus gezeigt wurde (Osterheider und Mokros

2006). Für diese Differenzierung muss der Verlauf der Tat zunächst genau nachvollzogen werden. Das kriminalpsychologische Einschätzungsmodell für Täterverhalten (KET) liefert grobe Hinweise zu einem geeigneten Vorgehen (siehe Wissensbaustein KET).

▶ **Wissensbaustein: Kriminalpsychologisches Einschätzungsmodell für Täterverhalten (KET)**
Nach Musolff (2006a) folgt die Tatanalyse im Rahmen vollzuglicher Einschätzungen einem schrittweisen Vorgehen. Dabei werden die potentiellen Kriterien fortwährend auf ihre Relevanz für den Einzelfall überprüft: Stehen sie in einem unmittelbaren Zusammenhang mit dem Tatverhalten? Falls ja, fließen sie in die Beurteilung ein. Dabei sollte jeder Schritt so dokumentiert werden, dass die empirische Grundlage jeder Schlussfolgerung transparent und nachvollziehbar ist.

1. Datensammlung: Alle verfügbaren (selbst zunächst als irrelevant eingeschätzte) Informationen zur Tat, dem Vortat- und Nachtatverhalten werden gesammelt. Dabei gilt es auch, Artefakte (z. B. Gegenstände im Besitz des Täters bzw. der Täterin) zu beachten.
2. Tat-Setting: Was ist wann, wie und unter welchen Umständen genau geschehen? Wurden mehrere Orte aufgesucht? Wodurch lassen sich diese Tatorte charakterisieren? Zu welcher Jahres- bzw. Tageszeit wurde die Tat begangen? Wie verhielt sich der Täter bzw. die Täterin vor und nach der Tat bzw. im Kontext der Entschlussfassung?
3. Tatrekonstruktion: Wie wurde der Kontakt zum Opfer aufgenommen? Welches Verhalten zeigte der Täter bzw. die Täterin? Wie gestaltete sich die Interaktion zwischen Täter oder Täterin und Opfer? Dabei wird versucht, die Entscheidungswege des Täters bzw. der Täterin anhand einer chronologischen Beschreibung des Geschehens nachzuvollziehen. Was hätte der Täter bzw. die Täterin tun können, was er bzw. sie nicht getan hat? Was hat er bzw. sie getan, was er bzw. sie nicht hätte tun müssen?
4. Verhaltensinterpretation: Einordnung des Tatverhaltens hinsichtlich fallanalytischer Parameter: Was sind kontrollierte oder unkontrollierte, geplante oder ungeplante, instrumentelle oder affektive Elemente?

5. Tatprofil: Abschließende Interpretation des Tatgeschehens und das Aufstellen von Hypothesen über psychische Charakteristika des Täters bzw. der Täterin.

Diese chronologische Rekonstruktion des Tatverlaufs nach dem KET kann durch eine inhaltliche Strukturierung relevanter Gesichtspunkte ergänzt werden, um das Verhalten besser interpretieren zu können. Nach Osterheider und Mokros (2006) sollten dabei folgende Aspekte systematisch berücksichtigt werden:

- Planungsgrad (z. B. spontan vs. lange geplant)
- Täter- und Opferrisiko (z. B. hohes vs. geringes Entdeckungsrisiko; hohes vs. geringes Risiko, Opfer zu werden)
- Täter-Opfer-Beziehung (z. B. intime Beziehung vs. fremd)
- Zeitfaktoren (z. B. eilige Tathandlung vs. viel Zeit aufgewendet)
- Ortsfaktoren
- Handlungskompetenz des Täters bzw. der Täterin (z. B. sozial-kognitive Fähigkeiten zur Opferkontrolle vs. instrumentelle Gewalt)
- Rolle des Opfers für den Täter bzw. die Täterin (Opfer als Person vs. Objekt)
- Personifizierung (rein instrumentelle Handlungen vs. spezifische Handlungen, die Rückschlüsse auf Motiv erlauben)

In der praktischen Arbeit wird die Tat chronologisch analysiert und entsprechend den zentralen Aspekten (Osterheider und Mokros 2006) bewertet. Der *Tatvorlauf* wird jedoch zeitlich sehr weit gefasst. Der für die Tatentwicklung als relevant angesehene Zeitpunkt kann Stunden, Tage oder Wochen, manchmal auch Jahre vor der Tat verortet werden. Die Rekonstruktion des Tatvorlaufs erweist sich oftmals als wichtige Informationsquelle. Beispielsweise kann die Dynamik einer Beziehungstat zuweilen schon bei der Beziehungsaufnahme beginnen, wenn sich Beziehungspartner mit unterschiedlichen Erwartungen und Ansprüchen gegenüberstehen. Entsprechend finden sich im Urteil zahlreiche Informationen zum Beziehungsverlauf. In einem solchen Fall können bereits eine erste Einbettung des Geschehens in den Lebenslauf vorgenommen und Rückschlüsse auf die Beziehungsgestaltung gezogen werden.

Besondere *tatfördernde Konstellationen*, wie Gruppenzugehörigkeit, Festlegung auf eine Rolle, Beziehungskrisen, Geldnot, Drogen- oder Alkoholkonsum, weisen in Bereiche, in denen eher externe Risikopotentiale zu vermuten sind. Diese können jedoch in der betreffenden Person einen spezifischen Zustand herstellen, wie z. B. psychischer Druck, Verharren in einer Streitdynamik, Kränkungserleben, Einengung der Wahrnehmung auf ein bestehendes Problem usw., der sich mit eigenen Kräften nicht bewältigen und die Überzeugung reifen lässt, mit der Straftat die negativen Gefühlszustände überwinden bzw. das Problem lösen zu können.

Noch detaillierter sollte das *eigentliche Tatgeschehen* rekonstruiert werden. Folgt die Tathandlung einer zu erkennenden *Planung* oder beginnt sie spontan und impulsiv? Prognostisch ist diese Unterscheidung erheblich, da Tatplanungen im Vorfeld von einer höheren Bereitschaft zum Normübertritt zeugen als impulsive oder affektive Taten. Der Planungsgrad ist dabei eher ein Kontinuum (von wenig geplant bis sehr stark durchgeplant) denn ein dichotomes Kriterium (Canter 2004). Hinweise auf einen hohen Planungsgrad geben explizite Vorbereitungen der Tat (z. B. Mitführen einer Waffe), Maßnahmen zur Verschleierung (z. B. Tragen einer Maske), Suchverhalten (z. B. Umherfahren mit dem Auto, um ein geeignetes Opfer zu finden), Einsatz von Hilfsmitteln zur Aufrechterhaltung der Kontrolle (z. B. Fesselungsmaterial), Nutzung mehrerer Tatorte (z. B. um an einen weniger einsehbaren Ort zu gelangen), Beseitigung von Spuren und Veränderungen am Tatort (z. B. Verstecken der Leiche) sowie Auswahl des Opfers (fremd vs. bekannt). Aber nicht jedes Mitführen einer Waffe muss per se als Planungsschritt einer Gewalttat gesehen werden. Das Mitführen eines Messers kann auch einen anderen, harmloseren, z. B. berufsbezogenen Hintergrund haben, was in der Exploration zu erforschen ist.

Ein hoher Planungsgrad weist mitunter auf eine hohe kognitive Kompetenz der straffälligen Person hin. Beispielsweise muss die betreffende Person über Computerkenntnisse verfügen, um Warenkreditbetrug zu begehen und sich ein komplexes System ausdenken zu können, um die Waren empfangen zu können, ohne die eigene Identität preiszugeben. Ressourcen und Fertigkeiten können sich auch im Ablauf der Tat zeigen. So sind beispielsweise Straftaten nicht nur für Opfer ein stressbelasteter Vorgang, sondern auch die Täter bzw. Täterinnen können unter psychischem Druck stehen. Stressindikatoren (z. B. Nervosität, Unsicherheit), die während des Tatgeschehens gezeigt werden oder eben nicht, geben einen Einblick in *Fähigkeiten und Kompetenzen* oder können ein Beleg für kriminelle Erfahrung sein. Besonders der Umgang mit unvorhergesehenen Umständen, zum Beispiel mit plötzlich auftretenden Zeugen oder geringerer Beute als erwartet, hilft bei der Einschätzung der Problemlösefähigkeit bzw. der Emotions- und Handlungskontrolle sowie der Stressbewältigung. Diese Informationen sind wesentlich, um auch Ressourcen zu ergründen, die in der Zukunft helfen können, erreichbare Lebensziele auf legalem Weg zu verwirklichen.

Aus der *Abfolge des Tatgeschehens* lassen sich ggf. das Motiv (Bedürfnis) und die Gelegenheit (Situation) erkennen, die zur Tatentscheidung (Motivation)

4.3 Tatanalyse

des Täters oder der Täterin beitragen. Bei der Beurteilung von Gewalttaten spielt diagnostisch auch der Schädigungswille eine bedeutende Rolle. Gewalthandlungen lassen sich danach unterscheiden, ob die eingesetzte Gewalt der Durchsetzung des eigentlichen Interesses dient oder darüber hinausgeht. Eine gewaltausübende Person kann von einer auf dem Boden liegenden Person ablassen oder ungehemmt weiter aggressiv auf diese einwirken, auch wenn die Handlungsunfähigkeit des Opfers erkennbar erreicht ist. Die gezeigte Gewalt kann für die Befriedigung des Bedürfnisses nach Kontrolle und Destruktion oder lediglich für die Sicherstellung eigener Interessen stehen. Die Unterscheidung der angewandten Gewalt schlägt sich auch in der prognostischen Einschätzung nieder. Doch weder die instrumentelle Gewalt, die gezielt und geplant eingesetzt wird, noch das unkontrollierte Ausagieren eines aggressiven Bedürfnisses ist per se prognostisch günstiger zu bewerten. Dazu bedarf es weiterer Informationen zum generellen gewalttätigen Verhalten der Täterin oder des Täters.

Bei Gruppendelikten ist zu der Handlung des oder der Einzelnen auch das Gruppenverhalten zu berücksichtigen. Das Agieren des Täters bzw. der Täterin in der Gruppenkonstellation gibt Auskunft über die eingenommene oder zugewiesene Rolle (dominierend oder untergeordnete Randposition). Die hierarchische Stellung in einer sozialen Gruppe kann für die Bedürfnisse nach Beziehungen, Zugehörigkeit und Anerkennung oder Kontrolle und Erfolg stehen.

Das eingegangene *Täterrisiko* gibt Aufschluss über die Dringlichkeit und die Valenz, die die Tat für die betreffende Person hat. Wird beispielsweise ein Ort gewählt, der schnell zur Entdeckung der Tat führen kann, kann dies Ausdruck für den hohen Umsetzungsdruck des Vorhabens sein. Ein Mann, der z. B. ein achtjähriges Mädchen in seine Wohnung lockt, dort sexuell missbraucht und wieder laufen lässt, weist eine hohe Handlungsvalenz auf, die in Zusammenhang mit der Stärke seines pädophilen Interesses und der Dringlichkeit seines sexuellen bzw. hedonistischen Bedürfnisses gestellt werden kann.

Neben diesen illustrativ dargestellten Aspekten spielt auch der *Einfluss von Substanzkonsum* beim Tatablauf eine Rolle. Suchtkranke Täter und Täterinnen sind beherrscht von dem körperlichen und psychischen Druck, Substanzmittel zu konsumieren. Je höher dieser Druck wird und je schwieriger es ist, an den Suchtstoff zu gelangen, desto größer wird die Bereitschaft, unter Auslassung jeglicher Vorsichtsmaßnahmen eine Straftat schnell, zumeist impulsiv, zu begehen. Solche suchtmittelbedingten Dynamiken veranschaulichen die mangelnde Fähigkeit zur Emotionskontrolle unter Suchtdruck, lassen aber auch das starke Bedürfnis nach innerem Frieden und Ausgeglichenheit erahnen. Andere Täter bzw. Täterinnen hingegen nutzen Substanzen, um die Überschreitung der eigenen Hemmschwelle zur Bewältigung der geplanten kriminellen Handlung zu erreichen. Der Substanzmittelkonsum hat demnach eine andere Funktion.

Für die Ableitung von Tatmotiven kann auch das *Nachtatverhalten* aussagekräftig sein. Hat sich der Täter bzw. die Täterin um das Opfer gekümmert, gab es Hinweise auf ein schlechtes Gewissen, gestand er oder sie jemandem die Tat, um sich emotional zu entlasten? Hat sich die Person selbst gestellt? Wurde das sichtlich verletzte Opfer unbeachtet liegengelassen? Antworten auf diese Fragen sind Anhaltspunkte für die Akzeptanz von und Haltung zu straffälligem Verhalten und geben Hinweise auf Persönlichkeitseigenschaften. So weisen fehlendes Mitgefühl und emotionales Unbeteiligtsein am Zustand des Opfers auf dissoziale Eigenschaften hin. Im Gegensatz dazu kann das Verhalten aber auch eine hohe emotionale Kontrolle bei der Täterin oder dem Täter anzeigen. Wird z. B. nach einer spontan ausgeführten Tötung viel Aufwand betrieben, um die Tat zu vertuschen, kann dies auf eine hohe Gewissenhaftigkeit und auf ein Abweichen vom Selbstkonzept hindeuten.

Um diese Informationen für die Diagnostik richtig nutzen zu können, hilft nicht nur langjährige Erfahrung. Vor allem muss umfangreiches Wissen zu den Themen Gewalt, Persönlichkeits- und Sexualentwicklung, sexuelle Devianz, Gruppendynamik wie auch zu Themen der psychodynamischen und biologischen Entwicklung im Kontext der spezifischen Anforderungen der verschiedenen Altersstufen und gesellschaftlich-kultureller Ansprüche vorhanden sein. Es ist von Vorteil, wenn nicht nur psychologisches Wissen der unterschiedlichen Fachbereiche (z. B. Sozial-, Entwicklungs-, Klinische und Interkulturelle Psychologie) vorliegt, sondern Grundlagenwissen auch aus den Fachbereichen Kriminologie, Soziologie, forensische sowie allgemeine Psychiatrie und Rechtswissenschaften abgerufen werden kann. Dieses interdisziplinäre Wissen und entsprechende Fertigkeiten sollten in speziellen Schulungen weitergebildet werden (Osterheider und Mokros 2006).

Zugleich ist es von Bedeutung, mit der Täterin bzw. dem Täter kognitiv empathisch zu sein (sich in die Gefühls- und Gedankenwelt sowie die Motive der Täterin bzw. des Täters hineinzudenken), um das Tatgeschehen erfassen zu können. So werden beispielsweise bestimmte destruktiv-aggressive Anteile einer sexuellen Gewalttat Untersuchenden fremd sein. Fantasie kann jedoch dabei helfen, sich ein Bild von dem Erleben und Verhalten der Täterin oder des Täters zu machen. Fragen, wie es ihm bzw. ihr gelungen ist, das Opfer in seine oder ihre Gewalt zu bringen, womit das Opfer gelockt, beruhigt oder vielleicht erpresst wurde, welche Vorbereitungen getroffen wurden, helfen bei der Rekonstruktion der einzelnen Tatschritte. Fast jeder Mensch folgt in seinen Handlungsentscheidungen einer inneren Logik, die darauf abzielt, grundlegende Bedürfnisse zu befriedigen. Sich dieser Logik anzunähern und die zugrunde liegenden Bedürfnisse empathisch nachzuvollziehen (ohne die Tat an sich zu rechtfertigen), ist Bestandteil des diagnostischen Prozesses. Bei der Zuordnung der mitunter sehr umfangreichen Informationen zu den Handlungs- und Reaktionsweisen einer Person ist es unterstützend, sich an einem theoriebasierten Persönlichkeitssystem, wie z. B. dem von Eysenck und Eysenck (1969), zu orientieren. Auch schematherapeutische Konzeptionen (Bernstein et al. 2019) können bei diesem Verständnis hilfreich sein.

Neben diesem idiografischen Vorgehen bei der Tatanalyse gibt es auch nomothetische Befunde und Verfahren (siehe Abschn. 3.3.1). So stehen vor allem für die Bereiche Gewalt- und Sexualdelinquenz einige validierte Screening-Skalen zur Verfügung. Diese sind vor allem für die Diagnostik im Strafvollzug von Wert, weil ihre Anwendung zwar guter Fachkompetenz, aber wenig Zeit bedarf (siehe Exkurs).

Exkurs: Statistisch-nomothetische Instrumente zur Einschätzung des Tatverhaltens
Die gängigen statistisch-nomothetischen Instrumente zu kriminalprognostischen Fragestellungen berücksichtigen spezifische Tatmerkmale kaum. Doch auch Tatmerkmale können einen prognostischen Mehrwert leisten. So haben Dahle et al. (2014a) einen relativ einfach zu erfassenden *Crime Scene Behavior Risk (CBR)* Score zur Einschätzung des Tatverhaltens bei Personen erstellt, die wegen einer Sexualstraftat auffällig geworden sind. Dabei werden vor allem Risikomerkmale erfasst, die sexualisierte Verhaltensweisen zu extrahieren erlauben, welche über die unmittelbare sexuelle Befriedigung hinausgehen. Zudem sollte der Score in der Lage sein, Gelegenheitstaten und solche, die einer Gruppendynamik unterworfen sind, von Delikten zu unterscheiden, die vom Täter bzw. von der Täterin geplant wurden. Spezifische sexualisierte Merkmale (z. B. visuell-sexuelle Stimulation durch Opfer) und aktive Tathandlungen (z. B. anale Penetration) sind den Autoren zufolge Aspekte, die prognostisch ungünstig wirken (Dahle und Lehmann 2018). Der Score war in den ersten Validierungsstudien inkrementell valide gegenüber gängigen Verfahren (z. B. Static-99), insbesondere dann, wenn die gängigen Verfahren wenig Vorhersagekraft hatten, z. B. bei Täterinnen bzw. Tätern mit Migrationshintergrund aus Nordafrika bzw. dem Nahen und Mittleren Osten (Schmidt et al. 2017).

Noch spezifischer ist die *Severe Sexual Sadism Scale* (SSSS) von Nitschke et al. (2009), welche das Tatbild sexueller Gewalttäterinnen bzw. Gewalttäter systematisch nach Indikatoren für eine sadistische Bedürfnisstruktur analysiert. Dabei sind z. B. Merkmale wie Folterungen, das Einführen von Gegenständen in den Genitalbereich oder deren Verstümmelung diagnostisch von Bedeutung (Mokros et al. 2014). Ähnliche Skalen existieren auch zu Merkmalen pädophilen Tatverhaltens, wie die *Screening Scale of Pedophilic Interest* (SSPI; Seto und Lalumiére 2001) und die *Screening-Skala Pädophilen Tatverhaltens* (SSPT; Dahle et al. 2014b).

Eine ausführliche Tatanalyse ist vor allem bei sexuell motivierten Tötungsdelikten hoch relevant, weil die etwaigen Motive und Bedürfnisse von großer Bedeutung für die Prognose und Behandlung sind (Osterheider und Mokros 2006). Die gezielte Analyse der Tat ist aber immer unabdingbarer Bestandteil jedweder Diagnostik im Strafvollzug. Der vom Gesetzgeber geforderte Bezug der Einschätzung zu den spezifischen Tatursachen und der sich daraus ergebenden Behandlungsplanung (siehe Abschn. 1.2) kann nur gesichert hergestellt werden, wenn die Tat analysiert wurde.

Hin und wieder besteht auf Seiten der diagnostisch tätigen Person eine Furcht davor, dass eine kognitiv empathische Haltung für die Täterin oder den Täter nach eingehender Analyse der Tat schwierig bzw. unmöglich erscheint, oder aber eine Angst vor eigenen seelischen Belastungen durch eine tiefergehende Auseinandersetzung mit der Tat (Musolff 2006a). Während die grundlegenden Bedürfnisse, welche mit der Tat zu befriedigen gesucht wurden, zumeist nachvollzogen und verstanden werden, muss dies für das gezeigte Verhalten nicht gelten. Dies zu unterscheiden kann helfen, trotz innerer Ablehnung, eine kognitiv empathische Arbeitsbeziehung zu etablieren. Gleichfalls ist anzuraten, die durchaus emotional belastenden Inhalte auch supervidieren zu lassen. Für die eigene Psychohygiene ist es unabdingbar, in einem begleiteten Prozess die eigene Betroffenheit oder die Empörung, die solche Taten auslösen können, fachgerecht zu verarbeiten. Steht eine solche fachliche Begleitung nicht zur Verfügung, ist eine kollegiale Fallbesprechung hilfreich. In dieser Intervision kann zwar die eigene Betroffenheit nicht immer gezeigt, zumindest aber mit der Einschätzung der Fachkollegen und -kolleginnen verhindert werden, dass diese eine zu starke Bedeutung bei der Beurteilung des Falles erhält.

4.3 Tatanalyse

Fallbeispiel Tatanalyse
Dem Urteil ist unter anderem zu entnehmen, dass Herr W., ein junger Mann von 28 Jahren, maskiert und mit einer Spielzeugwaffe in ein Bankinstitut eingedrungen war. Dort war er direkt zum Geldschalter gegangen und versetzte die Kassiererin mit dem Vorzeigen der Waffe in Angst und Schrecken. Diese händigte ihm, ohne zu zögern, 60.000 € aus. Der Täter verstaute die Beute in einer mitgebrachten Tüte und verließ die Bank. Bei der Tat hatte er weder auf die Kundschaft noch auf andere Mitarbeitende der Bank geachtet, der Überfall hatte genau 58 s gedauert. Die Zeugen beschrieben den Täter als gradlinig, angstfrei und bestimmend. Bei sieben weiteren Taten erbeutete er 360.000 €.

Tatanalyse
Bei Raubtaten konzentriert sich die Tatanalyse direkt auf die Merkmale der Tatdurchführung. Aus dem Tatgeschehen, den eingesetzten Mitteln und der Opferwahl lassen sich Erkenntnisse zu dem Planungsgrad, dem Durchsetzungswillen und der Gewaltbereitschaft, ggf. auch zu der Erfahrenheit des Täters oder der Täterin gewinnen.

Geht man davon aus, dass die beschriebene seine erste Tat war (was das Urteil bestätigte), muss dem Geschehen eine längere mentale Auseinandersetzung vorausgegangen sein. Gedanklich wird der Täter den Ablauf seiner einzelnen Handlungen mehrfach durchgespielt haben und die verschiedenen möglichen Reaktionen der Mitarbeitenden so weit wie möglich vorweggedacht haben (Antizipationsfähigkeit).

Bei der Planung der Tat gelangte der Täter anscheinend zu der Überzeugung, dass das Vorzeigen einer Waffe und die Vermummung mit einer Maske ausreichend Angst auslösen würde, um das Geld ausgehändigt zu bekommen und andere Personen zu kontrollieren. Weitere Mitarbeitende oder Kunden nahmen zumindest nicht äußerlich Einfluss auf sein Agieren. Unsicherheiten bezüglich der örtlichen Gegebenheiten bestanden offensichtlich nicht. Der Einsatz einer Spielzeugwaffe spricht dafür, dass es dem Täter nicht auf die körperliche Schädigung einer Person ankam, sodass ein auf die Bereicherung abzielendes Motiv angenommen werden kann. Zudem bestand die Zuversicht, mit den eingesetzten Mitteln zum Ziel zu gelangen.

Der Stress des Täters wurde von den Zeugen nicht wahrgenommen, was auf eine gute Stressbewältigung hinweist. Er setzte auf Tempo, Ruhe und klare Anweisung. Dieses Auftreten lässt die Annahme zu, dass es sich um eine Person mit einem hohen Grad an Selbstsicherheit, Strukturiertheit und Konzentrationsfähigkeit bei klarer Fokussierung auf die Zielerreichung (Ressourcen) handelt. Hypothetisch bieten sich mehrere unterschiedliche Szenarien an, die das Bereicherungsbedürfnis erklären. Z. B. kann als Motiv ein insolventes Geschäft, welches mit dem erbeuteten Geld gerettet werden soll (Versagensängste, Selbstbild- vs. Fremdbildproblematik), angenommen werden. Oder dass ein eher rationaler Mann mit guten intellektuellen Fähigkeiten einen diskrepanten Lebensstil (Geltungsbedürfnis) gegenüber seinen Leistungsfähigkeiten bzw. seinem Leistungswillen (Selbstwertschwäche) versucht zu kompensieren, was an eine narzisstische Selbstwertproblematik oder eine antisoziale Haltung bzw. geringe Normorientierung denken lässt.

Da es sich um erste Annahmen über Motiv, Motivation und Persönlichkeitsaspekte des Täters handelt, müssen diese weiter geprüft werden. Mit dem Aktenstudium und vor allem in der Exploration sind die aus der Tatanalyse gefolgerten Überlegungen zu validieren.

4.4 Exploration

Das Explorationsgespräch gehört zu den wichtigsten Instrumenten der diagnostischen Untersuchung im Strafvollzug. Es dient drei nahezu gleichwertigen Zielen:

1. Die durch das Aktenstudium gebildeten Hypothesen werden geprüft. Das bedeutet, dass Annahmen zu handlungsleitenden Grundbedürfnissen *(Primary Goods)* (Ward und Stewart 2003) sowie zu situativen und personalen Risikofaktoren, die zur Tat geführt haben *(Risk and Need Principle)* (Andrews und Bonta 2010), überprüft werden.
2. Die Haltung der straffällig gewordenen Person zu der begangenen Straftat und ihre aktuellen Lebensverhältnisse *(Need Principle und Secondary Goods)* (Andrews und Bonta 2010) sowie Lebensziele und Entwicklungsperspektiven *(Good Life)* (Ward und Stewart 2003) werden ergründet.
3. Eine Arbeitsbeziehung entsteht, die Auskunft über Art und Weise der Beziehungsaufnahme, der Verbindlichkeit, der Flexibilität und der sozialen Ressourcen des Gegenübers gibt. Diese Informationen sind wichtig, um auch die Art der Behandlungsmaßnahmen individuell ausrichten zu können *(Responsivity Principle)* (Andrews und Bonta 2010).

4.4 Exploration

Dabei dient die Exploration nicht nur der direkten Informationssammlung. Ganz besonders bei non-direktiven und offenen Fragen bieten sich viele Gelegenheiten, das Gegenüber zu beobachten. Wie drückt er oder sie sich aus? Auf welche Weise berichtet er oder sie von emotionalen Regungen? Welche Mimik und Körperhaltung sind zu beobachten? Wie wird auf die einzelnen Themen reagiert? Von welchen Themen berichtet er oder sie frei, bei welchen muss viel nachgefragt werden, was wird vielleicht auch verweigert? Wann werden Gefühle geäußert und wann wird versucht, das Erlebte mit grundlegenden Einstellungsmustern bzw. Überzeugungen zu begründen?

Zu bedenken ist, dass in einem Explorationsgespräch zwei Menschen zusammenkommen, die sich in der Regel nicht kennen und die eine asymmetrische Beziehung eingehen. Während der oder die Untersuchende bereits Kenntnis über die Akten hat und später Mitentscheiderin oder Mitentscheider über den weiteren Vollzugsverlauf ist, weiß die betreffende Person fast nichts über sein oder ihr Gegenüber, was sich auch durch das Gespräch nicht ändert. Zugleich entstammen beide Gesprächspartner bzw. Gesprächspartnerinnen nicht selten unterschiedlichen Kulturen und sozialen Schichten. Die Erfahrungen und Wertvorstellungen einer akademisch geschulten Person aus der gehobenen Mittelschicht weichen mitunter gravierend ab von denen einer Person mit bildungsfernem Hintergrund und geringen Zukunftsaussichten. Unter diesen Umständen eine respektvolle und annehmende Atmosphäre zu schaffen, ist nicht immer leicht. Mitunter sind Abgrenzungen, distanziertes oder devotes Verhalten, aber auch Abwertungen und kritisches Misstrauen bei der inhaftierten Person Hürden, die zu überwinden sind. Ein Unterlegenheitsgefühl kann jedoch auf vielfältige Weise kompensiert werden. So können in einer Phase der Vertrauensbildung durch mehrere Gespräche mit Transparenz und Klarheit die Ziele benannt und ein Zugang gefunden werden.

4.4.1 Haltung

Ganz besonders in der Exploration ist eine Haltung gefragt, die von einem positiven Menschenbild, humanistischen Denkansatz und der Überzeugung ausgeht, dass alle Menschen gleichwertig sind und sich ändern können. Die in dieser Haltung zum Ausdruck gebrachte Wertschätzung wird es der inhaftierten Person erleichtern, von sich und dem eigenen Leben zu berichten. Deshalb ist es auch wichtig, erst dann mit der Person zu sprechen, wenn bereits ausreichend emotionale Distanz zu belastenden Inhalten des Tatgeschehens hergestellt wurde. In der Regel ist Straffälligkeit ein seltenes und dann auch nur für einen kurzen

Moment andauerndes Geschehen, welches im Kontext des Strafvollzugs eine zentrale und bedeutende Rolle erhält. Diese Betonung vernachlässigt mitunter die Betrachtung der Person, die in der überwiegenden Zeit ein Mensch ist, der wie jeder oder jede andere nach Anerkennung, Zugehörigkeit, Akzeptanz und Beziehung strebt.

Für die straffällige Person ist das diagnostische Explorationsgespräch oft die erste Gelegenheit nach dem Gerichtsverfahren, sich selbst dazu zu äußern, wie es zu der Tat gekommen ist, ohne negative Konsequenzen für das Verfahren befürchten zu müssen. Sich dessen bewusst zu sein, ermöglicht einen einfacheren Zugang zu der inhaftierten Person. Deshalb sollten die Gesprächstechniken und Fragen sich daran orientieren. Da es primär um die Sammlung von Informationen aus der Perspektive der inhaftierten Person geht, sind hitzige Diskussionen und therapeutische Interventionen selten zielführend. Während des Gespräches sollte das Gegenüber nach Möglichkeit nicht beeinflusst werden, um potentielle Verzerrungen zu vermeiden und gleichzeitig Wertschätzung und Offenheit ausdrücken zu können. Die inhaftierte Person soll in dem Gespräch ungestraft und ohne Abwertung ihre Sicht der Dinge sagen können. Moralische oder ethische Aspekte sind lediglich insoweit zu berücksichtigen, wie sie von der betreffenden Person selbst eingebracht werden. Hier sind häufiger Gefühle von Scham und Schuld wahrzunehmen. Selten kommt es hingegen vor, dass die inhaftierte Person stark abwertende und destruktive Gesprächsinhalte einbringt, mit denen u. U. auch das Opfer weiter diskreditiert wird.

Es ist unerlässlich, sich als Begutachtende oder Begutachtender konsequent zu beobachten und zu reflektieren. Warum empfinde ich das Gespräch als angenehm oder sehr anstrengend? Welche Gefühle assoziiere ich mit dem Gegenüber? Diese Reflexion ist für die Aufrechterhaltung einer gelungenen Gesprächsatmosphäre wichtig. Kaum ein Mensch wird sich öffnen, wenn er sich abgelehnt und infrage gestellt fühlt. Deshalb ist der professionelle Umgang mit den eigenen Gefühlen von großer Bedeutung. Diese Wahrnehmungen eigener Emotionen können zugleich der Diagnostik zugutekommen.

4.4.2 Gesprächsvorbereitung

Eine wichtige Grundlage für ein gelingendes Gespräch ist die sorgfältige Vorbereitung. Weil die Informationen hochkomplex sind und das Gespräch der Gewinnung möglichst vieler Informationen dient, sind *strukturierende Leitfäden* zu empfehlen. Diese können die Beibehaltung der Regeln einer günstigen Gesprächsführung unterstützen, auch wenn der oder die Untersuchende durch

4.4 Exploration

Nervosität oder andere Hindernisse verunsichert wird. Ein solcher Leitfaden kann zudem sicherstellen, dass in dem Gespräch besprochen wird, was zuvor als wichtig angesehen und beabsichtigt wurde. Mit einem Leitfaden ist es leichter, die einzelnen Themen nacheinander und strukturiert bis zu Ende zu explorieren und sich nicht von dem eventuellen Redefluss des Gegenübers beeinflussen zu lassen. Eine gründliche Vorbereitung wirkt zugleich Urteilsfehlern entgegen und ist deshalb auch aus wissenschaftlicher Sicht zu empfehlen. Diese Strukturierung des Gespräches trägt ebenso dazu bei, die Transparenz der Exploration zu erhöhen.

Hinsichtlich der *ausgewählten Themen* und Fragen sollte stets ein deutlicher Bezug zur Straftat hergestellt werden. In der diagnostischen Untersuchung zum Haftbeginn ist keine umfassende Persönlichkeitsdiagnostik gefragt, sondern die Beschränkung auf die Erkenntnisse der Ursachen und Umstände der Tatbegehung. Fokussiert werden die subjektiv bedeutsamen Grundbedürfnisse der inhaftierten Person im Kontext der Straffälligkeit und die bestehenden externalen und internalen Hindernisse wie auch Ressourcen zu ihrer Erfüllung. Wie umfangreich einzelne Themen besprochen werden, hängt vom Einzelfall und nicht zuletzt von der Arbeitshypothese ab. Neben den Themen, die fast immer eine Rolle spielen, wie die biografische Anamnese, die strafrechtliche Entwicklung, das Anlasstatgeschehen, protektive Faktoren sowie zukünftige Lebensziele und Perspektiven, sind weitere Themen fallspezifisch. Bei einer Person, die mehrfache Diebstähle begangen hat, sind Fragen zum Sexualleben ohne Belang, wohingegen bei einer Person, die wegen einer Sexualstraftat verurteilt wurde, die Sexualentwicklung eingehend exploriert werden muss. Um spezifischere Themen explorieren zu können, zu denen noch wenig Fachwissen vorhanden ist (z. B. zur Struktur und Kultur eines Rockermilieus), sollten zusätzliche Recherchen außerhalb der Akteninhalte durchgeführt werden.

Ein wesentliches Kriterium neben der Auswahl der interessierenden Sachverhalte und Themen ist die *Spezifikation der Anker*. Anker sind Verhaltensweisen, an denen das Vorhandensein eines Merkmals festgemacht werden kann (d. h. Operationalisierungen). Sich entsprechende Fragen vorab zu stellen, ist wichtig, um die Antworten später einordnen zu können. Zumindest implizit werden dabei vorab Ein- und Ausschlusskriterien festgelegt. Welche konkreten Verhaltensweisen sollten wann und wie oft vorliegen, damit ein (Persönlichkeits-) Merkmal als vorhanden gelten kann? Hier ist das situationsspezifische Vorgehen nicht nur nützlich, sondern auch wissenschaftlich valider. Deshalb sollte vermieden werden, nach hypothetischem Verhalten zu fragen (z. B. „Was denken Sie, was Sie tun würden, wenn Sie sich einmal streiten würden?"). Besser sind Fragen, die auf ganz konkrete Situationen abzielen (z. B. „Wann genau haben Sie sich zum letzten Mal mit Ihrer Partnerin gestritten; worum ging es dabei?"). Die Erzählung kann auch immer wieder auf die konkrete Gegebenheit zurückgeführt werden, wenn sich Begriffe wie „immer" oder „generell" in das Erzählte eingeschlichen haben.

Analog zum *SORKC-Schema* (Reinecker 2015), das in der kognitiven Verhaltenstherapie die Diagnostik, Erklärung und Veränderung von Verhalten unterstützt, sollte man sich zunächst die *Situation* offen beschreiben lassen; diese Beschreibung ist tatsachenorientiert. Was ist wann mit wem geschehen? Des Weiteren geht es um die Exploration der lerngeschichtlichen Grundlage der Person *(Organismus-Variable)*. Danach wird nach den *Reaktionen* der Person auf diese Situation gefragt. Welche Gedanken sind ihr dabei durch den Kopf gegangen? Welche Gefühle haben hier eine Rolle gespielt? Wie hat sich das auf der körperlichen Ebene angefühlt? Was hat er oder sie in der Situation getan? Diese Fragen leiten über zur Exploration der *Konsequenzen* (kurzfristig vs. langfristig). Eine Hypothese, die von einer konfliktvermeidenden Tendenz ausgeht, könnte geprüft werden, indem zunächst nach konkreten (zwischenmenschlichen) Situationen gefragt wird, die als potentiell konflikthaft wahrgenommen werden. Berichtet das Gegenüber von negativen Gefühlen und Spannungen (kognitive und emotionale Reaktion), sucht aber gleichzeitig nicht das Gespräch bzw. vermeidet es, diese Gefühle zu zeigen (verhaltensbasierte Reaktion), und klagt womöglich über negativ erlebte Konsequenzen der Nichtbeachtung eigener Bedürfnisse, können dies Belege für eine Konfliktvermeidung oder Konfliktverlagerung sein.

Um nun nicht von einem Verhalten in einer Situation in einem Lebensbereich auf die ganze Persönlichkeitseigenschaft zu schließen, muss die Exploration *verschiedene Kontexte* erforschen. Hierbei sollten viele konkrete Hinweise durch mehrmaliges Befragen zur gleichen Thematik aus unterschiedlichen Perspektiven gesammelt werden. Sich dieser grundlegenden Explorationsstrategie schon in der Vorbereitung bewusst zu sein und sich Gedächtnisstützen zu notieren, hilft, Verzerrungen zu minimieren.

Werden Fragen im Leitfaden oder im Gespräch formuliert, sollten diese nach Möglichkeit offen sein. Offene Fragen kann der Gesprächspartner oder die Gesprächspartnerin mit einer flüssigen Erzählung beantworten, ohne schon durch die Frage zu sehr eingeschränkt zu werden. Zudem sollten weitere, wichtige *Techniken einer günstigen Fragestellung* angewendet werden. Damit das Gegenüber nicht verwirrt wird und die Antwort einen klaren Bezug hat, fokussieren günstige Fragen lediglich einen Aspekt (Westhoff und Kluck 2014). Deshalb sollten Fragen so kurz und knapp wie möglich gehalten werden. Fremdwörter und Fachausdrücke sollten vermieden werden, weil sie das Frageverständnis des Gegenübers erheblich einschränken können, was verzerrte Antworten zur Folge haben kann. Zudem sind günstige Fragen wertfrei formuliert und suggerieren nicht bereits die Antwort. Beispiele für günstige bzw. ungünstige Formulierungen finden sich in Tab. 4.1.

4.4.3 Aufbau des Gesprächs

Ein gut strukturiertes Explorationsgespräch gliedert sich in drei unterschiedliche Phasen. Dabei unterscheiden sich nicht nur die Themen in den einzelnen Phasen, sondern auch die Art und Weise, wie das Gespräch geführt wird (siehe Tab. 4.2).

Tab. 4.1 Beispiele für günstige und ungünstige Fragen im Explorationsgespräch

Kriterien	Ungünstiges Beispiel	Günstiges Beispiel
Offen	Machen Sie gern Sport?	Wenn Sie einmal Zeit für sich haben, was tun Sie dann gerne?
Situativ	Haben Sie sich schon einmal über Ihre Frau geärgert?	Können Sie mir eine konkrete Situation schildern, in der Sie sich über Ihre Frau geärgert haben?
Auf nur einen Aspekt ausgerichtet	Wenn Sie sich ärgern, trinken Sie dann Alkohol, werden wütend und schlagen zu?	Wie verhalten Sie sich, wenn Sie Ärger spüren?
Ohne Fachausdrücke	Können Sie mir Ihre Prodromalphase während Ihres Alkoholabusus beschreiben?	Können Sie mir beschreiben, welche Wirkungen Alkoholkonsum bei Ihnen hat? Gab es Unterschiede zu Beginn und zu späteren Trinkzeiten?
Wertfrei	Haben Sie schon einmal versucht, Ihrer Enttäuschung mit etwas Sinnvollerem als Alkoholkonsum zu begegnen?	Können Sie mir beschreiben, wie Sie mit einer Enttäuschung oder Kränkung umgehen, wenn Ihnen Alkohol nicht zur Verfügung steht?
Nicht-suggestiv	Sie trinken doch bestimmt zu viel Alkohol?	Wie stark schätzen Sie Ihren Alkoholkonsum ein?

Tab. 4.2 Übersicht zum Ablauf eines Explorationsgesprächs

Gesprächsphase	Ziel	Inhalte	Gesprächsform
Kontaktaufbau und Exploration von Ressourcen	Mitarbeit motivieren, Vertrauen gewinnen, internale und externale Ressourcen erfragen	Aufklärung über Zweck des Gesprächs, Fragen zu Hobbys oder anderen positiv besetzten Themen	Non-direktiv
Exploration von biografischen, strafrechtlichen und tatrelevanten Aspekten	Überprüfung der Arbeitshypothesen, Erfassen der Tatauseinandersetzung, Beschreibung allgemeinerer Persönlichkeitseigenschaften	Biografischer Hintergrund, Kriminalitätsentwicklung, Tatgeschehen und -auseinandersetzung, protektive Faktoren, Intervention im Vollzug	Direktiv
Exploration von Zukunftsplänen	Die inhaftierte Person aus der Täterrolle herausführen und emotional stabilisieren	Aufklärung über den Fortgang der Untersuchung; Ressourcen abfragen, Fragen zu Hobbys oder anderen positiv besetzten Themen	Non-direktiv

Die Hauptanliegen in der Anfangsphase sind der *Aufbau von Vertrauen sowie die Exploration von übergreifenden Lebenszielen, Grundbedürfnissen und Ressourcen*. Je besser es gelingt, dem Gesprächspartner bzw. der Gesprächspartnerin zu vermitteln, dass er bzw. sie weder Abwertungen, Missachtungen noch weitere Verurteilungen zu erwarten hat, umso geneigter wird er oder sie sein, sich anzuvertrauen und zu öffnen. Von dem Gelingen dieser ersten Phase wird der Fortlauf des Gesprächs bestimmt, weshalb diese nicht zu kurz und oberflächlich gehalten werden sollte. Nach der formellen Aufklärung zu Beginn lässt sich eine vertrauensvolle Offenheit und Entspannung am ehesten über Themen erreichen, die das Gegenüber interessieren und mit denen positive Erlebnisse verbunden werden. Deshalb bietet es sich an, mit der Exploration der Hobbys, Interessen oder bedeutsamen sozialen Kontakte zu beginnen. Die Fragetechnik ist dabei offen und non-direktiv; man lässt das Gegenüber von dem berichten, was ihm selbst wichtig erscheint. Dieser Abschnitt liefert viele Hinweise zu den Grundbedürfnissen, Lebenszielen, Wünschen und Interessen. Mit den Lebenszielen und Ressourcen zu beginnen setzt einen wesentlichen Anker für eine

4.4 Exploration

Diagnostik, die nicht nur Risiken, sondern vor allem auch die Ressourcen in den Blick nimmt (Purvis et al. 2011). Diese Informationen bieten zum einen Anhaltspunkte für die Überprüfung von Annahmen zu Motiven und Hintergründen der Tat und dienen zum anderen dem Vordenken der Zukunftsplanung.

Fallbeispiel

Untersucher/in: „Guten Tag, Herr Müller, schön, dass Sie zu unserem Gespräch gekommen sind."

Herr Müller: „Naja, mir blieb ja nichts weiter übrig. Ich weiß auch nicht, was ich hier soll!"

Untersucher/in: „Ja, das verstehe ich, es ist nicht angenehm, wenn man zu einem Gespräch gebeten wird und nicht weiß, worum es gehen soll. Ich habe Sie hergebeten, weil ich Sie näher kennenlernen möchte, um mit Ihnen zusammen Ihre Vollzugszeit für das nächste halbe Jahr zu planen. Diese Planung wird in einem Vollzugsplan festgehalten. Hier wird auch bestimmt, wo Sie in der nächsten Zeit untergebracht werden. Deshalb möchte ich Ihnen die Gelegenheit geben, mir Ihre Sicht der Dinge zu berichten und mir einige Fragen zu beantworten. Sind Sie mit einem solchen Gespräch einverstanden?"

Herr Müller: „Ja, warum nicht, dauert das lange, denn bis zur Essenszeit müssen wir fertig sein."

Untersucher/in: „Ja, ich denke, das bekommen wir hin.

Ich habe in der Akte gelesen, dass Sie einen Antrag auf den Erhalt mehrerer Bücher gestellt haben. Was lesen Sie denn gerne?"

Herr Müller: „Krimis und so historische Geschichten, meistens. Was soll ich hier drinnen denn sonst machen? Draußen hatte ich immer etwas zu tun, da war immer was los. Hier drin ist alles abgeriegelt. Das ist nicht gut! Aber ja, ich lese auch draußen gerne Bücher."

Untersucher/in: „Dass es zu Beginn schwer ist, sich auf die Beschränkungen einzustellen, kann ich mir gut vorstellen. Mir würde es ebenfalls sehr schwerfallen, nicht mehr meinen gewohnten Aktivitäten nachgehen zu können.

Erzählen Sie mir doch einmal von Ihrem Alltag. Wie haben Sie ihre Tage verbracht, bevor Sie inhaftiert wurden?"

Herr Müller: „Hm, was soll ich sagen, ich hab' viele Freundschaften und treffe mich mit denen ganz regelmäßig. Manchmal ..." ◄

Je näher die Themen an die *biografischen, strafrechtlichen und tatrelevanten Aspekte* heranrücken, desto gezielter sollte das Gespräch in ein strukturiertes Interview überführt werden. Die Intention dieses Gesprächsabschnitts ist die Prüfung von Hypothesen. Bei der Erhebung relevanter biografischer Ereignisse oder aktueller Lebensumstände enthüllen sich nicht nur Hindernisse und Risikofaktoren, sondern es lassen sich prosoziale Lösungsansätze für mögliche Schwierigkeiten erkennen. Wenn beispielsweise von straffreien Phasen berichtet wird, sind Fragen nach Stabilisatoren selbstverständlich. Gab es zu dieser Zeit einen erfolgreichen Ausbildungsabschluss, eine interessante Arbeitsstelle, gute Kontakte zu Kollegen, eine Partnerschaft? Sämtliche Faktoren, die in der Vergangenheit zur sozialen Stabilisierung der inhaftierten Person beigetragen haben, werden dies möglicherweise auch in der Zukunft tun und stellen somit einen besonderen Anknüpfungspunkt für die Behandlungsplanung im Vollzug dar. Daneben sind Hobbys und Freizeitaktivitäten, besondere Fähigkeiten oder Expertenwissen in bestimmten Bereichen Ressourcen, die bei der Resozialisierung unterstützen können und deshalb in der Exploration nicht vernachlässigt werden sollten.

Das Tatgeschehen anzusprechen ist dagegen mitunter nicht leicht, weil der Gesprächsverlauf in eine schwierige, ggf. emotional belastende Thematik führt. Es ist jedoch wichtiger Inhalt der Exploration. Der Übergang wird erleichtert, wenn der Themenwechsel angekündigt wird und das Gegenüber nicht von Fragen überrascht wird, auf die es emotional noch nicht eingestellt ist. Diese Phase kann mit der Versicherung eingeleitet werden, dass Verständnis für unangenehme und belastende Gefühle vorhanden ist, dass aber das Besprechen der Tat notwendig ist. Das Anliegen der Untersucher ist nicht, die inhaftierte Person zu verurteilen und moralisch zu bewerten, sondern die Ursachen und Motive für die Tat zu ergründen.

Schwierig ist es, wenn Urteilsbeschreibungen zum Tatgeschehen im Gespräch abweichend dargestellt werden. Mitunter können die Schilderung des Tatablaufs sowie die beschriebenen Motive überzeugender wirken als die Urteilsvariante, sodass womöglich ein anderes Bild des Sachverhalts und der inhaftierten Person entsteht. Die Bindungskraft des Urteils ist jedoch auch bei glaubhaften und über-

4.4 Exploration

zeugenden Äußerungen stets zu beachten und nicht durch die Angaben der untersuchten Person zu ersetzen. Bei gravierenden Straftaten können die Sachakten hinzugezogen werden. Aus diesen sind die Ergebnisse der Ermittlungsarbeit, die das Gericht zu den festgestellten Beweisen führte, deutlicher und umfassender herauszulesen.

Im Zusammenhang mit der Beschreibung der Tatumstände und der Motive steht auch die Auseinandersetzung der Person mit dem Delikt. Haltungen, Erfahrungen und Gefühle stehen bei der Straftatauseinandersetzung im Zentrum des Interesses. Anhand der Einlassungen kann eingeschätzt werden, ob Veränderungsmotivation, Empathie, Distanzierung vom Fehlverhalten, Einsicht in den entstandenen Schaden und Wiedergutmachungswille bestehen. Die Prüfung, inwieweit eine ernsthafte Auseinandersetzung angestrebt wird oder ob nur oberflächliche Zugeständnisse gemacht werden, ist für die weitere Planung des Vollzugs wichtig. Ggf. werden das Einräumen der Tat, Verantwortungsübernahme und Schuld lediglich vorgetragen, um eine günstige Vollzugsplanung zu erreichen. Mitunter bestehen bei inhaftierten Personen auch Tendenzen, sich zu rechtfertigen oder die Tat zu relativieren, bis hin zur Leugnung. Dieses Verhalten lässt sich als Schutzmaßnahme interpretieren, wenn das schädliche Ausmaß der Tat noch nicht akzeptiert und emotional verarbeitet wird. Es kann aber auch Ausdruck einer ausgesprochen dissozialen Haltung mit ausgeprägten kognitiven Verzerrungen sein. Weitere Probleme stellen sich bei offensichtlichen Fehldarstellungen oder Manipulationsversuchen ein, die die Offenheit des Gespräches empfindlich stören. Dennoch sollte dem Gegenüber mit einer respektvollen Haltung begegnet, aber vermittelt werden, dass nicht alles geglaubt wird.

Im Gesprächsverlauf ist es wichtig, bei jeder Frage zu wissen, auf welche eigene Leitfrage bzw. Arbeitshypothese die Antworten hinzielen und ob die Informationen bereits ausreichen, um sie zu beantworten. Abschweifungen, zu viele Details oder Wiederholungen sollten dabei nach Möglichkeit begrenzt werden, da es sich nicht um ein therapeutisches Gespräch handelt. Vor allem bei sensiblen Gesprächsthemen, bei denen die inhaftierte Person vermutlich emotional belastet ist, sind die Nachfragen auf das Nötigste zu beschränken.

Da für den diagnostischen Prozess *Informationen zur Wahrnehmung, zum Denken und Fühlen* notwendig sind, wird auch auf den emotionalen Gehalt des Gesagten geachtet und mit empathischem Verständnis reagiert. Wie im Fallbeispiel gezeigt, kann bei einer Alkoholsuchtanamnese neben den reinen Informationen auch die Reaktion auf die Fragen gut beobachtet werden. Wann beginnt die untersuchte Person sich möglicherweise unwohl zu fühlen? Wann wird Akzeptanz für den Alkoholmissbrauch verdeutlicht? Wann wird ein Problembewusstsein in Form von Scham- und Schuldgefühlen offenbart?

Egal welche Reaktionen gezeigt werden – sie können für die Beantwortung der diagnostischen und prognostischen Fragen wichtig sein.

In dieser zweiten Phase des Gespräches reagiert jede untersuchende Person mit eigenen Gefühlen, Verhalten und Bewertungen. Dieser Prozess, aus der analytischen Behandlungsarbeit als Gegenübertragung bekannt, spielt bei der Exploration eine nicht minder wichtige Rolle. Da die Gefühle, Reaktionen und Wertungen des oder der Untersuchenden von der untersuchten Person wiederum wahrgenommen werden, besteht eine gegenseitige Beeinflussung des Gesprächsablaufes. Die eigenen Gefühle, Wertungen und inneren Reaktionen sollte sich der oder die Untersuchende bewusst machen. Sie dienen der Qualitätssicherung der diagnostischen Einschätzung.

Fallbeispiel

Fortsetzung Fallbeispiel Herr Müller, bei dem die Exploration des Substanzmissbrauchs hinsichtlich des sozial schädlichen Ausmaßes in Ausschnitten dargestellt ist:

Untersucher/in: „Herr Müller, nachdem ich nun schon einiges von Ihnen erfahren habe, würde ich jetzt gerne mit Ihnen über Ihren Alkoholkonsum sprechen. Können Sie mir erzählen, welchen Stellenwert der Alkohol in Ihrem Leben hat?"

Herr Müller: „Na, was heißt hier Stellenwert? Das Trinken lass ich mir nicht nehmen, das wäre ja gelacht, wenn ich mir das verbieten ließe."

Untersucher/in: „Ja, ich verstehe, Sie möchten sich nicht gerne vorschreiben lassen, wie Sie leben wollen?"

Herr Müller: „Genau, Sie haben es erfasst, weder von meiner Alten noch von Ihnen."

Untersucher/in: „Ich entnehme dem, dass es Ihrer Frau nicht gefallen hat, wenn Sie getrunken haben, und es mitunter zum Streit kam. Können Sie mir eine solche Situation schildern?"

Herr Müller: „Na, die hat jeden Tag gemeckert, deswegen ist es mir ja so auf den Senkel gegangen."

Untersucher/in: „Sie haben sich demnach oft von ihr kritisiert gefühlt!? Ich würde deshalb gerne von Ihnen genauer beschrieben

4.4 Exploration

	haben, welche konkreten Vorwürfe Ihre Frau Ihnen gemacht hat."
Herr Müller:	„Na, was soll das schon gewesen sein? Wenn ich mir nachmittags die Kornflasche genommen habe, hat sie mich gleich fertiggemacht, dass ich außer Saufen nichts könne, mich um nichts kümmere und mich zu meinen Kumpanen verziehen solle."
Untersucher/in:	„Wie haben Sie sich gefühlt, wenn Ihre Frau Sie so beschimpft hat?"
Herr Müller:	„Was denken Sie denn, begeistert war ich jedenfalls nicht! Irgendwann hab' ich gedacht: entweder der Alkohol oder sie verschwindet. Na, und dann ist sie gegangen …"

Schließlich sollte der Fokus im Gespräch wieder auf die *Zukunft und die damit verbundenen Potentiale* gerichtet werden. Den Akten können diese Informationen meist nur schwer entnommen werden. Die subjektive Darstellung und die Gelegenheit, eigene Wünsche zu äußern, sind perspektivisch für den Betreffenden oder die Betreffende jedoch wichtig. Diese Chance, in der Exploration die Person ernst zu nehmen und die Lebenspläne durch gezieltes Nachfragen zu konkretisieren, ist nicht nur für die Auswahl der Behandlungsmaßnahmen von großer Bedeutung, sondern auch, um zu einer Mitarbeit innerhalb der Haftzeit zu motivieren, indem die Formulierung positiver Veränderungsziele unterstützt wird. Dabei ist es auch wichtig, langfristige Ziele, die nicht sogleich erreichbar sind, in kurzfristige Schritte und Meilensteine aufzuschlüsseln, damit entsprechende Veränderungen realistischer umsetzbar sind (Ward und Mann 2004).

Fallbeispiel

Untersucher/in:	„Herr Müller, zum Abschluss unseres Gespräches würde ich gerne von Ihnen wissen, welche Gedanken Sie sich selbst schon zur Gestaltung Ihrer Vollzugszeit gemacht haben."
Herr Müller:	„Ich will natürlich so schnell wie möglich raus hier. Aber bis es so weit ist, würde ich gerne in den Malerbereich gehen."

Untersucher/in:	„Welche Erfahrungen haben Sie denn in diesem Bereich schon sammeln können?"
Herr Müller:	„Naja, ich habe ab und zu bei Kumpels geholfen, wenn die renoviert haben, das hat mir eigentlich immer Spaß gemacht."
Untersucher/in:	„Das konnte ich bereits aus dem Ergebnis des Kompetenzfeststellungsverfahrens ersehen; das können Sie offensichtlich sehr gut. Vielleicht wissen Sie bereits, dass in der Malerei die Möglichkeit besteht, eine Qualifizierung mit Zertifikat zu durchlaufen. Was halten Sie davon?"
Herr Müller:	„Ja, klar, das wäre doch eine prima Sache!"
Untersucher/in:	„Gibt es denn außer Spaß noch andere Beweggründe, sich in der Malerei zu qualifizieren?"
Herr Müller:	„Klar, damit habe ich später mehr Chancen, eine geregelte Arbeit zu finden, und würde vielleicht weniger saufen …"

Diese Themen in größerem Umfang am Ende zu besprechen, kann auch bewirken, dass das Gegenüber wieder zu seinem oder ihrem „Alltagszustand" zurückkehrt, nachdem viele private, ggf. intime und mitunter beschämende Informationen preisgegeben wurden. Ein angemessener Umgang und die Wertschätzung, die gerade am Ende entgegengebracht werden, können helfen, eine nachhaltige Veränderungsbereitschaft und Motivation zu bewirken. Nicht zuletzt sollte am Ende so transparent wie möglich über den weiteren Fortgang informiert werden. Das ist nicht nur formell bedeutsam, sondern kann gleichfalls eine achtungsvolle Haltung ausdrücken und weiteres Vertrauen schaffen. Schließlich lässt sich auch anhand der Körpersprache des Gegenübers beobachten, wann der richtige Zeitpunkt ist, sich zu verabschieden.

Sämtliche Vollzugsplanentscheidungen werden gemäß § 9 Absatz 5 StVollzG Bln in einer Vollzugsplankonferenz erörtert und geplant. An dieser Konferenz sollen alle Personen teilnehmen, die an der Vollzugsgestaltung maßgeblich beteiligt waren oder sind. Dies können auch externe Personen, wie Mitarbeiter oder Mitarbeiterinnen der Bewährungshilfe oder anderer freier Träger, sein. Der inhaftierten Person wird in dieser Konferenz der Vollzugsplan eröffnet und ihm oder ihr Gelegenheit gegeben, dazu Stellung zu beziehen.

4.5 Stellungnahme

Ziel der Stellungnahme ist es, weitere Entscheidungsträger zu beraten und damit deren Entscheidungsprozess zu unterstützen. Dabei teilt sich jeder diagnostische Prozess in der schriftlichen Darstellung in

1. die Beschreibung,
2. die Erklärung und
3. die Vorhersage des interessierten Verhaltens (Westhoff und Kluck 2014).

Diese Etappen bauen zwingend aufeinander auf, was sich auch in der Struktur einer jeden diagnostischen Stellungnahme widerspiegelt.

▶ **Definition: Stellungnahme** Eine (psychologische) Stellungnahme ist die Zusammenfassung aller fallrelevanten Informationen, die daraus abgeleitete Diagnose und Prognose sowie deren Begründungen. Dabei wird deutlich zwischen der Wiedergabe von Untersuchungsergebnissen und deren Interpretation unterschieden.

Eine Trennung zwischen Untersuchungsergebnissen und der Bewertung dieser Ergebnisse ist deshalb notwendig, weil nur so der Urteilsprozess transparent gemacht werden kann. Der Befundteil stellt somit die Dokumentation der Ergebnisse der Behandlungsuntersuchung im Diagnostikverfahren (gem. § 8 StVollzG Bln) dar. Daran schließt sich die Erklärung der Straffälligkeit mit ihren Umständen und der Persönlichkeit der straffälligen Person an. Aussagen zu Behandlungs- oder Interventionsmaßnahmen bauen darauf auf und können auch erst nach Feststellung eines Interventionsbedarfs formuliert werden. Diese Maßnahmen werden im Behandlungsplan festgehalten (gem. § 9 StVollzG Bln). Die folgenden genaueren Ausführungen beziehen sich auf eine prototypische Einweisung in den Strafvollzug zum Haftbeginn. Die Hinweise zu den einzelnen Informationsquellen und die beschriebenen Herangehensweisen sind bei allen Fragestellungen der psychologischen und sozialen Arbeit im Strafvollzug von Bedeutung.

4.5.1 Funktion und Adressaten

Im Justizvollzug werden unterschiedliche Stellungnahmen geschrieben, die sich jeweils zu einer konkreten Fragestellung äußern. Die Stellungnahme zu Beginn der Haftzeit stellt die Grundlage für weitreichende Vollzugsentscheidungen dar. Sie ist für die inhaftierte Person, aber auch für die jeweilige Justizvollzugsanstalt, die die Vorgaben des Vollzugs- und Eingliederungsplans umsetzen muss, ein elementares Dokument. Schon deshalb ist es verpflichtend, eine nachvollziehbare Darstellung der Ergebnisse des Diagnostikverfahrens zu verschriften. Die strukturierte und umfassende Wiedergabe aller als relevant erachteten Informationen ist ausschlaggebend, um im Verlauf der Haft systematisch Veränderungen bei inhaftierten Personen nachvollziehen zu können. Auf den bereits erhobenen Informationen können weiterführende Beurteilungen gründen. Möglicherweise bewerten andere Fachkräfte die gesammelten Informationen anders und kommen zu einem abweichenden Ergebnis. In Bezug auf mögliche Verzerrungen im Urteilsprozess und die Tragweite der getroffenen Entscheidungen bedingen deshalb Transparenz und Nachvollziehbarkeit eine professionelle Handlungsweise. Um den inhaftierten Personen eine rechtssichere Basis zu bieten, hat der Gesetzgeber in § 9 Absatz 3 StVollzG Bln mit Bedacht eine Frist vorgegeben: Alle sechs Monate muss der Vollzugsplan überprüft und angepasst werden. Dabei besteht die Möglichkeit, eine andere fachliche Sicht einzubringen. Jedoch muss diese begründet sein, der vorliegenden Einschätzung klar widersprechen und belegt werden. Eine schlichtweg andere Meinung reicht an dieser Stelle nicht aus.

Einmal verfasst, wird die Stellungnahme Bestandteil der GPA und somit jedem nachfolgenden Leser und jeder Leserin zugänglich. Das heißt, dass auch die Arbeit anderer Berufsgruppen davon abhängt, die Gedankengänge und Schlussfolgerungen mit ihren Ableitungen aus der Informationssammlung zu verstehen. Dabei stehen folgende Akteure (siehe auch Abschn. 1.1.5) im Vordergrund:

- Mitarbeitende des Allgemeinen Vollzugsdienstes (AVD), die den Vollzugsalltag begleiten, nutzen diese Stellungnahme, um sich ein Bild von der inhaftierten Person zu machen.
- Der Sozialdienst und der pädagogische Dienst, die den Behandlungsauftrag umsetzen, sind in besonderem Maße auf die Verständlichkeit und Nachvollziehbarkeit des Dokumentes angewiesen. Da die inhaftierte Person unter einem rechtssichernden Schutz steht, ist die Fachkraft an die Ergebnisse der Stellungnahme und die sich daraus ergebenden Planungen gebunden.
- Die Bereichs- und/oder Anstaltsleitung ist von der Qualität der Stellungnahme abhängig, um zum Beispiel die Vollzugsplanung zu genehmigen.
- Gerichte (Strafvollstreckungskammern) und Staatsanwaltschaften beziehen sich auf Stellungnahmen zur Frage der Aussetzung der Strafvollstreckung. Sie können auf Antrag der inhaftierten Person auch vollzugliche Entscheidungen überprüfen. Deshalb muss die Stellungnahme als Grundlage des Vollzugsplans einer genauen inhaltlichen und rechtlichen Prüfung standhalten.

4.5 Stellungnahme

- Auch Mitarbeitende der Sozialen Dienste und die Führungsaufsichtsstelle profitieren von einer fachlich fundierten Stellungnahme.
- Sachverständige im Rahmen von Prognosegutachten sind an den Ausführungen interessiert, um auch Jahre nach dem Diagnostikverfahren einen Einblick zu erhalten, wie die Persönlichkeit und die Lebensverhältnisse zu Beginn der Inhaftierung ausgesehen haben, weshalb der Vollzug wie gestaltet wurde und welche Effekte von Behandlungsmaßnahmen erwartet wurden.

Zudem hat der oder die Betreffende selbst ein Recht auf Akteneinsicht und kann Stellungnahmen lesen. In Berlin werden der inhaftierten Person nach Abschluss des Diagnostikverfahrens die Stellungnahme und der Vollzugs- und Wiedereingliederungsplan in Kopie überreicht. Der oder die Betreffende muss die Möglichkeit haben, die Grundlage für die dargelegten Entscheidungen und Wertungen zu verstehen und zu überprüfen. Mitunter haben Psychologinnen und Psychologen große Bedenken gegen die Transparenz gegenüber dem Betreffenden, weil sie glauben, dass das Geschriebene einer wirkungsvollen Arbeitsbeziehung entgegenstehen könnte. Bei einer respektvollen Haltung und der Offenlegung der Gründe für die Vollzugsentscheidungen ist das Risiko der Demotivation oder gar eines Abbruchs der Arbeitsbeziehung jedoch erfahrungsgemäß eher gering.

Vor dem Hintergrund der mannigfaltigen Adressaten und der langfristigen Konsequenzen, die mit der Stellungnahme einhergehen, soll nochmals betont werden, dass dieser Text möglichst verständlich, nachvollziehbar, gut lesbar, in sich schlüssig und widerspruchsfrei ist. Unvermeidbare Widersprüche sind aufzugreifen und zu diskutieren, was vorübergehend zu einer zweigleisigen Einschätzung führen kann, schließlich aber zu einer eindeutigen Einschätzung hingeleitet werden muss. Wenig hilfreich sind Stellungnahmen, die übermäßig viele Fachtermini enthalten. Anstelle stigmatisierender Diagnosen helfen Beschreibungen des vorliegenden Verhaltens, das Verständnis und die Akzeptanz bei der inhaftierten Person und den Mitarbeitenden zu erhöhen. Gleichfalls ist es im Kontext des Vollzugs für die jeweiligen Leserinnen oder Leser kaum möglich, sehr umfangreiche Stellungnahmen zu lesen. Deshalb ist es förderlich, die wesentlichen Inhalte stark zu verdichten und den Text gut zu strukturieren.

4.5.2 Struktur und Aufbau

Der strukturelle Rahmen für die Darstellung aller relevanten Informationen ergibt sich aus der Fragestellung und den rechtlichen Vorgaben (siehe Abschn. 1.2). Da die Stellungnahme im ersten Teil lediglich Informationen bzw. Ergebnisse des

Diagnostikverfahrens wiedergibt, werden nicht nur Akteninhalte, sondern auch Inhalte der Exploration möglichst wertfrei geschildert. Explorationsinhalte sollten nicht mit Informationen aus den Akten oder Angaben anderer Personen vermischt werden. Deshalb ist es ratsam, bei jedem Abschnitt zunächst die relevanten Akteninhalte zusammenzufassen und davon getrennt die Angaben aus der Exploration wiederzugeben. Dabei sind die Informationen aus der Exploration im Konjunktiv zu formulieren.

Inhaltlich bildet die Erklärung der Straffälligkeit den roten Faden. Das bedeutet, dass schon vor dem Verfassen der Stellungnahme klar sein sollte, wie sich aus Sicht der Beurteilenden die Delinquenz des oder der Betreffenden erklärt. Beispielsweise fokussiert die Beschreibung der Persönlichkeit und Lebensumstände bereits auf die für die Erklärung der Straffälligkeit relevanten Aspekte. Zu viele irrelevante und mitunter intime Details können nicht nur verzerrend wirken, sondern den Betreffenden auch unnötig beschämen. Im Hinblick auf die gesetzliche Vorgabe werden die Ergebnisse der Aktenanalyse und der Exploration unter folgenden Punkten dargelegt:

- Anlassdelikt (ohne Wertung)
- Relevante biografische Ereignisse (ohne weitere Wertung, da diese bereits in der Auswahl der Inhalte vorgenommen wurde)
- Strafrechtliche Vorgeschichte und Entwicklung bis zum Indexdelikt (ohne Wertung)
- Explorationsinhalte zur Straftatauseinandersetzung (Wertung der Gesprächsbeobachtung der explorierten Person, ansonsten Auswahl von Inhalten, die die spätere Bewertung illustrieren)
- Persönlichkeit (Darstellung der Schwächen und Stärken im Kontext des deliktischen Handelns)
- Soziale Kompetenzen (ohne Wertung, Darstellung der sozialen Kompetenzen in den Bereichen Partnerschaft, Leistungsbereich und Freizeitgestaltung)
- Empfangsraum und Risikomanagement (Darstellung der Entlassungssituation zum Zeitpunkt der Untersuchung mit prognostischer Wertung)
- Delinquenzhypothese und prognostische Einschätzung (Bewertung aller Informationen mit Diagnose und Prognose sowie daraus abgeleitete Behandlungsmaßnahmen)

Die Interpretation der Befunde mit der Erklärung der Delinquenz und der daraus abgeleiteten Prognose für zukünftiges Legalverhalten, die Einschätzung zur Behandlungsprognose, Aussagen zur Unterbringungsform und zum voraussichtlichen Entlassungszeitpunkt sind die wesentlichen Inhalte der Stellungnahme.

Darüber hinaus beinhaltet sie die geplanten Behandlungsmaßnahmen während der Haft sowie die Maßnahmen zur Entlassungsvorbereitung.

4.5.3 Erklärung der Straffälligkeit – Delinquenzhypothese

Bevor die zentralen Fragestellungen des Vollzugs nach Behandlungsmaßnahmen und Unterbringungsform beantwortet werden können, muss die Straffälligkeit des oder der Einzelnen erklärt werden. Dafür werden die im vorangegangenen Abschnitt dargestellten Sachverhalte bewertet und in eine Delinquenzhypothese überführt.

▶ **Definition: Delinquenzhypothese** In der Delinquenzhypothese werden die tatkonstellierenden Faktoren und darauf gründend eine individuelle Tatdynamik ermittelt. Hierbei werden persönlichkeitsimmanente und situative Faktoren extrahiert und in ihrer Wechselwirkung beschrieben, die die Tatentscheidung und die Tathandlung determiniert haben (im Sinne von Dahle 2006).

Für die Erklärung der Straffälligkeit müssen

1. alle relevanten Informationen integriert,
2. eine individuelle Theorie zur Erklärung der Straffälligkeit anhand wissenschaftlicher Kriterien und vorhandener Theorien formuliert und
3. die Güte dieser Theorie evaluiert werden (Dahle 2010).

Im Verlauf des Urteilsprozesses mögen sich verschiedene Hypothesen über die Hintergründe der Straffälligkeit ergeben haben. Schlussendlich wird die rekursive Vorgehensweise, bei der Annahmen stets geprüft und verändert werden (siehe Abschn. 4.1), zu einer spezifisch auf den Einzelfall bezogenen Theorie führen. Dabei werden zunächst universelle Aspekte spezifiziert, deren individuelle Ausprägung beschrieben und erst dann Schlussfolgerungen zur Ursache der Delinquenz formuliert (siehe Abb. 4.2). Dieses Vorgehen stützt sich auf eine oder mehrere in der Literatur verfügbaren *Theorien* zur Erklärung von (straffälligem) Verhalten (Dahle 2010). Diese Theorien können den Fächern Sozial- oder Entwicklungspsychologie, Kriminalpsychologie, Klinisch-pathologische Psychologie oder Kriminologie und Soziologie entstammen. Welche theoretische Grundlage für die individuelle Ätiologie verwendet wird, hängt vom Einzelfall ab. Da menschliches Verhalten hochkomplex ist, wird es kaum eine Theorie geben, die für alle Fälle gleichermaßen brauchbar und gültig ist. Wird beispielsweise durch eine gemeinschaftlich begangene Tat der Fokus zunächst auf externale Einflussfaktoren gelegt, werden sicherlich eher sozialpsychologische Theorien zum Gruppenverhalten oder soziologische Ansätze (z. B. Identifizierung mit sozialer Randgruppe) und weniger ausgesprochen individuell-psychopathologische Zustandsbilder herangezogen.

Ganz gleich, welche theoretische Grundlage gewählt oder wie verschiedene theoretische Ansätze für die Erklärung der Straffälligkeit im Einzelfall miteinander verbunden werden, muss die Delinquenzhypothese in jedem Fall folgende Aspekte beleuchten und im Sinne einer Tatdynamik sinnvoll miteinander verknüpfen (siehe Abschn. 2.2.3 sowie Purvis et al. 2011):

- Grundlegende(s) Motiv(e) bzw. Bedürfnis(se), die direkt oder vermittelt mit der Straffälligkeit zusammenhängen;
- Internale Hindernisse, d. h. personale (Risiko-)Faktoren, die zur Straffälligkeit beigetragen bzw. diese erst ermöglicht haben;
- Externale, d. h. situative oder kontextuale (Risiko-)Faktoren, die zur Straffälligkeit beigetragen bzw. diese erst ermöglicht haben;
- Einschätzungen zu Veränderungspotentialen und der Stabilität der Faktoren.

Die erklärende Annahme über die Motive und Hintergründe der Tat muss sich durch die zuvor dargestellten Ergebnisse aus dem Diagnostikverfahren (z. B. Angaben zur Biografie und objektive Angaben zum Tatgeschehen) breit stützen lassen (Dahle 2010). Bei der Delinquenzhypothese geht es zudem nicht nur um die Benennung der grundlegenden Motive und vorhandenen dynamischen Risikofaktoren, sondern auch um die *Verdeutlichung ihrer kausalen Rolle in der Tatdynamik und ihre Wechselwirkungen* mit anderen Faktoren. Ist die Straffälligkeit eine Strategie, um ein Grundbedürfnis zu befriedigen, oder steht sie in einer indirekten Beziehung zu den Grundbedürfnissen (siehe Abschn. 2.2.2)? Haben die dynamischen Risikofaktoren den subjektiv wahrgenommenen Nutzen einer straffälligen Handlung gesteigert, die wahrgenommenen Kosten einer straffälligen Handlung reduziert oder wirkten sie auf die Entscheidungsfähigkeit und die psychosoziale Funktionsfähigkeit als solche (siehe Abschn. 3.3.4)? Welche Faktoren (besondere Fähigkeiten oder situative Gelegenheiten) mögen per se nicht kriminogen sein, aber die Straffälligkeit erst ermöglicht haben? Um nicht nur diese Fragen zu beantworten, sondern auch die Stabilität der Faktoren einschätzen zu können, müssen ebenso die Entwicklungsdynamiken im Lebenslauf beschrieben werden. Treten diese Faktoren nur in bestimmten Lebensphasen auf

4.5 Stellungnahme

oder haben sie sich über eine individuelle Lerngeschichte hinweg entwickelt, sind sie durch Reifung oder Intervention veränderbar (Dahle 2010)? Die Gesetzgebung verlangt bei der Diagnostik im Strafvollzug ein Vorgehen, das *wissenschaftlichen Kriterien* genügt (§ 8 StVollzG Bln). Das bedeutet für die Delinquenzhypothese nicht nur, dass empirische Befunde und bekannte Theorien heranzuziehen sind und der Urteilsprozess möglichst transparent darzustellen ist. Auch die Hypothese an sich kann unter wissenschaftlichen Gesichtspunkten bewertet werden. Die auf den Einzelfall zugeschnittene Hypothese zur Erklärung der Straffälligkeit ist eine Theorie wie jede andere. Nach Dahle (2010) kann demzufolge auch die Qualität einer solchen Theorie mittels der allgemein gültigen Gütekriterien überprüft werden:

- Kann die Theorie das Anlasstatgeschehen vollständig erklären (Erschöpfungsgrad)?
- Ist die Theorie mit bekannten Theorien und empirischen Befunden kompatibel (Widerspruchsfreiheit)?
- Beruht die Theorie auf hinreichend belegten und nachvollziehbaren Fakten (Einfachheit)?

Im Rahmen der Vollzugspraxis wird es zwar kaum möglich sein, alle diese Aspekte in aller Ausführlichkeit zu analysieren oder gar in der Stellungnahme zu diskutieren. Vielmehr dienen diese Kriterien der eigenen Reflexion und können für die Fallkonferenzen eine hilfreiche Grundlage sein, um die Güte der Erklärung und daraus resultierende Schlussfolgerungen zu diskutieren.

4.5.4 Kriminalprognostische Einschätzungen allgemein

Die Delinquenzhypothese ist die entscheidende Grundlage für die Erstellung des Vollzugs- und Wiedereingliederungsplans (§ 9 StVollzG Bln). Dabei kommt die Frage nach dem voraussichtlichen Entlassungszeitpunkt (Punkt 2 des Vollzugs- und Eingliederungsplanes) einer kriminalprognostischen Einschätzung des Legalverhaltens nach der Haft gleich. Deshalb sollte der Urteilsprozess bei dieser Einschätzung den allgemeingültigen Empfehlungen bei prognostischen Einschätzungen (Kröber et al. 2019) entsprechen. Ein wesentlicher Schritt zwischen der Delinquenzhypothese und der Vorhersage zukünftigen Verhaltens ist die Analyse der zwischenzeitlichen Veränderungen und Entwicklungen. Auch wenn der Beginn der Strafvollstreckung erst Jahre nach der Anlasstat erfolgen kann, liegen diese Veränderungen meist in der Zukunft. Deshalb bezieht sich zum Haftbeginn die *allgemeine rückfallprognostische Einschätzung auf den Ist-Zustand*. Wie wahrscheinlich wäre unter den derzeitigen Umständen eine vergleichbare Handlungsdynamik? Wahrscheinliche zukünftige Lebensperspektiven (z. B. Partnerschaft, Freundschaft, Freizeit, Arbeit, Wohnumfeld) zu beschreiben und im Hinblick auf die Grundbedürfnisse der Person zu bewerten, ist dann sehr viel stärker im Rahmen der Stellungnahmen zur Frage der vorzeitigen Entlassung von Belang. Deshalb tritt zum Zeitpunkt der Einweisung eine sehr dezidierte Analyse potentieller Konstellationen, die auch in Zukunft straffälliges Verhalten wahrscheinlich machen (Dahle 2010; Hart et al. 2017), eher in den Hintergrund.

Diese rückfallprognostische Einschätzung ist für die Planung des Vollzugs maßgeblich. Hat jemand beispielsweise eine günstige Prognose und könnte sehr wahrscheinlich nach zwei Dritteln der Strafzeit vorzeitig entlassen werden? In dem Fall sind Behandlungsmaßnahmen an diesen zeitlichen Rahmen gebunden und auch die Entlassungsvorbereitung muss viel eher geplant werden. Um den Entwicklungspotentialen auch bei ungünstigen Prognosen ausreichend Rechnung zu tragen, sind unterschiedliche Szenarien zu benennen, die deutlich aufzeigen, welche Veränderungen warum entscheidend für eine Verbesserung der Prognose wären. Veränderungspotentiale genau zu beleuchten und die Möglichkeiten im Rahmen der Angebote im Vollzug auszuloten, spielt demnach eine große Rolle bei der prognostischen Einschätzung zu Haftbeginn.

Bevor jedoch diese eher detaillierte, einzelfallorientierte prognostische Einschätzung niedergeschrieben wird, muss eine Ausrichtung hinsichtlich der *Grundwahrscheinlichkeit eines Rückfalls* (z. B. Basisrate) für sich selbst und die Leserin oder den Leser geschaffen werden. Damit wird die einzelfallorientierte Einschätzung auf eine empirische Grundlage gestellt (Rettenberger 2018). Die Untersuchung mit statistisch-nomothetischen Instrumenten bedarf einer kurzen Begründung für den Einsatz der jeweils gewählten Instrumente (siehe Abschn. 3.3.1). Die Ergebnisse der Untersuchung sind schließlich zu diskutieren und in das Gesamtbild einzubetten. Die Darstellungen der Ergebnisse sind vor allem deshalb von Belang, weil sie das statistische Eingangsrisiko abbilden und später, z. B. zum Zeitpunkt einer vorzeitigen Entlassung, Veränderungen von Risikomerkmalen abbilden und somit objektivieren können.

In der *Kommunikation dieser Befunde* erscheint der direkte und möglichst präzise Bezug der Person zur Vergleichsgruppe aus der Normstichprobe sehr sinnvoll. Wie viele Personen mit einem ähnlichen Wert wurden in welchem Zeitraum nach welchem Kriterium (z. B. erneute Haftstrafe) rückfällig (Jehle et al. 2020)? Eine exakte Risikokommunikation ist wichtig, weil unterschiedliche Lesende unterschiedliche Vorstellungen von einem „mittleren Risiko" haben. Zugleich haben Risikolevel oder allgemein formulierte Risikokategorien in den verschiedenen Verfahren und je nach Normstichprobe und Rückfallkriterium unterschiedliche Bedeutungen. Beispielsweise entspricht die höchste Risikokategorie beim Static-99 R, einem Verfahren zur Risikoprognose von Sexualstraftätern oder Sexualstraftäterinnen, einer einschlägigen Rückfallwahrscheinlichkeit von 20 bis 50 % (Hanson et al. 2013)[1] und die höchste Risikokategorie beim LSI-R einer Wahrscheinlichkeit von 87 %, innerhalb von fünf Jahren nach Entlassung zu einer erneuten Haftstrafe verurteilt zu werden (Dahle et al. 2012). Die Art der Kommunikation des Rückfallrisikos hat zugleich einen bedeutsamen Einfluss auf nachfolgende Entscheidungen. So konnten Scurich und John (2011) in einem Experiment zeigen, dass häufiger für eine vorzeitige Entlassung votiert wurde, wenn neben der Rückfallwahrscheinlichkeit (26 %) auch die komplementäre Wahrscheinlichkeit, straffrei zu bleiben (74 %), kommuniziert wurde, im Vergleich zu der alleinigen Angabe der Rückfallwahrscheinlichkeit.

Neben den Aussagen zur Grundwahrscheinlichkeit können komplexere Verfahren, die auch *dynamische Risikofaktoren* erheben, Hinweise für inhaltlich relevante Faktoren liefern. Diese Hinweise sind jedoch immer in Bezug zum Einzelfall zu setzen. Es ist essenziell, die individuelle Bedeutung der ermittelten Risikoprofile zu erklären und etwaige Diskrepanzen zwischen den Ergebnissen des Verfahrens und der Einzelfalleinschätzung zu diskutieren (siehe Abschn. 3.3). Auch dies sollte in der Stellungnahme transparent werden.

4.5.5 Einschätzung im Hinblick auf Behandlungsmaßnahmen im Vollzug

Die Diagnostik am Haftbeginn bezweckt, für jeden Einzelfall jene Maßnahmen zu ergründen und sinnvoll zu planen, die am besten ermöglichen, das Vollzugsziel der Resozialisierung zu erreichen. Für diese Planung ist ein *übergeordneter Rahmen* zu wählen, in den sich die einzelnen Maßnahmen einbetten. Dieser Rahmen gestaltet sich maßgeblich nach den individuellen Lebenszielen und der sozial verträglichen Erfüllung der subjektiv bedeutsamen Grundbedürfnisse (siehe Abschn. 2.2). Formuliertes Anliegen der Behandlungsmaßnahmen sollte ein zufriedenstellendes Leben in sozialer Verantwortung sein und nicht

---

[1] Zu bedenken ist, dass es zum Static-99 R keine Normstichproben im deutschsprachigen Raum gibt und sich diese Daten deshalb nicht ohne Weiteres auf die hiesige Population übertragen lassen (siehe Abschn. 3.3.1).

die alleinige Reduzierung von Risikofaktoren. Letzteres ist auf dem Weg dorthin zwar unabdingbar, die Reduktion von Risiken steht jedoch im Dienst der Verwirklichung individueller Lebensentwürfe. Um nachhaltig zu wirken, muss die Behandlung deshalb nicht nur Störfaktoren entfernen, sondern auch sinnstiftende Alternativen aufzeigen (Ward und Stewart 2003). Daraus folgt, dass die Planung der Behandlungsmaßnahmen 1) inhaltlich detailliert begründet und 2) chronologisch priorisiert wird.

Für die *inhaltliche Begründung* der Behandlungsmaßnahmen ist der konkrete Bezug zur Delinquenzhypothese wichtig. Welche Grundbedürfnisse wurden als individuell bedeutsam identifiziert, die direkt bzw. indirekt mit der Straffälligkeit in Zusammenhang standen? Welche Schritte sind nötig, um die individuell bedeutsamen Bedürfnisse sozial verträglich erfüllen zu können, und warum? Welche Kompetenzen müssen dafür erworben werden? Welche Maßnahmen sind geeignet, um beim Aufbau dieser Kompetenzen zu unterstützen? Welche Risikofaktoren werden durch diese Maßnahmen gezielt adressiert? Welche weiteren Maßnahmen zur Reduktion des Risikopotentials sind außerdem notwendig? Das heißt, die Frage, was ein zufriedenstellendes Leben in sozialer Verantwortung bedeutet, muss individuell für die und gemeinsam mit der betreffenden Person beantwortet werden (Barnao 2013).

Für die *chronologische Planung* ist das individuell bedeutsame Ziel, welches innerhalb des Vollzugs erreicht werden kann, in Teilschritte aufzugliedern und die dabei adressierten Risikofaktoren sind genau zu benennen. Welche Ressourcen müssen zuerst aufgebaut bzw. gestärkt werden? Auf welche Teilerfolge stützt sich der Aufbau neuer Ressourcen? Somit ist der Behandlungsplan keine unstrukturierte Liste ausgewählter Behandlungsmaßnahmen, sondern folgt einem individuellen Fahrplan, dessen Zweck die Verwirklichung subjektiv bedeutsamer Lebensziele ist (Purvis et al. 2011).

Eine Aufgliederung des individuellen Vollzugsziels in Teilziele und eine dezidierte Beschreibung der Gründe, warum eine Behandlungsmaßnahme vorgeschlagen wird, was genau diese bewirken soll und in welchen Wirkbeziehungen sie zu anderen Maßnahmen oder Ereignissen steht, sind auch für die Verlaufsbeurteilung wichtig. Wäre in dem Fallbeispiel von Herrn Müller allein die Anti-Alkohol-Gruppe geplant worden, weil die Straftat im Kontext des Alkoholkonsums stand, besäße der oder die Beurteilende am Ende der Haft kaum Kriterien und Anhaltspunkte bezüglich des Erfolges der Maßnahmen zur Resozialisierung, zumal die Abstinenz unter kontrollierten Bedingungen wenig aussagekräftig für zukünftiges Konsumverhalten ist.

Wie stark während der Haftzeit begleitet und interveniert werden muss, um auf das Leben in Freiheit vorzubereiten, hängt vom Einzelfall ab. Je schwer-

4.5 Stellungnahme

wiegender die internalen Hindernisse (personale Risikofaktoren) sind, die die Tathandlungen determiniert haben, umso umfassender ist der *Behandlungsbedarf* (Risk Principle; siehe Abschn. 2.1).

Doch nicht jede Person, die einen hohen Behandlungsbedarf hat, kann per se eine behandlerische Maßnahme (z. B. in der SothA) ohne große Hindernisse durchlaufen. Deshalb gehören zu der Einschätzung von Behandlungsmaßnahmen auch Aussagen zur Behandlungsfähigkeit und Behandlungsmotivation. Die *Behandlungsfähigkeit* beschreibt dabei die intellektuellen, verbalen und sozialinteraktionellen Ressourcen des oder der Betreffenden, die eine Behandlung ermöglichen (Dahle 1997). Die geplanten Maßnahmen sollten gemäß dem Responsivity-Prinzip (Andrews und Bonta 2010; siehe Abschn. 2.1) zu den Fähigkeiten des Betreffenden passen. Dazu zählen auch die Belastbarkeit und die Fähigkeit, sich selbst zu reflektieren bzw. infrage zu stellen. Falls eine umfassende therapeutische Intervention nicht möglich ist, sollten alternative Maßnahmen (z. B. niederschwellige Gesprächsangebote) vorgeschlagen werden, die zumindest erste Teilschritte erreichbar machen. Unter anderem kann die (oftmals bereits während der U-Haft durchgeführte) Sprachstandsdiagnostik Auskunft über den Bedarf an Sprachvermittlung geben, welche die Behandlungsfähigkeit erhöht. Sprachkurse sind aber auch ohne weitere Behandlung förderlich für die Befriedigung grundlegender Bedürfnisse (z. B. soziale Kontakte, gesellschaftliche Teilhabe). Doch nicht nur die Person gibt die Möglichkeiten einer Behandlung innerhalb des Vollzugs vor. Der Vollzug selbst hat Grenzen (z. B. Behandlungskapazitäten, Art und Auswahl der angebotenen Maßnahmen), die es bei der Einschätzung mit zu berücksichtigen gilt.

Die *Behandlungsmotivation* verweist auf eine gewünschte Veränderung und die Bereitschaft, damit einhergehende Unannehmlichkeiten auszuhalten. Dieses vielschichtige Konstrukt bezieht sich nicht nur auf die Intention einer Veränderung, sondern auch auf die generelle Haltung zu Behandlung und Hilfe sowie das Selbstvertrauen in behandlungsbezogene Handlungskompetenz (Dahle 1997). Gerade im intramuralen Setting, in dem es wenige Möglichkeiten zu einem selbstbestimmten Handeln und zur Entfaltung gibt, ist die Behandlungsmotivation zunächst oft eher gering bzw. als sekundär zu betrachten, weil davon z. B. erleichternde Umstände erwartet werden. Dem Setting im Strafvollzug fehlt die Freiwilligkeit und die gelegentlich als Behandlungszwang erlebte Anforderung der Vollzugsplanung führt mitunter zu Misstrauen und Feindseligkeit, welche dem Behandlungsanliegen diametral entgegenstehen.

Im Strafvollzug sind wahrgenommene Behandlungsmaßnahmen eng verbunden mit der Möglichkeit, größere Freiräume und Vollzugslockerungen zu erreichen. Vor diesem Hintergrund entstehen sogenannte Sekundärmotivationen, die zur Aufnahme einer Behandlung führen und durch mehr Erfahrung mit der sowie Einblick in die Behandlungsarbeit zu einer Primärmotivation werden können (Dahle 1997). Dieser Prozess kostet jedoch viel Zeit, die für die Erarbeitung der gewünschten Effekte verloren geht. Deshalb ist es wichtig, das Thema Behandlung nicht vorrangig im Kontext der dynamischen Risikofaktoren, Störfaktoren und der Risikoreduktion zu kommunizieren, um etwaige Widerstände und Misstrauen in die Hilfestellungen gering zu halten. Vielmehr sollten anhand der subjektiv bedeutsamen Lebensziele Hilfestellungen zu deren Verwirklichung angeboten werden. Wenn diese Ziele und Interventionsmöglichkeiten gemeinsam mit der betreffenden Person erarbeitet und formuliert werden, können Veränderungsmotivation, -bereitschaft und Commitment leichter aufgebaut werden (Ward 2002).

Nicht jede Diagnostik am Haftbeginn wird diesen hohen Anforderungen an eine dezidert theoriegeleitete, ressourcen- und zukunftsorientierte Behandlungsplanung nach dem GLM bei gleichzeitiger Beachtung der RNR-Prinzipien realisieren können. Doch auch in der Einweisung von Personen mit kurzen Strafresten ist eine solche Haltung von Bedeutung. Allein die Identifizierung von kurz- und mittelfristigen Zielen kann sinnvolle Hinweise zur Gestaltung der Vollzugszeit und der Entlassungsvorbereitung nicht nur für den Vollzug, sondern auch für die Betreffende oder den Betreffenden selbst liefern.

4.5.6 Aussagen zur Vollzugsform

Im Vollzugs- und Eingliederungsplan ist gemäß § 10 Absatz 1 unter Punkt 3 StVollzG Bln die Unterbringung der inhaftierten Person im geschlossenen oder offenen Vollzug darzulegen und zu begründen. Während die Unterbringung im geschlossenen Vollzug zunächst den Sicherungsaspekt in den Vordergrund stellt und somit risikoorientiert fokussiert, lässt die Unterbringung im offenen Vollzug deutlich mehr Freiheiten zu und ist somit ressourcenorientiert.

Vor der Entlassung einer inhaftierten Person sollte diese grundsätzlich in den offenen Vollzug aufgenommen werden, um mit umfassenden Vollzugslockerungen und ggf. Freigang die Behandlungseffekte zu validieren, zu stabilisieren und sie in den Empfangsraum zu begleiten. Allerdings ist die Aufnahme in den offenen Vollzug an gesetzlich vorgegebene Bedingungen geknüpft. Gemäß § 16 StVollzG Bln sind hier inhaftierte Personen aufzunehmen, die den besonderen Anforderungen des offenen Vollzugs genügen, insbesondere solche, bei denen keine Flucht- und/oder Missbrauchsgefahr gesehen wird. In der Regel sind damit Personen angesprochen, deren Straffälligkeit oder Verhalten nicht mit starken internalen Dynamiken, wie Impulsivität oder mangelnder Affektregulation, in Verbindung gebracht werden und bei denen eine Vereinbarungs- und Absprachefähigkeit anzunehmen ist. Es geht hier auch um eine Frage, deren Beantwortung eine Verhaltensprognose verlangt. Diese Prognose ist aber nicht deckungsgleich mit der allgemeinen kriminalrückfallprognostischen Einschätzung, die die Frage der Entlassungsprognose beantworten soll. Bei der Einschätzung der Missbrauchs- und Fluchtgefahr ist herauszuarbeiten, inwieweit die offene Vollzugsform das Legalverhalten des oder der Betreffenden stärkt und ein Trainingsfeld für die Bewältigung sozialer Anforderungen darstellt. Die straffällig gewordene Person muss von Beginn an über ausreichende Ressourcen verfügen oder diese im geschlossenen Vollzug durch intensive Behandlung oder Begleitung aufgebaut haben. Sollte die Eignung für den offenen Vollzug verneint werden, so ist darzulegen, welche Ziele die inhaftierte Person erreichen muss, um diese Eignung zu erreichen. Eine weitere wesentliche Aufgabe der Vollzugsplanung besteht somit in dem Eröffnen von Entwicklungsperspektiven, die unter Haftbedingungen realisierbar sind. Die Gründe für die Entscheidung, welche Unterbringungsform als geeignet erscheint, sowie die Einschätzung hinsichtlich der Behandlungsziele zum Erreichen der Eignung für den offenen Vollzug und eine vorzeitige Entlassung sind in der Stellungnahme anhand der gewonnenen Ergebnisse aus dem Diagnostikverfahren dezidiert darzulegen (siehe Fallbeispiel zur Stellungnahme).

4.5.7 Entlassungsvorbereitung

Laut Gesetzgebung sind bereits am Anfang der Haft Maßnahmen zur Entlassungsvorbereitung zu diskutieren und zu planen (§ 46 StVollzG Bln). Da der Vollzug auf das Leben in Freiheit vorbereiten soll, richten sich die Interventionen von Beginn der Haft an auf die Zeit nach der Haft aus. Ein besonderer Fokus liegt dabei auf den konkreten, aufeinander aufbauenden Schritten zur Umsetzung des subjektiv bedeutsamen Lebensplans. Wird beispielsweise eine handwerkliche Tätigkeit angestrebt, beinhaltet die Vollzugsplanung eine Ausbildung oder Qualifizierung in einem geeigneten Beruf. Entsprechend einer bedeutsamen Lebensplanung ist in Berlin im Aufnahmeverfahren ein umfassendes Kompetenzfeststellungsverfahren für inhaftierte Personen integriert, mit dem die Stärken und Neigungen herausgearbeitet und in eine berufliche Zielplanung übergeleitet werden. Die Ergebnisse werden Bestandteil der GPA und bereits bei der Exploration mit der betreffenden Person erörtert (siehe Fallbeispiel im Abschn. 4.4).

In der Entlassungsvorbereitung sollen internale Ressourcen (z. B. mit interpersonellen Konfliktsituationen konstruktiv umzugehen) erprobt und externale Ressourcen (z. B. unterstützende soziale Kontakte, zufriedenstellende berufliche Tätigkeit) aktiviert bzw. entwickelt werden. Dabei sind nicht nur die für die Erreichung der priorisierten Grundbedürfnisse und Lebensziele notwendigen Ressourcen zu beachten, sondern alle Lebensbereiche einzubeziehen (z. B. Wohnumfeld, finanzielles Auskommen, Freizeitgestaltung und Partnerschaft), die ein zufriedenstellendes, sozial verträgliches Leben in Freiheit gewährleisten können. Neben dem Fokus auf individuelle Lebensziele geht es bei der Planung der Entlassungsvorbereitung auch um die Klärung, ob und, wenn ja, welche Restriktionen, Kontrollen, Hilfen für die betreffende Person bzw. welche Maßnahmen zum Schutz potentieller Opfer angezeigt sind (Dahle 2010).

Die Planung der Entlassungsvorbereitung zum Zeitpunkt des Eintritts in den Strafvollzug ist jedoch je nach Haftzeit unterschiedlich. Während man beispielsweise bei einer kurzzeitig inhaftierten Person gut Vorhersagen zum Entlassungsumfeld machen und diese Person mitunter auch schnell über Vollzugslockerungen an externe Hilfseinrichtungen, wie Straffälligenhilfe, Suchtgruppen usw. anbinden kann, liegt die Entlassungssituation für eine Person, die eine lebenslange Freiheitsstrafe zu verbüßen hat, in weiter Ferne. Je nach zeitlichem Rahmen nimmt die Planung der Entlassungsvorbereitung deshalb unterschiedlich viel Raum in der Stellungnahme ein.

Fallbeispiel

Im Folgenden wird ein Beispiel für eine Stellungnahme am Fall von Herrn S. in Auszügen dargestellt. Illustrativ beinhaltet die Stellungnahme Ergebnisse des Diagnostikverfahrens und gibt neben der prognostischen Einschätzung Empfehlungen für den Vollzugs- und Eingliederungsplan.

Auszug aus der Darstellung des **Anlassdelikts**

„Der zum Tatzeitpunkt 42-jährige Herr S. begab sich mit seiner Freundin zum Fußballstadion seines Vereins, um ein Spiel zu sehen. In der Nähe seines bevorzugten Sitzplatzes hatte ein gegnerischer Fan, Herr M., Platz genommen. Wie üblich trank Herr S. Bier, wobei die Menge nicht mehr feststellbar war. Nach dramatischen Minuten im Spiel und sich daraus ergebenden Anfeindungen zwischen Herrn S. und Herrn M., die Herrn S. zunehmend erregten, stieg dieser plötzlich und ohne weiteren erkennbaren Anlass über eine Sitzreihe, um Herrn M. eine Bierflasche auf den Kopf zu schlagen. Herr M., der von diesem Angriff vollkommen überrascht und wehrlos war, erlitt eine Kopfplatzwunde und musste ärztlich versorgt werden. Noch während des durch den Angriff entstandenen Tumults bei den umstehenden Zeugen des Geschehens ging Herr S. zurück auf seinen Platz und kümmerte sich nicht weiter um das Opfer [...]. Die noch am gleichen Tag durchgeführte Blutalkoholkontrolle ergab einen Wert von 1,8 Promille."

Auszug aus der **Darstellung relevanter biografischer Ereignisse**
Aus dem Gutachten zur Frage der Schuldfähigkeit:
„[...] Herr S. durchlief eine relativ unauffällige Kindheit, die jedoch durch einen alkoholkranken Vater belastet war, der seine Mutter und ihn schlug. Schließlich trennte sich die Mutter von ihrem gewalttätigen Mann und nahm eine neue Beziehung auf; Herr S. war zu diesem Zeitpunkt 12 Jahre alt. Der Einzug des neuen Partners in die ehemals elterliche Wohnung führte zu häuslichen Spannungen. Herr S. lehnte den neuen Partner ab, da dieser sich in die Erziehung einmischte. Er entzog sich zunehmend dem mütterlichen Einfluss, was mit einem unregelmäßigen Schulbesuch korrespondierte. Herr S. schloss sich gleichgesinnten Jugendlichen an, die sich ebenfalls dem Einfluss erwachsener Fürsorge weitgehend entzogen. Ab dem 14. Lebensjahr begann Herr S. Alkohol zu konsumieren und nur noch nach Hause zu gehen, wenn der Partner der Mutter nicht zugegen war. Alternativ schlief er bei Kumpels oder auf der Straße. Nachdem seine Mutter sich auch von ihrem neuen Partner getrennt hatte, kehrte Herr S. 16-jährig in das Elternhaus zurück, beendete die Hauptschule mit der 9. Klassenstufe und begann eine Qualifizierung zum Tischlergehilfen. Aufgrund seines übermäßigen Alkoholkonsums wurde die Qualifizierung abgebrochen; zugleich musste sich Herr S. erstmalig vor Gericht verantworten. Es folgte ein Leben, welches geprägt war von strafrechtlichem Fehlverhalten, Gefängnisaufenthalten und unsteter Lebensführung [...]."

Aus den eigenen Angaben:
„[...] Während der beruflichen Qualifizierung habe er den Alkoholkonsum nicht mehr kontrollieren können, was zu ersten Diebstählen und vor Gericht geführt habe. Im Alter von 21 Jahren sei er eine feste Beziehung eingegangen und habe die gleichaltrige Frau geheiratet. Die Beziehung sei schnell in die Krise geraten, da er unter Alkoholeinfluss sehr aggressiv aufgetreten sei. Zudem habe eine erste Haftstrafe zur Trennung geführt. 24-jährig habe er eine gefährliche Körperverletzung im Rahmen einer Auseinandersetzung in seiner Stammkneipe begangen. Die Scheidung sei während der darauf folgenden dreijährigen Haft, im

Alter von 25 Jahren, erfolgt. Eine weitere Ehe sei er nicht eingegangen. In den folgenden Jahren habe er mehrere kurzfristige und gelegentlich auch mittelfristige Beziehungen aufgenommen, die jedoch ohne weitere Perspektiven geblieben seien […].

[…] Nach seiner ersten Entlassung aus der Haft habe er sich einer Hooligan-Gruppe angeschlossen und sich in die Fanszene integriert. Man habe sich regelmäßig in den Fan-Lokalen getroffen, sei zu den Heimspielen gegangen, weshalb er eine Jahreskarte besessen habe. Für die habe er immer Geld gehabt, denn seine Mannschaft zu unterstützen und mit den anderen mitgehen zu können sei ihm wichtig gewesen. In regelmäßigen Abständen sei es mit anderen Fan-Gruppierungen zu körperlichen Auseinandersetzungen gekommen, sodass er im Alter von 29 Jahren erneut für zwei Jahre und zwei Monate in Haft gekommen sei […].

[…] Im jetzigen Tatzeitraum habe er sich beruflich mithilfe einer Zeitarbeitsfirma über Wasser gehalten, habe aber befürchtet, seine Jahreskarte nicht mehr finanzieren zu können, wenn er keine feste Anstellung finden könnte. Auch habe ihn frustriert, dass er in seinem Vereinslokal aufgrund seines impulsiven und aggressiven Auftretens unter Alkoholeinfluss Hausverbot hatte. Zudem habe er sich in einer anstrengenden Beziehung befunden, da die Freundin an ihn Ansprüche formuliert habe, die er weder habe erfüllen können noch wollen […].

[…] Er finde nicht, dass er in seinem Leben etwas ändern müsse, solange er zu den Heimspielen seines Fußballvereins gehen könne. Wenn er seine Jungs nicht mehr spielen sehen könne, könne er sich gleich vergessen. Auf seinen Verein lasse er nichts kommen, in seinem Leben hätten die Fußballspiele höchste Priorität. Sein ganzes Leben ranke sich um den Fußball. Den Alkohol habe er im Griff, nur gelegentlich schlage er mal über die Stränge […]."

Auszug aus der Darstellung der **Kriminalitätsentwicklung**

„[…] Laut Urteil und dem Bundeszentralregister (BZR) ist Herr S. bereits 11-mal strafrechtlich in Erscheinung getreten. Seit seinem 18. Lebensjahr musste er sich etwa alle zwei Jahre vor einem Gericht verantworten. Seine Deliktstruktur reicht von einfachem Diebstahl bis zu schwerer Körperverletzung in den letzten Jahren, zunächst gemeinschaftlich, schließlich wiederholt auch einzeln handelnd […].

Dem BZR vom 17.06.2020 ist zu entnehmen, dass Herr S. bereits drei Freiheitsstrafen vollständig verbüßte. Zwei Bewährungsstrafen wurden

4.5 Stellungnahme

ohne Widerruf erledigt. Straftaten unter Alkoholeinfluss sind mehrfach ausgewiesen [...]."

Auszug aus den Explorationsinhalten **zur Straftatauseinandersetzung**

„[...] Befragt zu dem Streit mit seinem Opfer gab Herr S. an, die Bierflasche lediglich aufgrund der heftigen verbalen Attacken des Opfers auf dessen Kopf geschlagen zu haben. Er lasse sich von so einem ‚Idioten' nicht sagen, er sei Fan von einem ‚Luschenverein'. Dass der so verletzt worden sei, habe er nicht mitbekommen, könne er sich auch nicht vorstellen, denn so hart habe er nicht zugeschlagen. Wahrscheinlich sei dem noch ein anderer auf den Kopf getreten, als er vom Schlag gefallen sei. Angaben zu seinem Alkoholkonsum machte Herr S. dahingehend, dass er eigentlich nicht mehr saufe, weil dann immer so ‚blöde Sachen' passieren. Hätte er nicht den Alkohol getrunken, wäre auch nichts passiert. Wenn jedoch seine Jungs spielen, dann gehöre es einfach dazu [...].

[...] Eigentlich tue ihm das Ganze leid, weil er nun wieder im Gefängnis sitzen müsse. Das sei doch verschwendete Lebenszeit [...]."

Auszug aus der Darstellung zur **Persönlichkeit**

Zum Gesprächseindruck:

„[...] Herr S. erschien angemessen gekleidet und pünktlich zum Explorationsgespräch. Der große, kräftige Mann wirkte gespannt, zeigte dabei aber eine gerade noch ausreichende Offenheit. In der Kommunikation konnte er sich angemessen ausdrücken, neigte jedoch zu durchgängigen Jargon-artigen Äußerungen, die dem Gesagten eine teilweise negative Konnotation verliehen (‚die Weiber haben doch keine Ahnung von Fußball').

Zunächst präsentierte sich Herr S. äußerst misstrauisch, stellte infrage, überhaupt einem kompetenten Gesprächspartner gegenüber zu sitzen (‚Ick globe nich, dat Sie mich verstehen, mit Ihrer Psychologie'). Unbedenkliche Themen, wie Freizeitgestaltung und Arbeitsbereich, schilderte er flüssig, ohne großes Zögern oder nachdenkliches Innehalten. Bezüglich der Schilderung seiner Partnerschaften begann sich Verächtliches im Ausdruck zu zeigen. Hinsichtlich seiner Straftaten war ein stabiles, überzeugtes Rechthaben zu erkennen. Schuldgefühle, Scham oder Wiedergutmachungswillen waren nicht erlebbar. Seinen tendenziell misstrauischen Interaktionsstil behielt er weitgehend bei.

Emotional erregt zeigte sich Herr S. im Gespräch vor allem, wenn er sich genervt fühlte bzw. verunsichert war, was sich schnell einstellen konnte (‚Wozu die janzen Fragen, Sie stecken mich ja doch in den geschlossenen Vollzug'). Seine geringe Frustrationstoleranz erschwerte den Dialog, da Herr S. Nachfragen gelegentlich direkt als Kritik wertete. (‚War der Mann wegen Ihres Schlages mit der Flasche gefallen?' ‚Ick weeß schon, Sie wollen mir dit anhängen, weil Se denken, ick bin son Säufer, mit dem Si't machen können.') Eine positive Ausnahme bestand in dem schwärmerischen Erzählstil bezüglich seines Fußballvereins […].

Zum Beziehungsverhalten:

[…] In der Exploration gelang es nicht, mit Herrn S. eine stabile Basis für eine Arbeitsbeziehung zu finden. Bisweilen vermied er den Blickkontakt und blieb in einer überwiegend angespannten und gereizten Stimmung. Zwar beantwortete Herr S. die an ihn gestellten Fragen, wenngleich auch nicht sehr umfassend, blieb aber beständig auf Distanz und in Abwehr. Vital und überzeugt trat er auf, wenn er seine Meinung oder Haltungen zu verschiedenen Sachverhalten frei äußern konnte (‚Wenn die Weiber stressen, dann gehe ick. Ick lass mir von denen doch nüscht vorschreiben.'). Möglichkeiten, seine Haltungen zu hinterfragen, ließ Herr S. nicht zu. Egozentrische Überzeugungen wie ‚ick mache dit, wie ick will, da lass ick ma nich rinreden' oder ‚so wie ick dit sehe, so isses nunmal' wurden unumstößlich vorgetragen und beendeten die weitere Befragung zu den jeweiligen Themen.

Ebenso war es nicht gelungen, tiefergehende Einblicke in die Gefühle und Verarbeitungsmechanismen von Herrn S. zu erhalten […].

Zur Alkoholanamnese:

[…] Bezüglich seines Alkoholkonsums blieb Herr S. bedeckt. Eigentlich trinke er nur ein paar Bierchen beim Fußballschauen oder beim Angeln, ansonsten habe er gar kein Geld dafür. Rausch kenne er nur als Jugendlicher, früher habe er mehr gesoffen. Seinen ersten Alkohol habe er mit 14 Jahren getrunken. Er und ein paar Kumpels hätten sich während des Schuleschwänzens gelangweilt, deshalb Alkohol gestohlen und getrunken. Abstinenzerscheinungen kenne er nicht, auch brauche er nicht immer mehr Alkohol, um zu dem gewünschten Effekt zu kommen. (Welcher Effekt ist denn erwünscht?) Lockerer zu werden, mehr aus sich herausgehen zu können […].

Zum Vollzugsverhalten:

[…] Aus der Aktenlage ergaben sich Informationen, die auf ein impulsives und tendenziell aufbrausendes Verhalten hindeuten, was sich

4.5 Stellungnahme

in dem Tatgeschehen widerspiegelt. Den „Texten zu dem Gefangenen" war zu entnehmen, dass Herr S. von den betreuenden AVD-Beamten als unangemessen impulsiv auftretend wahrgenommen wurde. Schnell spüre er Ärger und zeige sich ungehalten bei negativen Entscheidungen im Vollzugsalltag. Mitunter reagiere er aggressiv und erregt, wobei er sich kaum beruhigen lasse. Weiter war zu erfahren, dass Herr S. kaum Kontakt zu anderen inhaftierten Personen pflege bzw. schnell in Streit gerate [...]. Den Regeln und Vorgaben komme Herr S. überwiegend nach und halte sich an die Anweisungen des Personals. Wenn von ihm vermeintliche Ungleichbehandlung wahrgenommen werde, zeige er sich mürrisch-aufbrausend und insistiere auf direkte Abstellung des von ihm beklagten Umstands. Zum Beispiel errege sich Herr S., wenn durch das nacheinander erfolgende Verschließen der Zellentüren die letzten Gefangenen noch schnell heißes Wasser in der Stationsküche bereiten könnten im Gegensatz zu denen, die als erste unter Verschluss genommen würden. Hinweise, dass vor dem Einschluss genug Zeit zur Verfügung gestanden hätte, erzürnten ihn nur umso mehr, weil aus seiner Sicht das Problem nicht erkannt wurde [...]. Besuch erhalte Herr S. von seiner Bekannten [...]."

Auszug aus der Darstellung der **sozialen Kompetenzen**

„[...] Lt. Urteil und mit übereinstimmenden eigenen Angaben absolvierte Herr S. die Schule ohne größeren Schwierigkeiten bis zum Wechsel in die Oberschule im Alter von 12 Jahren. Dort begann er zu schwänzen und sich anderen Kindern anzuschließen, mit denen er sich am Vormittag rumtrieb und Diebstähle beging [...].

[...] Nach eigenem Bekunden war Herr S. einmal verheiratet (‚war een großer Fehler jewesen'). Anschließend sei er viele (eine genaue Zahl konnte er nicht nennen) Partnerschaften eingegangen (‚Weiber sind mir nicht wichtig, die machen eh nur Stress'). Eine Freundin, mit der er bereits viele Jahre bekannt ist und eine On- und Off-Beziehung führt, steht weiterhin zu ihm [...]. Lt. seinen Äußerungen empfinde er Beziehungen als zu einengend, da er lieber machen möchte, was er wolle. In seiner Wahrnehmung waren die Frauen immer sehr eifersüchtig, zumal der Verein bei ihm an erster Stelle stehe [...].

[...] Kinder habe er nicht, soweit er wisse (lacht) [...].

[...] Entsprechend der Aktenlage gestaltete Herr S. seine Freizeit überwiegend mit Treffen von Kumpels. Ein fester Kern von etwa acht Männern stellt den Fan-Kreis dar. Treffpunkt waren diverse Kneipen und eine feste

Gaststätte, wo sie einen Fan-Tisch hatten. Die Frage, ob einige dieser Kumpels auch Mittäter bei seinen Straftaten waren, bejahte Herr S. […].
[…] Fußball spielte er selbst nur als Kind. Sein impulsives Auftreten habe jedoch schnell zu Ärger mit seinem Trainer, den Schiedsrichtern und den Mitspielern geführt. Bei dem Gefühl von Ärger sei er wütend geworden und habe zugetreten. Sein Ärger und die damit verbundenen Konsequenzen hätten schließlich zur Aufgabe der sportlichen Betätigung geführt. Aktuell spiele er keinen Fußball, da es ihm zu anstrengend sei (‚das Hin- und Hergerenne ist nicht mehr mein Ding') […]."

Auszug aus der Darstellung des **Empfangsraums**
„[…] Aufgrund der Inhaftierung musste Herr S. seine Wohnung aufgeben, sodass aktuell kein Wohnraum außerhalb der Justizvollzugsanstalt besteht. Nach seiner Entlassung strebe Herr S. an, in seinen Kiez zurückzuziehen. Dabei zähle er auf die Hilfe und Unterstützung seiner reichlich vorhandenen (der Auszug seines Besuchsregisters bestätigt dies nicht) Kumpels […].

[…] Einer regelmäßigen Arbeit möchte Herr S. nicht nachgehen. Seine Einnahmen aus staatlichen Transferleistungen und gelegentlichen Einnahmen in der Zeitarbeitsfirma reichten ihm aus. Gemäß seinen Angaben sei er damit zufrieden […].

[…] Eine emotional bindende Partnerschaft bestehe derzeit nicht, werde von Herrn S. auch nicht angestrebt. Es bestehe lediglich ein unverbindlicher Kontakt zu der Frau, die beim Anlassdelikt dabei war (‚Die Eene, die bei der Tat dabei jewesen is, reicht ma!') […].

[…] Während seiner Bewährungen gelang es Herrn S., einen regelmäßigen Kontakt zu einem Bewährungshelfer aufzubauen, auf den er auch aktuell zurückgreifen könne. Er bekundete, sich an diesen wenden zu wollen, jedoch nur im Falle einer vorzeitigen Entlassung. Weitere Hilfsangebote lehnte Herr S. ab. Er betonte, dass er sein Leben gut im Griff habe. Zukunftspläne, die sich nicht auf die Wiederherstellung des Status quo bezogen, benannte Herr S. nicht […]."

Auszug aus der Darstellung zur **Delinquenzhypothese**
„[…] Herr S. verbüßt eine Freiheitsstrafe von drei Jahren und sechs Monaten.
Das Strafende ist auf den 31.12.2023 notiert, das Zweidrittelstrafmaß auf den 31.08.2022.

4.5 Stellungnahme

Er muss sich gegenwärtig für eine gefährliche Körperverletzung verantworten, die im Zusammenhang mit seiner emotionalen Bindung an seinen Fußballverein steht. Die Tatanalyse gibt Hinweise auf ein sehr starkes Bedürfnis nach Gemeinschaft, das bis hin zur Überidentifikation mit dem Fußballverein geht. Die Tat zeigt, dass er seinen Verein mit einer hohen Bereitschaft zu impulsivem und aggressivem Agieren zu verteidigen sucht. Als Fan fühlt er sich diesem gegenüber verpflichtet und verantwortlich. Kritik oder Abwertungen bezüglich des Vereins nimmt er als Abwertung seiner eigenen Person wahr, weshalb er sich im Recht sieht, auch mit gewalttätigem Handeln Kritik zu unterbinden.

[...] Dies korrespondiert mit den vorhandenen biografischen Informationen. In seiner Ursprungsfamilie musste er regelmäßig Gewalterfahrungen durch seinen alkoholisierten Vater erleben und schließlich die Trennung der Eltern verkraften. Als belastend nahm er auch den schnellen Einzug des neuen Partners seiner Mutter wahr, der ihm bis dahin ein unbekannter Mann war und allzu schnell die Rolle des strengen Vaters einzunehmen versuchte. Herr S. reagierte mit Wut und Aggressionen und verließ das Elternhaus.

Somit entzog sich Herr S. bereits im frühen Entwicklungsalter der Pubertät den struktur- und orientierungsgebenden Zusammenhängen. Ein frühes Auf-sich-selbst-gestellt-Sein begünstigte eine Entwicklung, in der es ihm nicht gelang, durch altersgerechte Bewältigung von guten wie kritischen Erfahrungen, eine gesunde Identifikation mit individuellen, sinngebenden Lebensbereichen und Kompetenzen zur Erfüllung seiner Lebensziele auszubilden.

Zunächst fungierte eine Peergroup als Familienersatz; er konnte sich jedoch bei der Auflösung der Gruppe nicht ausreichend individualisieren. Versuche, sich den gesellschaftlichen Aufgaben mit einer Ehe und Aufnahme einer Berufsausbildung zu stellen, scheiterten jeweils nach kurzer Zeit. So wandte sich Herr S., entsprechend seiner Fußballleidenschaft, seinem Heimatverein zu und begann, seine Lebensinhalte an der Fan-Rolle auszurichten. Zunehmend entwickelte sich eine maladaptive Identifikation mit dem Verein. Mangels anderer Werte und sinnstiftender emotionaler Bindungen sowie Möglichkeiten, seine Grundbedürfnisse zu erfüllen, entstand eine Überidentifikation mit der Fan-Identität. Herr S. begab sich in die emotionale Abhängigkeit von einer Gemeinschaft, deren Normen und Werten er sich unkritisch anpasste. In diesem Verhältnis musste sich

Herr S. kaum mehr mit anderen Lebenszielen auseinandersetzen, zu deren Erreichung er sich nicht im Stande sah. Mehrere seiner Gewalttaten standen in unmittelbarer Verbindung mit Besuchen von Spielen der Mannschaft [...].

[...] Diese Identität kann als Ausdruck für ein hohes Bedürfnis nach Gemeinschaft und Beziehung gesehen werden und scheint eine Stellvertreterfunktion einzunehmen. Die Befriedigung der in dieser Bindung zum Ausdruck kommenden Grundbedürfnisse, wie Nähe, Akzeptanz, Wichtig-Sein usw., konnte Herr S. in seinen sozialen partnerschaftlichen Beziehungen bislang nicht herstellen. Herr S. wies in mehreren Bemerkungen darauf hin, sich von den Erwartungen der Partnerinnen jeweils überfordert zu fühlen. Diesen ihn überfordernden Anforderungen begegnet er mit Distanz, Abwehr und Abwertung. Demgegenüber ist es ihm in der Beziehung zum Verein möglich, die Anforderungen selbst so weit zu bestimmen, dass er ihnen nachkommen kann und ausreichende Anerkennung erfährt. Entwertung und Kritik durch Fans anderer Vereine beantwortet er mit aggressiver Abwehr oder wie im Indexdelikt mit Körperverletzung [...].

[...] In seinen Aussagen drückt sich ein starker Wunsch nach Unabhängigkeit und Kontrolle aus, der mit der aktuellen Lebensplanung kaum sozial-adaptiv erfüllt werden kann. Die Bereiche Arbeit, Hobby, Gesundheit, Kreativität, Spiritualität und Wissen haben für Herrn S. kaum Relevanz [...].

[...] Es gelingt Herrn S. nicht, sein Selbstwerterleben zu stabilisieren. Es zeigen sich narzisstische Aspekte mit hoher Kränkbarkeit und Egozentrismus. Sein impulsives Verhalten und mangelndes Lernen aus Bestrafungen, seine mangelnde Konfliktlösefähigkeit, mangelnde Empathie, geringe Verantwortungsübernahme (z. B. externale Attributionen) und Probleme im Aufbau von Bindungen sind weitere Hindernisse zur Erfüllung wichtiger Grundbedürfnisse. Zusammenfassend lassen sich diese Hindernisse einer Reihe klassischer dynamischer Risikofaktoren für die dissoziale Entwicklung zuordnen [...].

[...] Sein frühzeitiger Einstieg in den Alkoholkonsum kann zunächst mit einem altersentsprechenden Neugierverhalten erklärt werden, hat sich jedoch mit zunehmender Quantität und Qualität zu einem habituellen Konsumverhalten im Sinne eines Missbrauchs entwickelt. Mit der Wirkung des Alkohols versucht er, einen Zustand von Entspannung und innerer

4.5 Stellungnahme

Ruhe sowie Öffnung für soziale Kontakte herzustellen, den er aus eigener Kraft nicht erreichen kann. Wie von ihm selbst berichtet, reduziert der Alkohol vor allem seine Angst, so dass er im sozialen Umfeld lockerer und angepasster auftreten kann. Alkoholkonsum wurde bei allen Gewalttaten gerichtlich festgestellt [...].

[...] Die in seinem Zugehörigkeitsgefühl zum Verein vorhandene Bindungskraft ist eine Ressource, die beim Aufbau von stützenden Faktoren hilfreich sein könnte [...].

Auszug aus der Darstellung der **prognostischen Einschätzung**

„[...] Die Basisraten (Rezidivraten) stellen eine erste grobe Einschätzung der Ausgangserwartung für einen zukünftigen Rückfall dar. Unter Basisraten für Rückfälligkeit versteht man die Anzahl derjenigen Straftäter in einer Deliktgruppe, die erneut Straftaten begehen. Die Basisrate für Körperverletzungen (vormals schon wegen Körperverletzung verurteilter Personen) hinsichtlich eines einschlägigen Rückfalls liegt laut Jehle et al. (2020) nach einem Beobachtungszeitraum von 6 Jahren bei 36 % und nach 9 Jahren bei 41 % [...].

[...] Bei der statistischen Einschätzung des Rückfallrisikos wurde das Level of Service Inventory-Revised (LSI-R; Dahle et al. 2012) verwendet, weil es die empirisch fundierten Rückfallkriterien auch dynamischer Art relativ breit erfasst und damit insbesondere Indikatoren für Dissozialität erhebt [...].

[...] Herr S. erreichte in dem LSI-R insgesamt 34 Punkte, was einem hohen Risiko entspricht, erneut Gewaltdelikte zu begehen. Männer, die auch zu einer langen Haftstrafe wegen eines Gewaltdeliktes verurteilt wurden und in dem LSI-R vergleichbare Werte hatten, wurden innerhalb von 5 Jahren nach Entlassung zu 91 % wieder wegen einer neuen Straftat verurteilt (57 % zu einer Haftstrafe und 43 % wegen einer erneuten Gewalttat). Deutlich wird somit ein mit der Basisrate vergleichbares, hohes Rückfallrisiko für Herrn S. [...].

[...] Im LSI-R waren vor allem die Bereiche kriminelle Vorgeschichte, Ausbildung/Erwerbstätigkeit, familiäre Situation /Partnerschaften, kriminelles Umfeld, problematische Persönlichkeitsaspekte und der Substanzmissbrauch auffällig. Bei Herrn S. sind demnach klassische Risikofaktoren für Delinquenz recht ausgeprägt vorhanden [...].

[...] Wie oben ausgeführt, weist die Gesamtwürdigung auf zahlreiche Hindernisse (dynamische Risikofaktoren) bei Herrn S. hin, die ihm die

Erfüllung seiner Grundbedürfnisse erheblich erschweren. Diese Merkmale scheinen tiefgreifend zu sein und lassen sich einer dissozialen Persönlichkeitsakzentuierung zuordnen [...]. Zusammenfassend ist das Vorhandensein der zahlreichen Risikofaktoren, der Alkoholmissbrauch sowie das Fehlen von persönlichkeitsförderlichen Entwicklungszielen und Plänen als prognostisch ungünstig zu sehen. Derzeit muss von einer ungünstigen Prognose für die Begehung weiterer Gewalttaten ausgegangen werden [...].

[...] Bei entsprechender Motivation und Unterstützung könnte die bei Herrn S. zum Ausdruck gekommene Bindungskraft bei einem maßvollen und rücksichtnehmenden Ablösungsprozess vom Verein eine wichtige Ressource werden, die zur Aufnahme einer reifen Partnerschaft und regelmäßiger Arbeit beiträgt [...]."

Auszug aus der Darstellung der **Behandlungsempfehlung**

Vollzugsform:

[...] Aufgrund des hohen Behandlungsbedarfs und der ungünstigen Prognose wird eine Unterbringung im geschlossenen Vollzug geplant. Der Unterbringung im offenen Vollzug steht ein impulsives und aggressives Verhalten entgegen. Insbesondere birgt sein dogmatisches Rechtbekommen-Wollen ein großes Konfliktpotential, was mit den hohen Anforderungen des Offenen Vollzugs nicht zu vereinbaren ist. Herr S. hält sich zwar an die Stationsregeln im geschlossenen Vollzug, unter den weniger kontrollierten und gesicherten Bedingungen des Offenen Vollzugs, wären jedoch Konflikte mit anderen inhaftierten Personen, deren Ausgang nicht absehbar ist, nicht auszuschließen. Herr S. zeigte bislang wenig Einsicht und ebenso wenig Motivation, diese Problemfelder zu bearbeiten [...].

Vollzugslockerungen und vorzeitige Entlassung:

[...] Gegenwärtig ist die Eignung für selbstständige Vollzugslockerungen noch nicht gegeben.

Im Falle von Vollzugslockerungen wäre es wahrscheinlich, dass Herr S. sich in seinen Kiez begibt, Alkohol trinkt oder versucht, dem Vereinstraining beizuwohnen, womit er sich in eine straftatvorbereitende Situation begeben würde und die Gefahr einer weiteren Straftat unmittelbar gegeben wäre [...].

[...] Aufgrund des derzeit noch existierenden hohen Rückfallrisikos bestehen zu viele Hindernisse, um eine vorzeitige Entlassung zu verantworten [...].

4.5 Stellungnahme

[...] Voraussetzungen für eine günstigere Einschätzung sind ein entsprechendes Problembewusstsein und ein Veränderungswille, die zu einer Auseinandersetzung mit seinen Hindernissen führen. Im Ergebnis muss eine sinnstiftende Lebensführung, in der alternative Wege zur Emotionsregulation und Erfüllung der Bedürfnisse nach Kontrolle, Bindung und Gemeinschaft enthalten sind, möglich sein [...].

Behandlungsmotivation:

[...] Aufgrund des Verharrens in der derzeitigen Lebenssituation und des noch deutlich erkennbaren emotionalen Abstands zu Änderungen und Behandlungsmaßnahmen wird die anfängliche Vollzugszeit zu einem großen Teil mit Motivationsarbeit gestaltet werden müssen, bevor eine verhaltensändernde Behandlung beginnen kann [...].

[...] Die von ihm artikulierte Inhaftierungsmüdigkeit könnte ein Anknüpfungspunkt sein, um eigene Themen zu reflektieren und einen prosozialen Lebensplan zu entwickeln und so das Ziel der Straffreiheit zu erreichen. Das Gelingen des Aufbaus einer stabilen Arbeitsbeziehung wird wesentlich davon abhängen, inwieweit ein gemeinsamer Behandlungsplan erstellt werden kann, der die Bedürfnisse, Werte, Interessen und Vorstellungen von Herrn S. berücksichtigt [...].

Maßnahmen:

[...] Dem Vollzug steht eine Reihe von Behandlungsmaßnahmen zur Verfügung, die die Risikomerkmale adressieren. Die Durchführung der Maßnahmen kann jedoch nur greifen und positive Effekte erbringen, wenn es gelingt, diese in einen individuellen, von Herrn S. mitgestalteten, Lebensplan zu integrieren. Diese Planung ist ein erster gemeinsamer Schritt, um motivationale Prozesse zu initiieren. Die Konkretisierung seiner straffreien Lebensgestaltung ist die vorbereitende Behandlungsarbeit, die dem Aufnehmen anderer Behandlungsangebote vorgeschaltet werden muss. Im Hinblick auf die festgestellten Risikofaktoren und Ressourcen von Herrn S. wären bei einer gelungenen Lebenszielbestimmung folgende Maßnahmen zu planen:

Abhängig von den Lebenszielen des Herrn S. sollte er mittelfristig für die Aufnahme einer regelmäßigen Erwerbstätigkeit motiviert werden. Das damit einhergehende Erleben von Selbstwirksamkeit und Autonomie kann dazu führen, dass bisher kaum adressierte Grundbedürfnisse (z. B. beruflicher Erfolg) befriedigt werden und so die Fixierung auf den Freizeitbereich und die damit einhergehenden Risikosituationen gelöst werden.

Empfohlen werden darüber hinaus motivierende und dezent hinterfragende Gespräche auf einem niederschwelligen Niveau. Andererseits besteht die Gefahr, dass Auseinandersetzungen mit seinen Lebensumständen, der Straftat oder kritisches Hinterfragen seiner Haltungen eine steigende Abwehr auslösen.

Des Weiteren sollte Herr S. angeregt werden, sich an gruppen(-sportlichen) Angeboten zu beteiligen. Diese Angebote würden seinem Bedürfnis nach Gemeinschaft entsprechen und zielen auf eine Auseinandersetzung mit seinem Ärger-Management und können selbstwertstärkende Erfahrungen initiieren. Dafür ist beispielsweise die Einbindung in die jährlich stattfindende Theaterproduktion eines externen Vereins in der Anstalt unterstützend.

In der Untersuchung hat sich gezeigt, dass Herr S. über gute Bindungskräfte, Treue und Zuverlässigkeit verfügt. Diese prosozialen Eigenschaften sollten berücksichtigt, gestärkt und als positive Anknüpfungspunkte in den motivierenden Gesprächen aufgegriffen werden […].

[…] Sollte sich eine Motivation für Veränderung zeigen, wären ein soziales Kompetenztraining sowie ein Anti-Aggressionstraining geeignete Maßnahmen, um eine Konfliktlösefähigkeit zu erlernen, die Grundlage für die erfolgreiche und regelmäßige Erwerbstätigkeit darstellt. Herr S. ist ausreichend intelligent und emotional stabil, um Behandlungsmaßnahmen wahrzunehmen […].

4.6 Kommunikation der Einschätzung

Die Ergebnisse des Diagnostikverfahrens sind gemäß § 8 Abs. 6 StVollzG Bln der inhaftierten Person zu erörtern. Diese gesetzgeberische Vorgabe verpflichtet die Untersuchenden, die Untersuchungsergebnisse und die darauf basierenden Entscheidungen der untersuchten Person so zu erklären, dass nicht nur die Inhalte verstanden, sondern auch kritische Auseinandersetzungen ermöglicht werden. Die Erörterung wird im Idealfall zu einem Dialog, in dem sich beide Parteien über die Inhalte austauschen und einen Konsens finden. Die relevanten Ressourcen und die mit der Straffälligkeit in Zusammenhang stehenden Defizite sind transparent zu machen. Transparenz heißt auch, die Sprache möglichst den sprachlichen

4.6 Kommunikation der Einschätzung

Fähigkeiten der untersuchten Person anzupassen, sodass keine Verständnislücken, z. B. durch den Gebrauch von elaborierter Sprache oder Fremdworten, entstehen.

Ein hohes Maß an Transparenz ist nicht zuletzt auch deshalb geboten, weil inhaftierte Personen mitunter misstrauisch sind, da eigene frühere Opfererfahrungen die Angst vor einem Kontrollverlust schüren können. Eben diese Hürden lassen sich mit einer transparenten Vorgehensweise am besten überwinden.

Um der untersuchten Person für diesen wichtigen Moment im Vollzug Rückhalt und emotionale Stärke zu verschaffen, wird mit der Darstellung der festgestellten Ressourcen begonnen. Vornehmlich sind diejenigen Ressourcen anzusprechen, die Schutzfaktoren vor zukünftiger Straffälligkeit sein können. Der untersuchten Person sollte bewusst werden, dass diese Lebensinhalte für ihre Entwicklung bedeutsam sind und sie diese deshalb weiter fördern und aktiv leben sollte.

Demgegenüber stehen die zu erörternden Defizite, die als strafursächlich angesehen werden. Der inhaftierten Person ist darzulegen, welche Hindernisse und Risikofaktoren die Untersuchung zutage gebracht hat, woran die Ergebnisse festgemacht wurden und wie sie im Zusammenhang mit dem straffälligen Verhalten stehen.

Dabei ist eine Verknüpfung zwischen den bewerteten Informationen und den daraus gewonnenen Erkenntnissen aufzuzeigen. Die inhaftierte Person erhält auf diesem Weg auch die Gelegenheit, Missverständnisse auszuräumen oder Relativierungen vorzunehmen, die sich im Untersuchungsprozess ergeben haben können.

Es kann vorkommen, dass eine inhaftierte Person uneinsichtig, abwehrend oder gar aggressiv reagiert. In einem solchen Fall ist ein weiteres Erörtern nicht sinnvoll. Um aber die betreffende Person im Prozess zu halten, sollte die gefertigte Stellungnahme in Kopie ausgehändigt werden mit dem Angebot, ein späteres Besprechen der Inhalte zu ermöglichen, ggf. auch im Beisein einer anderen, vertrauteren Person aus der Reihe der Mitarbeitenden.

Anschließend werden die weiteren Punkte der Vollzugsplanung angesprochen und inhaltlich ausgeführt. Dabei gibt es auch für die Mitarbeitenden des Vollzugs die Gelegenheit, über die Möglichkeiten und Grenzen der Behandlung im Vollzug aufzuklären und unrealistischen Vorstellungen entgegenzuwirken. Zum Ende wird der inhaftierten Person das Wort übergeben, damit diese ihre Haltung gegenüber der Vollzugsplanung (z. B. Zuversicht, Skepsis) zum Ausdruck bringen kann.

> **Fazit**
>
> Mithilfe eines detaillierten Urteilsprozessmodells, welches systematisch auf den theoretischen und methodischen Grundlagen der forensischen Diagnostik basiert und das GLM-Modell mit den RNR-Prinzipien (siehe Kap. 2) verbindet, können prognostische bzw. vollzugsplanerische Fragestellungen nach wissenschaftlich fundierten Herangehensweisen (siehe Kap. 3) beantwortet werden. Dabei ist unabdingbar, dass die einzelnen Schritte im Urteilsprozess dezidiert aufeinander aufbauen, in rekursiven Schleifen überprüft werden und der Gang der Urteilsbildung transparent gemacht wird. Diese Transparenz dient nicht nur wissenschaftlichen Zwecken, sondern sie ist auch notwendig, damit andere die Ergebnisse nachvollziehen können. Vor allem die inhaftierte Person selbst sollte sie verstehen und aktiver Teil der Vollzugsplanung werden, damit diese das Ziel, ein verantwortliches Leben ohne Straftaten zu führen, erreicht.

4.7 Reflexionsfragen

- Unter welchen Umständen wären Sie selbst dazu bereit, als dysfunktional erkannte Denkmuster oder Gewohnheiten zuzugeben bzw. offen davon zu berichten?
- Wie würden Sie damit umgehen, ständig mit einem eigenen Versagen konfrontiert zu werden?
- Welche Rahmenbedingungen würden Sie sich selbst wünschen, um Denkmuster oder Gewohnheiten zu hinterfragen und zu verändern, und wie können diese Bedingungen hergestellt werden?

4.8 Lernfragen

- Welches sind die wesentlichen Schritte einer diagnostischen Urteilsbildung im Strafvollzug?
- Welche Bedeutung hat das Aktenstudium für den diagnostischen Urteilsprozess?
- Welche inhaltlichen Kriterien sind bei der Bewertung des Tatgeschehens von Bedeutung?
- Welche Kriterien gelten für günstige Fragen im Explorationsgespräch?
- Welche inhaltlichen Aspekte sind bei der Erklärung der Straffälligkeit (Delinquenzhypothese) zentral?

Weiterführende Literatur

Kröber, H.-L. (2006). Kriminalprognostische Begutachtung. In H.-L. Kröber, D. Dölling, N. Leygraf, & H. Sass (Eds.), *Handbuch der forensischen psychiatrie: Band 3 Psychiatrische Kriminalprognose und Kriminaltherapie* (pp. 69–172). Berlin, New York: Springer. https://doi.org/10.1007/3-7985-1633-2_2.

Musolff, C. (Ed.). (2006). *Täterprofile bei Gewaltverbrechen: Mythos, Theorie, Praxis und forensische Anwendung des Profilings* (2nd ed.). Berlin: Springer Medizin. https://doi.org/10.1007/978-3-540-68647-7.

Westhoff, K., & Kluck, M.-L. (2014). *Psychologische Gutachten schreiben und beurteilen* (6th ed.). Berlin: Springer. https://doi.org/10.1007/978-3-642-35354-3.

Literatur

Andrews, D. A., & Bonta, J. (2010). *The psychology of criminal conduct*. Cincinnati: Anderson Publishing.

Barnao, M. (2013). The Good Lives Model tool kit for mentally disordered offenders. *The Journal of Forensic Practice, 15*, 157–170. https://doi.org/10.1108/JFP-07-2012-0001.

Bernstein, D. P., Clercx, M., & Keulen-De Vos, M. (2019). Schema therapy in forensic settings. In *The Wiley international handbook of correctional psychology* (pp. 654–668). John Wiley & Sons, Ltd.

Canter, D. (2004). Offender profiling and investigative psychology. *Journal of Investigative Psychology and Offender Profiling, 1*, 1–15. https://doi.org/10.1002/jip.7.

Dahle, K.-P. (1997). Therapie und Therapieindikation bei Straftätern. In M. Steller (Ed.), *Psychologie im Strafverfahren: Ein Handbuch* (1st ed., pp. 142–159, Psychologie-Lehrbuch). Bern: Huber.

Dahle, K.-P. (2006). Grundlagen und Methoden der Kriminalprognose. In H.-L. Kröber, D. Dölling, N. Leygraf, & H. Sass (Eds.), *Handbuch der forensischen psychiatrie: Band 3 Psychiatrische Kriminalprognose und Kriminaltherapie* (pp. 1–67). Berlin, New York: Springer-Verlag.

Dahle, K.-P. (2010). Die Begutachtung der Gefährlichkeit- und Kriminalprognose des Rechtsbrechers. In R. Volbert & K.-P. Dahle (Eds.), *Forensisch-psychologische Diagnostik im Strafverfahren* (pp. 67–114). Göttingen: Hogrefe.

Dahle, K.-P., Biedermann, J., Lehmann, R. J. B., & Gallasch-Nemitz, F. (2014a). The development of the Crime Scene Behavior Risk measure for sexual offense recidivism. *Law and Human Behavior, 38*, 569–579. https://doi.org/10.1037/lhb0000088.

Dahle, K.-P., Lehmann, R. J. B., & Richter, A. (2014b). Die Screening Skala Pädophilen Tatverhaltens. *Forensische Psychiatrie, Psychologie, Kriminologie, 8*, 208–215. https://doi.org/10.1007/s11757-014-0261-8.

Dahle, K.-P., Hawardt, F., & Schneider-Njepel, V. (2012). *Inventar zur Risikoeinschätzung und Behandlungsplanung bei Straftätern: Deutsche Version des Level of Service Inventory – Revised (LSI-R) nach Don Andrews und James Bonta*. Göttingen: Hogrefe.

Dahle, K.-P., & Lehmann, R. (2018). Zum prognostischen Mehrwert einer integrativen nomothetisch-idiografischen kriminalpsychologischen Prognosebeurteilung – Eine empirische Untersuchung an männlichen Gewalt- und Sexualstraftätern. *Forensische Psychiatrie, Psychologie, Kriminologie, 12*, 37–50. https://doi.org/10.1007/s11757-017-0462-z.

Dahle, K.-P., & Schmidt, S. (2014). Prognostische Validität des Level of Service Inventory-Revised. *Forensische Psychiatrie, Psychologie, Kriminologie, 8*, 104–115. https://doi.org/10.1007/s11757-014-0256-5.

Dahle, K.-P., & Schneider-Njepel, V. (2014). Rückfall- und Gefährlichkeitsprognose bei Rechtsbrechern. In T. Bliesener, G. Köhnken, & F. Lösel (Eds.), *Lehrbuch Rechtspsychologie* (1st ed., pp. 422–445, Psychologie-Lehrbuch). Bern: Huber.

Degner, J., Meiser, T., & Rothermund, K. (2009). Kognitive und sozial-kognitive Determinanten: Stereotype und Vorurteile. In A. Beelmann & K. J. Jonas (Eds.), *Diskriminierung und Toleranz* (Vol. 3, pp. 75–93). Wiesbaden: VS Verlag für Sozialwissenschaften.

Eysenck, H. J., & Eysenck, S. B. G. (1969). *Personality structure and measurement.* London: Routledge & Keagan Paul.

Franqué, F. v. (2013). Strukturierte, professionelle Risikobeurteilung. In M. Rettenberger & F. v. Franqué (Eds.), *Handbuch kriminalprognostischer Verfahren* (pp. 357–380). Göttingen, Bern, Wien: Hogrefe.

Gudykunst, W. B., Matsumoto, Y., Nishida, T., Kim, K., & Heyman, S. (1996). The influence of cultural individualism-collectivism, self construals, and individual values on communication styles across cultures. *Human Communication Research, 22*, 510–543. https://doi.org/10.1111/j.1468-2958.1996.tb00377.x.

Hanson, R. K., Babchishin, K. M., Helmus, L., & Thornton, D. (2013). Quantifying the relative risk of sex offenders: Risk ratios for Static-99R. *Sexual Abuse: A Journal of Research and Treatment, 25*, 482–515. https://doi.org/10.1177/1079063212469060.

Hart, S. D., Douglas, K. S., & Guy, L. S. (2017). The Structured Professional Judgement approach to violence risk assessment. In L. E. Marshall, W. L. Marshall, & D. P. Boer (Eds.), *Treatment* (pp. 643–666, The Wiley handbook on the theories, assessment, and treatment of sexual offending, / Editor-in-Chief Douglas P. Boer ; Volume 3). Chichester, West Sussex, Malden, MA, Oxford: Wiley Blackwell.

Jehle, J.-M., Albrecht, H.-J., Hohmann-Fricke, S., & Tetal, C. (2020). *Legalbewährung nach strafrechtlichen Sanktionen: eine bundesweite Rückfalluntersuchung 2013 bis 2016 und 2004 bis 2016* (recht). Mönchengladbach: Forum Verlag Godesberg.

Kois, L., & Chauhan, P. (2016). Forensic evaluators' self-reported engagement in culturally competent practices. *International Journal of Forensic Mental Health, 15*, 312–322. https://doi.org/10.1080/14999013.2016.1228089.

Kröber, H.-L. (2006). Kriminalprognostische Begutachtung. In H.-L. Kröber, D. Dölling, N. Leygraf, & H. Sass (Eds.), *Handbuch der forensischen psychiatrie: Band 3 Psychiatrische Kriminalprognose und Kriminaltherapie* (pp. 69–172). Berlin, New York: Springer-Verlag.

Kröber, H.-L., Brettel, H., Rettenberger, M., & Stübner, S. (2019). Empfehlungen für Prognosegutachten: Erfahrungswissenschaftliche Empfehlungen für kriminalprognostische Gutachten*. *Forensische Psychiatrie, Psychologie, Kriminologie, 13*, 334–342. https://doi.org/10.1007/s11757-019-00558-z.

Leuschner, F., & Hüneke, A. (2016). Möglichkeiten und Grenzen der Aktenanalyse als zentrale Methode der empirisch-kriminologischen Forschung. *Monatsschrift für*

Kriminologie und Strafrechtsreform/Journal of Criminology an Penal Reform, 99, 464–480. https://doi.org/10.1515/mks-2016-990569.

Mokros, A., Hollerbach, P., Nitschke, J., & Habermeyer, E. (2017). *PCL-R: Hare Psychopathy Checklist – Revised: Deutsche Version der Hare Psychopathy Checklist – Revised (PCL-R) von R. D. Hare*. Hogrefe.

Mokros, A., Schilling, F., Weiss, K., Nitschke, J., & Eher, R. (2014). Sadism in sexual offenders: Evidence for dimensionality. *Psychological Assessment, 26*, 138–147. https://doi.org/10.1037/a0034861.

Musolff, C. (Ed.). (2006a). *Täterprofile bei Gewaltverbrechen: Mythos, Theorie, Praxis und forensische Anwendung des Profilings* (2nd ed.). Berlin: Springer Medizin.

Musolff, C. (2006b). Täterprofile und Fallanalyse. In C. Musolff (Ed.), *Täterprofile bei Gewaltverbrechen: Mythos, Theorie, Praxis und forensische Anwendung des Profilings* (2nd ed., pp. 1–23). Berlin: Springer Medizin.

Nitschke, J., Osterheider, M., & Mokros, A. (2009). A cumulative scale of severe sexual sadism. *Sexual Abuse: A Journal of Research and Treatment, 21*, 262–278. https://doi.org/10.1177/1079063209342074.

Osterheider, M., & Mokros, A. (2006). Tatortanalyse in der forensischen Psychiatrie. In C. Musolff (Ed.), *Täterprofile bei Gewaltverbrechen: Mythos, Theorie, Praxis und forensische Anwendung des Profilings* (2nd ed., pp. 325–338). Berlin: Springer Medizin.

Popper, K. R. (1989). *Logik der Forschung* (9th ed., Die Einheit der Gesellschaftswissenschaften, Vol. 4). Tübingen: Mohr.

Pugh, M. A., & Vetere, A. (2009). Lost in translation: An interpretative phenomenological analysis of mental health professionals' experiences of empathy in clinical work with an interpreter. *Psychology and psychotherapy, 82*, 305–321. https://doi.org/10.1348/147608308X397059.

Purvis, M., Ward, T., & Willis, G. (2011). The Good Lives Model in practice: Offence pathways and case management. *European Journal of Probation, 3*, 4–28. https://doi.org/10.1177/206622031100300202.

Reinecker, H. (2015). *Verhaltensanalyse: Ein Praxisleitfaden* (1st ed.). Göttingen: Hogrefe.

Rettenberger, M. (2018). Intuitive, klinisch-idiographische und statistische Kriminalprognosen im Vergleich – die Überlegenheit wissenschaftlich strukturierten Vorgehens. *Forensische Psychiatrie, Psychologie, Kriminologie, 12*, 28–36. https://doi.org/10.1007/s11757-017-0463-y.

Rettenberger, M., Hertz, P. G., & Eher, R. (2017). *Die deutsche Version des Violence Risk Appraisal Guide-Revised (VRAG -R)*. BM-Online, Elektronische Schriftenreihe der Kriminologischen Zentralstelle e. V.

Schmidt, S., Bliesener, T., & van der Meer, E. (2019). Risk and protective factors of delinquency that are sensitive to migration and culture. *Psychology, Crime & Law, 18*, 1–27. https://doi.org/10.1080/1068316X.2019.1597088.

Schmidt, S., Heffernan, R., & Ward, T. (2020). Why we cannot explain cross-cultural differences in risk assessment. *Aggression and Violent Behavior, 50*, 101346. https://doi.org/10.1016/j.avb.2019.101346.

Schmidt, S., Heffernan, R., & Ward, T. (2021). The Cultural Agency-Model of Criminal Behavior. *Aggression and Violent Behavior, 58*, 101554. https://doi.org/10.1016/j.avb.2021.101554.

Schmidt, S., Pettke, O., Lehmann, R. J. B., & Dahle, K.-P. (2017). Sexualstraftäter ohne und mit Migrationshintergrund aus dem Nahen Osten und Nordafrika. *Forensische Psychiatrie, Psychologie, Kriminologie, 11*, 322–334. https://doi.org/10.1007/s11757-017-0441-4.

Schmidt, S., & van der Meer, E. (2018). Leitlinien für interkulturelle Kompetenztrainings in der Arbeit mit Straffälligen. www.intercultural-psychology.com.

Schmidt, S., van der Meer, E., Tydecks, S., & Bliesener, T. (2018). How culture and migration affect risk assessment. *The European Journal of Psychology Applied to Legal Context*, 1–14. https://doi.org/10.5093/ejpalc2018a7.

Schmidt, S., & Ward, T. (2020). Delinquenz kultursensibel erklären – ein theoretisches Rahmenmodell. *Forensische Psychiatrie, Psychologie, Kriminologie, 30*, 47. https://doi.org/10.1007/s11757-020-00638-5.

Scurich, N., & John, R. S. (2011). The effect of framing actuarial risk probabilities on involuntary civil commitment decisions. *Law and Human Behavior, 35*, 83–91. https://doi.org/10.1007/s10979-010-9218-4.

Seto, M. C., & Lalumiére, M. L. (2001). A brief screening scale to identify pedophilic interests among child molesters. *Sexual Abuse: A Journal of Research and Treatment, 13*, 15–25. https://doi.org/10.1023/A:1009510328588.

Shepherd, S. M., & Lewis-Fernandez, R. (2016). Forensic risk assessment and cultural diversity: Contemporary challenges and future directions. *Psychology, Public Policy, and Law, 22*, 427–438. https://doi.org/10.1037/law0000102.

Shepherd, S. M., & Spivak, B. L. (2021). Finding colour in conformity part II-Reflections on Structured Professional Judgement and cross-cultural risk assessment. *International Journal of Offender Therapy and Comparative Criminology, 65*, 92–99. https://doi.org/10.1177/0306624X20928025.

Sue, D. W., & Sue, D. (2013). *Counseling the culturally diverse: Theory and practice* (6th ed.). Hoboken, N.J: Wiley.

Ward, T. (2002). Good lives and the rehabilitation of offenders. *Aggression and Violent Behavior, 7*, 513–528. https://doi.org/10.1016/S1359-1789(01)00076-3.

Ward, T., & Mann, R. E. (2004). Good Lives and the rehabilitation of offenders: A positive approach to sex offender treatment. In P. A. Linley & S. Joseph (Eds.), *Positive Psychology in Practice* (pp. 598–616). Hoboken, NJ, USA: John Wiley & Sons, Inc.

Ward, T., & Stewart, C. A. (2003). The treatment of sex offenders: Risk management and good lives. *Professional Psychology: Research and Practice, 34*, 353–360. https://doi.org/10.1037/0735-7028.34.4.353.

Westhoff, K., & Kluck, M.-L. (2014). *Psychologische Gutachten schreiben und beurteilen* (6th ed.). Berlin: Springer.

The manufacturer's authorised representative in the EU is Springer Nature Customer Service Centre GmbH, Europaplatz 3, 69115 Heidelberg, Germany. If you have any concerns regarding our products, please contact ProductSafety@springernature.com

Printed and bound by CPI Group (UK) Ltd, Croydon, CR0 4YY

25/03/2026

02078173-0015